融媒体版

主　编：陆　群　陆　勇
副主编：顾新春　刘　立　邹春英
参　编：刘　浩　刘　磊　王　东
李　栋　岳德虎　谭旭磊

创新创业教育

职业教育校企『双元』合作开发创新型教材

CHUANGXIN CHUANGYE JIAOYU

北京师范大学出版集团
BEIJING NORMAL UNIVERSITY PUBLISHING GROUP
北京师范大学出版社

图书在版编目(CIP)数据

创新创业教育 / 陆群，陆勇主编 .—北京：北京师范大学出版社，2021.6(2023.1 重印)
职业教育校企“双元”合作开发创新型教材
ISBN 978-7-303-26496-4

Ⅰ. ①创… Ⅱ. ①陆… ②陆… Ⅲ. ①大学生—创业—高等学校—教材 Ⅳ. ①G647.38

中国版本图书馆 CIP 数据核字(2020)第 217944 号

营销中心电话 010-58805530 58808064
北师大出版社职业教育分社网 http：//zjfs. bnup. com
电子信箱 zhijiao@bnupg. com

出版发行：北京师范大学出版社 www. bnup. com
北京市西城区新街口外大街 12-3 号
邮政编码：100088
印　　刷：北京溢漾印刷有限公司
经　　销：全国新华书店
开　　本：787 mm×1092 mm 1/16
印　　张：18
字　　数：360 千字
版　　次：2021 年 6 月第 1 版
印　　次：2023 年 1 月第 3 次印刷
定　　价：42.80 元

策划编辑：王云英　　责任编辑：梁宏宇
美术编辑：焦　丽　　装帧设计：焦　丽
责任校对：康　悦　　责任印制：马　洁

前　言

习近平指出：“实施创新驱动发展战略，是应对发展环境变化、把握发展自主权、提高核心竞争力的必然选择，是更好引领我国经济发展新常态、保持我国经济持续健康发展的必然选择。”李克强指出：“打造大众创业、万众创新和增加公共产品、公共服务‘双引擎’，推动发展调速不减势、量增质更优，实现中国经济提质增效升级。”推进大众创业、万众创新，就是要培育和催生经济发展的新动力，这也是国家实施创新驱动发展战略的重要组成部分。

所谓创新，可以是“创造一种新的产品；采用一种新的生产方法；开辟一个新的市场；取得一种新的供给来源；实现一种新的产业组织方式”等。快递行业从原先的多人专门分拣到机器自动化分拣属于采用新的生产方法。把鞋卖到非洲和把梳子卖给和尚属于一种新市场的开辟。1984 年，曹德旺在乘车的时候被警告勿损坏昂贵的进口汽车玻璃。这引发了他的思考，促使他自行研制国产汽车玻璃，创造了一个行业的神话。面对汽油终究有一天会被消耗殆尽的情况，创新者竞相研发氢能源汽车、燃料电池汽车、太阳能汽车等应用新能源技术的产品。浙江温州的乡镇集群式发展则是一种新的产业组织形式。

创新可以带动创业，创业能够促进创新。青年大学生是创新创业的主力军。创新创业不仅能够实现自我价值，更是对建设创新型国家有着重要意义。创新创业虽然复杂而艰辛，但创新创业的精神和技能是完全可以通过系统的学习来培养和掌握的。顺应时代潮流的创新创业教育强调意识、能力、精神的培养，开展创新创业教育是高校提升和完善人才培养质量的重要措施。创新创业教育可以在青年学生的心里埋下创新创业的种子，当机会出现的时候，我们的青年不仅可以更加坦然地走上创新创业之路，而且可以少走一些弯路。

在新技术不断产生、新产品不断被研发并推向市场的激烈竞争洪流中，如何更好地找准自己的目标和定位？如何找到能为之激情迸发并持之以恒的奋斗事业？能否充满希望和爱，为民族、为国家、为世界贡献一份力量，在历史的河流中留下自己的印记？这些问题都是需要即将迈出大学校门的青年学生认真思考的。当代青年应响应国家的创新发展战略，关注创新创业，学习创新创业技能，做“敢闯会创”的时代新人。

经过充分讨论和研究，我们将本教材设计为两大模块，共计十一个项目。模块一着重介绍创新方法及实践，从努力构建学生的创新意识开始，解析创新精神，介绍创新的思维和方法、创新的模式设计与选择、创新的成果研发与保护，同时结合与学生密切相关的竞赛实例，让学生了解创新实践的过程。模块二着重介绍创业精神的培养和创业能力的提高。创新需要转化为生产力，而创业正是合适的输出。如何培养创业精神？如何识别创业机会、构建创业团队、整合创业资源？如何制订创业计划？如何创办新企业？模块二对此进行了详细阐述。除此之外，学习导航、案例展示、活动设计、创业故事、知识测试、能力训练等小栏目的引入也是本教材的特色之一。

本教材由主编陆群、陆勇负责统稿，具体分工如下：项目一由南京信息职业技术学院刘磊负责编写；项目二由南京信息职业技术学院刘磊和燕山大学王东负责编写；项目三由南京信息职业技术学院顾新春负责编写；项目四由吉林大学珠海学院刘立负责编写；项目五由南京信息职业技术学院刘磊和山东科技职业学院谭旭磊负责编写；项目六由南京信息职业技术学院顾新春负责编写；项目七由南京信息职业技术学院刘浩和西安航空职业技术学院李栋负责编写；项目八由吉林大学珠海学院刘立和南京信息职业技术学院刘浩负责编写；项目九由南京信息职业技术学院刘浩负责编写；项目十由南京信息职业技术学院刘浩和柳州职业技术学院岳德虎负责编写；项目十一由国家级科技企业孵化器常州西夏墅工具产业创业服务中心邹春英负责编写。苗银凤对全书的内容进行了审校。

本教材的编写得到了江苏省劳动就业管理中心重点课题(课题编号 JCKA-A-2019303)、江苏省高等教育教学改革研究重点课题(课题编号 2019JSJG565)等研究项目的支持，同时也得到了北京亿维讯同创科技有限公司、江苏省生产力促进中心、常州西夏墅工具产业创业服务中心等单位的支持。

由于时间和编者水平有限，不妥之处在所难免，敬请广大读者提出宝贵意见。

编　者

2020 年 10 月

目录
CONTENTS

目 录
CONTENTS

MODULE1

模块一 创新方法与实践

项目一　创新意识与创新精神

目标引领

知识 1. 了解创新的定义

2. 了解创新的基本特征、基本形式、类型

3. 熟悉创新精神的定义

能力 1. 能够养成良好的创新意识

2. 能够判别案例的创新类型

素养 1. 体会科学家的创新精神

2. 具备良好的创新意识和创新精神

3. 在了解创新强国案例的过程中激发实业报国、创新报国的情怀

学习导航

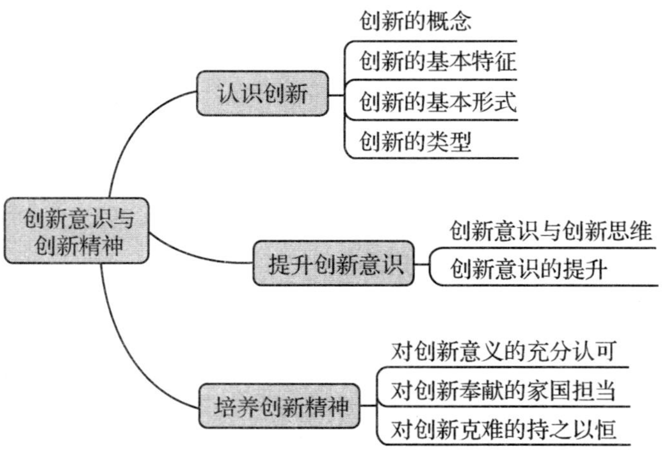

任务一 认识创新

距离已经消失，要么创新，要么死亡。

——托马斯·彼得斯

一、 创新的概念

“创新”是近年来使用频率很高的词汇，英文单词是“innovation”，含义是引入新东西、新概念和制造新变化。据《现代汉语词典(第 7 版)》，创新指创造性与新意，即抛开旧的，创造新的。国内外许多研究者对创新的概念从不同的视角进行了定义，比较有代表性的有如下几种。

其一，创新是开发一种新事物的过程，这一过程从发现潜在的需要开始，经历新事物的技术可行性研究阶段，到新事物的广泛应用为止。创新之所以被描述为创造性过程，是因为它产生了某种新的事物，并能在社会上实现其价值。

其二，创新是运用知识或相关信息创造和引进某种有用的新事物的过程。它指新事物本身，具体来说是指被使用部门认定的任一新的思想、新的实践或新的制造物。

其三，著名经济学家约瑟夫·熊彼特首次在经济领域提出创新理论，认为“创新”包括五种情况：

①创造一种新的产品；

②采用一种新的生产方法；

③开辟一个新的市场；

④取得一种新的供给来源；

⑤实现一种新的产业组织方式。

由此可见，创新概念的内涵很广，可以说各种能提高资源配置效率的新活动都是创新。创新过程是创造性劳动的过程，没有创造性就没有创新。

中国理论界较为一致的看法是：创新指新设想(或新概念)发展到实际和成功应用的阶段。创新强调的是创造的某种实现，是创造的过程和目的性的结果。创新是一种不断破坏旧的、创造新的的过程，注重经济性、社会性。现在常讲的创新，从广义上援引了这个概念，如知识创新、技术创新、理论创新、管理创新、制度创新等。

二、 创新的基本特征

在不同的领域、不同的时期，从不同的角度对创新所下的定义均有所区别。但是，不论人们怎样定义，创新最基本的特征都是不变的。

（一）创新具有普遍性

创新存在于一切领域，没有哪个学科、哪个行业、哪个领域是一成不变的。

（二）创新具有目的性

创新是人类为了满足自身需要，不断拓展对客观世界及自身的认知与行为之过程和结果的活动，是人类社会在意识支配下进行的创造性活动。这种活动都有一定的目的性。

（三）创新具有变革性

创新不是现实条件下简单的状况重复，更不是对现有内容的简单修补，而是对现有事物的突破性发展、根本性变革、综合性创造，是一种深刻的变革。

（四）创新具有新颖性

创新的核心是“新”，是过去没有的新事物、新业态，是在传统继承基础上的发展，是破旧立新、不断超越的实践过程。求新求变作为创新的思想基础，贯穿整个创新过程。

（五）创新具有发展性

创新是创造新知识、应用新知识并不断发展知识的过程。知识是创新之源，知识创新能推动科技创新、文化创新、管理创新以及其他各方面的创新。创新使知识生生不息，而没有知识的不断更新，创新就会干涸。这种对知识的创造、应用、再创造、再应用循环往复，使循环创造和应用的内容不断达到高一级的水平。这是创新永无止境、无限发展的客观规律。

（六）创新具有价值性

创新是社会事物进步与发展的共同因素。创新可以满足人们的需要，实现社会和经济效益。无价值的创新是得不到认可的，自然也是无意义和不可进行的。创新成果的价值可以分为社会价值、经济价值和学术价值。

（七）创新具有层次性

根据解决问题的新颖、独特程度，我们可以将创新划分为三个层次。

1. 初级创新

初级创新主要是指在别人率先创新的基础上，通过引进技术和购买专利等方式，经消化、吸收而进行的创新。这是跟踪国际先进水平并以模仿为主的创新思路。以跟踪和模仿为主的创新是工业后进国家缩短同发达国家差距的捷径，也是这些国家实现跨越式发展，发挥后发优势，尽快步入自主创新阶段的必由之路。

2. 中级创新

中级创新主要是指经过改革或发明，在原有知识和经验的基础上重组材料，研制出有一定社会价值的产品的技术革新。这一层次的创新已成为社会、文化、科学和生产力发展的巨大力量。

3. 高级创新

高级创新是指经过长期的研究、艰巨的探索所获得的科学发现。这种创新是从无到有、填补空白的创新活动，因此有可能为国家、社会和人类做出巨大贡献，甚至在某一领域产生划时代影响，如爱因斯坦的相对论。

三、 创新的基本形式

学术界普遍认为，创新包含三种形式：发现、发明和革新。

（一）发　现

发现与“科学”相关联，指通过观察事物寻找其原理或法则，即寻找已经存在但不为人知的规律与法则或结构与功能。发现主要包括两个方面，一是对自然界的各种原理、规律的寻找或认识；二是对社会发展规律的寻找或认识。也就是说，发现是使那些已经存在但过去不为人所了解的事物变得为人所知，使人类增添新的科学知识。例如，原始时代的人们注意到“以石投水则沉，投以木则浮”，因而发现水有浮力。牛顿通过苹果从树上掉下来的事实发现万有引力定律，并且用数学论证了万有引力定律。

（二）发　明

发明与“技术”和“工艺”相关联。发明是根据发现的原理进行制造或运用，产生新的物质或行动。例如，古人发现水有浮力，于是根据这一原理“刳木为舟”(《周易·系辞下》)，即把大木头挖空，造出独木舟。这叫发明。发明又可分为基本发明和改良发明两类。基本发明是指一种新原理的应用，或综合诸原理而进行新的发明。就这层意义来说，它是基本的，是社会进步的主要动力，而且一般会成为其他发明的基础。改良发明指对现有产品进行改进，旨在增加效率，或使之拥有新的用途。改良发明是在保持事物原有性质的基础上，通过改进使其获得新的性质的发明。

（三）革　新

革新即变革或改变原有的观念、制度和习俗，提出与前人不同的新思想、新学说、新观点，创造与前人不同的艺术形式等。人类社会是不断发展变化的，要适应这种变化，伦理道德、价值观念、政治制度、法律制度、婚姻家庭制度、礼仪制度、生产制度和宗教制度等也必须不断革新。

四、 创新的类型

我们可以依据创新活动中创新对象的不同，把创新分为以下几种。

（一）知识创新

知识创新是指通过科学研究——包括基础研究和应用研究——获得新的基础科学和技术科学知识的过程。知识创新的目的是追求新发现、探索新规律、创立新学说、创造新方法、积累新知识。知识创新是技术创新的基础，是新技术和新发明的源泉，是促进科技进步和经济增长的革命性力量。知识创新为人类认识世界、改造世界提供新理论和新方法，为人类文明进步和社会发展提供不竭动力。

（二）技术创新

技术创新是指企业应用新知识、新技术、新工艺，采用新的生产方式和经营管理模式，提高产品质量，开发新的产品，提供新的服务，占据市场并实现市场价值。企业是技术创新的主体。

（三）组织创新

组织创新日益流行，新的组织形式正在不断出现，如网络组织、虚拟组织、扁平组织、并行组织、不规则组织等。企业重组就是一种组织创新，它可以优化资源配置，提高劳动生产率。

（四）管理创新

管理创新非常普遍。20 世纪 60 年代以来，从全面质量管理、柔性管理、知识管理、文化管理到战略管理，企业流程再造、企业资源计划、综合平衡记分表、企业形象识别、知识资本管理等新的企业管理方法不断涌现。

（五）制度创新

制度创新不仅发生在企业中，也发生在经济系统中。制度创新能降低交易成本，提高劳动生产率。20 世纪 60 年代以来，制度创新的速度也很快，主要的制度创新包括国家创新系统、风险投资、职工持股计划、职工参与制、股票期权、电子商务、战略联盟、经济共同体、国际贸易组织等。

知识测试

1. 什么是创新？
2. 创新有哪些基本形式？
3. 创新的基本特征包括哪些？

能力训练

1. 试分析中国特色社会主义属于什么类型的创新。
2. 请分析以下材料，并回答问题。

鞋厂老板指示营销总管，派出两个市场调查组去非洲寻找市场。不久，两个调查组发回了报告。甲组说："这里没有穿鞋的，所以即使有鞋也卖不出去。"乙组的结论却完全相反。乙组十分兴奋地汇报："这里人人没有鞋穿，鞋子市场很大，急待我们开拓。我们可以在这里筹建工厂，设计适合当地人穿的鞋。"老板比较了两个截然相反的调查结论，认可了乙组的建议。鞋厂经过调研设计出适合非洲人的鞋子，又利用广告宣传展示其领导人穿鞋的形象，让穿鞋成为一种时髦。结果，该厂在非洲有了不错的营业额。

请分析：这属于创新吗？如果是，又属于哪一种创新？

任务二　提升创新意识

一、 创新意识与创新思维

创新意识是指人们根据社会和个体生活发展的需要，产生创造新事物的观念和动机，以及在创造活动中表现出的意向、愿望和设想。它是人类意识活动中一种积极的、富有成果性的表现形式，是人们进行创造活动的出发点和内在动力，是创造性思维和创造力的前提。它支配着人们对创新实践活动的态度和行为，规定着态度和行为的方向和强度，具有较强的选择性和能动性，是创新素质结构中最重要的组成部分。

创新思维是人们在创新活动中具有的思维方式。它是相对于以固定、惰性的思路为特征的常规思维而提出的，是一种高度灵活、新颖独特的思维方式。创新思维通常在创新动机和外在启示的激发下，充分利用人脑意识和潜意识活动能力，借助于各种具体的思维方式(包括直觉和灵感)，以渐进式或突发式的形式，对已有的知识经验进行不同方向、不同程序的再组合、再创造，从而获得独特的、有价值的新观念、新知识、新方法、新产品等创造性成果。

案例展示

女神像翻新变废为宝，思维创新获得巨大利润

美国的自由女神像翻新后，现场存有200吨废料。一个名叫斯塔克的人，自告奋勇，主动承包清理。他将废料分类整理，把废铜皮改铸成纪念塔，把废铅改铸成纪念币，把水泥碎块整理后做成小石碑装在玲珑透明的小盒子里，供大家选购。结果，本来无人问津的建筑垃圾化腐朽为神奇，身价百倍。人们争相购买这些新产品，很快就一抢而空。正是斯塔克不拘泥于传统、标新立异的思维方式，使他别出心裁地想出了多种处理办法，并由此获利。

只有创新意识才能引发创新思维，创新思维一定是在创新意识的激励下产生的，所以要创新，首先要培养创新意识。

二、创新意识的提升

（一）提倡标新立异，力争首创

首创就是要做别人没有做过、没有想过的事情。我们通常所说的“标新立异”，实质上就是有强烈的进取精神和勇于开拓的思维意识，是一种敢为天下先、敢为人未为的创新精神。这种精神对社会贡献巨大，能在一定程度上起开创性作用。它能为后人提供新的思路和平台，推进社会的进步。有了这种精神，我们才能有创新的动力，才能发现创新点，从而具备培养创新习惯的基础。

> 第一次吃螃蟹的人是很可佩服的，不是勇士谁敢去吃它呢？螃蟹有人吃，蜘蛛一定也有人吃过，不过不好吃，所以后人不吃了。像这种人我们应当极端感谢的。
>
> ——鲁迅

（二）养成好奇、爱探究的习惯

如果某人对某个问题产生好奇心，他的注意力便会集中在这个方面，在这方面的知识储备便会变得丰富，对相关事情也会更加关注和投入。潜能往往可以在这时释放出来，发挥出不可估量的作用。这时，人的创造性会空前高涨。

（三）与创新能力的交融提升

创新能力提升后，在学习、工作中，创新意识会更加自然地迸发出来。创新能力提升会与创新意识相互交融、相互促进。

创新能力是创新主体在前人发现或发明的基础上，以已知信息或知识为基础，对客观事物或现象进行重新组合，产生出新颖独特、具有社会和个人价值的产品的能力。遗传素质是形成人类创新能力的生理基础和必要的物质前提，潜在地决定着个体创新能力未来发展的类型、速度和水平；环境是创新能力形成和提高的重要条件，影响着个体创新能力发展的速度和水平；实践是创新能力形成的唯一途径，也是检验创新能力水平和创新活动成果的尺度与标准。

创新能力有一部分来自不断发问的能力和坚持不懈的精神。创新能力在一定知识积累的基础上可以被训练出来、启发出来，甚至被“逼出来”。创新最关键的条件是解放自己，因为一切创造力都源于人的潜在能力的发挥。创新能力主要包括十大类型。

1. 学习能力

学习能力是指获取和掌握知识、方法、经验的能力，包括阅读、写作、理解、表达、记忆、搜集资料、使用工具、对话和讨论等。学习能力还包括态度和习惯，如活到老学到老的学习态度和信念。个人具有学习能力，组织也具有学习能力。人们把学习型组织理解为“通过大量的个人学习特别是团队学习，形成的一种能够认识环境、适应环境，进而能够能动地作用于环境的有效组织。也可以说是通过培养弥漫于整个组织的学习气氛，充分发挥员工的创造性思维能力而建立起来的一种有机的、高度柔性的、扁平的、符合人性的、能持续发展的组织”。在如今竞争的时代，一个人或一个组织的竞争力往往取决于个人或组织的学习能力，因此对于个人和组织而言，其竞争优势就是有能力比竞争对手学得更多更快。管理大师德鲁克说：“真正持久的优势就是怎样去学习，就是怎样使自己的企业比对手学习得更快。”

我们从失败中学到的东西要比在成功中学到的东西多得多。

——斯迈尔斯

2. 分析能力

分析能力是指把事物分解为若干部分进行研究的技能和本领。事物是由不同要素、不同层次、不同规定性组成的统一整体。认识事物的有效方式之一就是把它的每个要素、层次、规定性在思维中暂时分割开来进行考察和研究，弄清楚每个局部的性质、局部之间的相互关系以及局部与整体的联系，做到由表及里、由浅入深、由易到难地认识事物。

分析能力的高低与三个因素有关：一是个人的知识、经验和禀赋；二是分析工具和方法的水平；三是共同讨论与合作研究的品质。随着科学技术的发展，高性能计算机、各种科学仪器以及新的分析方法的出现和应用，有效地提高了人们的分析能力。当然，分析能力也有局限性和片面性，容易使人只见树木，不见森林，忽视从整体上把握事物。因此，人们通常会把分析能力与综合能力结合起来，取长补短。

3. 综合能力

综合能力强调把研究对象的各个部分结合成一个有机整体进行考察和认识。综合是指把事物的各个要素、层次和规定性用一定线索联系起来，从中发现其本质关系和发展规律。具体来讲，综合能力包括三项内容。一是思维统摄与整合，就是把大量分散的概念、知识点以及观察和掌握的事实材料综合在一起，进行加工整理，由感性到理性、由现象到本质、由偶然到必然、由特殊到一般，对事物进行整体把握。二是积极吸收新知识。综合能力需要多方面的知识和方法，不断吸收新知识、更新旧知识是十分必要的，特别是要学会跨学科交叉，使不同学科的知识、不同领域的研究经验融会贯通。三是与分析能力紧密配合。仅具备综合能力是有局限性和片面性的，即缺少深入的、细致的分析。细节决定成败，在认识事物时也是如此。只有综合能力与分析能力相互配合，我们才能正确认识事物，实现有价值的创新。

4. 想象能力

想象能力是指以一定的知识和经验为基础，通过直觉、形象思维或组合思维，不受已有结论、观点、框架和理论的限制，提出新设想、新创见的能力。想象力往往是发现问题和解决问题的突破口，在创新活动中扮演突击队和急先锋的角色。缺乏想象力，就很难从事创新工作。

> 想象力比知识更重要，因为知识是有限的，而想象力概括着世界上的一切，推动着进步，并且是知识进步的源泉。
>
> ——爱因斯坦

5. 批判能力

批判能力表现在两个方面。在学习、吸收已有知识和经验时，批判能力保证人们不盲从，而是批判性地、选择性地吸收和接受，去粗取精，去伪存真；在研究和创新时，质疑和批判是创新的起点，没有质疑和批判就只能跟在权威和定论后面亦步亦趋，不可能做出突破性贡献。科学技术史表明，重大创新成果通常都是在对权威理论有所质疑和批判的前提下取得的。

6. 创造能力

创造能力是创新能力的核心，它是指首次提出新的概念、方法、理论、工具以及解决方案、实施方案等的能力，是创新人才的禀赋、知识、经验、动力和毅力的综合体现。

7. 解决问题的能力

解决问题的能力包括提出问题和凝练问题，针对问题选择和调动已有的经验、知识和方法，设计和实施解决问题的方案，面对难题能够创造性地组合已有的方法乃至运用新方法予以解决。解决问题有狭义和广义之分。狭义的解决问题就是人们通常认为的各种问题的解决，如物理问题、数学问题、技术问题；广义的解决问题包括各种思维活动，在这种情况下，创新能力就等同于创新性解决问题的能力。

案例展示

丁肇中独辟蹊径攀高峰

在微观物理学中，高能条件下只能产生一些寿命极短的粒子。依照惯例，要探索这些微粒，普通的低分辨率仪器足以应付。20 世纪 70 年代初，人们对重光子的研究裹足不前，陷入困境。当科学家们纠缠于实验过程本身时，丁肇中却机敏地把目光转移到测试仪器上，并花了两年多时间，耗费巨资研制出高分辨率的探测器。这一举动遭到了许多物理学权威的嘲笑和否定，因为这样做太奢侈了，而且毫无价值！创造性思维在获得成功之前，往往显得微不足道，甚至遭人唾弃。然而，正是借助新的仪器，1974 年，丁肇中发现了 J 粒子。这一发现轰动了世界物理界。

8. 实践能力

这里的实践能力特指社会实践能力。获取创造发明成果，只是创新活动的第一阶段，要使成果得到承认、传播、应用，实现其学术价值、社会价值和经济价值，就必须和社会打交道。实践能力就是为实现这一目标而进行各种社会实践活动的能力。

9. 组织协调能力

组织协调能力的实质是通过合理调配系统内的各种要素，发挥系统的整体功能，以实现目标。对于创新人才来说，要完成创新活动，就要协调各方。当拥有一定资源时，就可通过沟通、说服、资源分配和荣誉分配等手段来进行组织协调，最终实现创新目标。

10. 整合多种能力的能力

创新人才的宝贵之处不仅在于拥有多种才能，更重要的是能够把多种才能有效地整合在一起发挥作用。整合多种能力的能力是能力增长和人格发展的结果，离不开学习、实践和人生历练。

（四）提升耐挫能力

一个人如果没有超强的耐挫能力，没有百折不挠的顽强毅力，而是怕苦畏难，遇到风险便止步，那么永远也不可能获得成功，更不要说取得创新成果。其实，困难和挫折也是一笔财富。危急时刻，人们往往会斗志昂扬、思维活跃，意志也会更加坚定。只有不畏艰难，集中精力解决矛盾、战胜困难，才更容易培养创造性思维。

在科学上，每一条道路都应该走一走。发现一条走不通的道路，就是对于科学的一大贡献。

——爱因斯坦

案例展示

交通工具的创新

19世纪，当被问到“你想要什么样的交通工具”时，人们会说“跑得快的马车”，而不会说汽车。当有人提出需要不用马拉但是比马车跑得快的车时，虽然人们不知道它是什么，但会意识到这是一个很好的“创意”。后来，德国人卡尔·本茨将这个人们不知道是什么东西的车制造了出来。他于1885年研制出世界上第一辆马车式三轮汽车，这就是“发明”。福特一个汽车走向大众化的创造者。本茨发明了汽车，但这不是创新，因为虽然他有了新创意和在技术上可以实现的新产品，可是缺乏大规模的推广，原因是成本过高。福特对汽车生产进行流程化改造，实现了流水线作业，使汽车家用化、普及化，在真正意义上实现了“创新”。

知识测试

1. 创新思维和创新意识的区别是什么？
2. 创新意识的提升可以从哪些方面努力？
3. 创新能力的提升为什么能促进创新意识的提升？

能力训练

1. 试着以鼠标为对象，每天坚持想一个创新的点子，看看能坚持多少天。在这个过程中，你是不是不知不觉就在想着如何对鼠标进行创新。如果是，就说明你的创新意识已经在提升了！

2. 分享一下你对提升创新意识的思路和想法。

任务三 培养创新精神

创新精神是指具有能够综合运用已有的知识、信息、技能和方法，提出新方法、新观点的思维能力和进行发明创造、改革更新的意志、信心、勇气、智慧。

创新精神属于科学精神和科学思想范畴，包括创新意识、创新兴趣、创新胆量、创新决心，以及相关的思维活动。

持之以恒的创新精神首先基于对创新意义的充分认可。

一、 对创新意义的充分认可

创新对于社会进步、企业发展和人生价值的实现具有重要意义。

（一）创新是引领社会发展的第一动力

创新是新时代的主旋律。党的十九大报告指出，创新是引领发展的第一动力，是建设现代化经济体系的战略支撑。国家力量的核心支撑是科技创新能力。创新驱动是世界大势所趋。全球新一轮科技革命、产业变革和军事变革加速演进，科学探索从微观到宏观，在各个尺度上向纵深拓展，以智能、绿色、泛在为特征的群体性技术革命将引发国际产业分工重大调整。颠覆性技术不断涌现，正在重塑世界竞争格局、改变国家力量对比，创新驱动成为许多国家谋求竞争优势的核心战略。中国既面临赶超跨越的难得历史机遇，也面临差距拉大的严峻挑战。唯有勇立世界科技创新潮头才能赢得发展主动权，为人类文明进步做出更大贡献。创新驱动也是发展形势所迫。中国经济发展进入新常态，传统发展动力不断减弱，粗放型增长方式难以为继。我们必须依靠创新驱动打造发展新引擎，培育新的经济增长点，持续提升经济发展的质量和效益，开辟新的发展空间，实现经济保持中高速增长和产业迈向中高端水平的“双目标”。

（二）创新是知识经济的基础

按照经济合作与发展组织的定义，知识经济是指直接依靠知识与信息的生产、分配和使用的经济。知识经济以新的发现、发明、研究、知识为基础，是一种知识密集型的充分体现人类智慧的经济。经济合作与发展组织在1996年年度报告中指出，知识已经成为提高生产率和实现经济增长的驱动力。知识经济时代，信息、技术和教育在经济活动中成为决定性因素。创造、创新和应用知识的能力与效率会影响一个国家的综合国力。因此，知识经济实质上就是创新经济。

（三）创新是企业持续发展的原动力

企业发展的历史就是创新的历史，企业的核心竞争优势就是持续的创新能力。福特公司创始人亨利·福特深有体会地说："不创新，就灭亡。"企业生存和发展的基础就在于创新，只有持续不断地创新，企业才能在市场竞争中获胜。"创新则兴，不创新则亡。"创新是企业快速、持续发展的根本动力。

案例展示

不断创新的海尔

海尔拒绝贴牌，拒绝做国外品牌公司的廉价劳动力，创新是海尔发展的不竭动力。海尔始终坚持以技术创新作为发展的手段和依托，从引进技术到整合国内外资源、自主创新，坚持"技术创新课题来自市场难题"和"设计创造高质量、高附加值"的研发理念，通过技术创新在国内市场和国际市场上占据了一定的份额。

（四）创新是实现人生价值的必由之路

人类运用积极思维的力量，创造出无数奇迹。一个有所作为的人，只有通过创新，才能充分展示自己独特的个性。同时，在这个过程中，他也为人类做出了贡献，实现了自己的人生的价值。

创新是把新的思想放到现实生活中来。Zilog 公司的创始人弗德利克·法金(Federicao Faggin)发表过关于创新的讲演，指出如果只有一个思想的话，不能被称为创新，而仅仅是创新的开始。创新的核心是创造出价值，所以仅仅为了新奇而产生的想法还不能算是真正的创新。创新包含你要做出不同的事情，要创造出新的事物，要有冒险的精神，要改变出现困难的现状。

二、 对创新奉献的家国担当

创新精神是一种勇于抛弃旧思想旧事物、创立新思想新事物的精神。例如，不满足已有认识(掌握的事实、建立的理论、总结的方法)，不断追求新知；不满足现有的生活生产方式、方法、工具、材料、物品，根据实际需要或新的情况，不断进行革新；

不墨守成规(规则、方法、理论、说法、习惯)，敢于打破框框，探索新的规律和方法；不迷信书本、权威，敢于根据事实和自己的思考大胆质疑；不盲目效仿别人的想法、说法、做法。

创新精神也包含着一种实用性思想，可以结合生活中有用的理念加以实现。我们应利用自己的思想改变世界，让新的思想在这个世界扎根，为家庭为国家躬身入局，勇于担当。

案例展示

两弹元勋邓稼先

邓稼先在美国获得博士学位后，美国承诺提供优越的条件和丰厚的待遇，希望他长期在美国工作。但是，邓稼先并未因高官厚禄而动摇报效祖国的决心。1950 年，他胸怀报国之志，回到了祖国，为“两弹”的成功研制做出了卓越的贡献。

钱学森艰难归国

20 世纪 50 年代初，钱学森在美国受迫害的消息很快传到中国，中国科技界的朋友通过各种途径声援钱学森。中国政府对钱学森在美国的处境极为关心，公开发表声明，谴责美国政府在违背其本人意愿的情况下监禁了钱学森。

1955 年 9 月 17 日，钱学森回国的愿望终于实现了。这一天，钱学森携带妻子蒋英和一双幼小的儿女，登上了“克利夫兰总统号”轮船，踏上返回祖国的旅途。1955 年 10 月 8 日，钱学森一家回到了魂牵梦绕的祖国，回到了自己的故乡。

创新精神提倡独立思考、不人云亦云，但并不是孤芳自赏、固执己见、狂妄自大，而是团结合作、相互交流。这是当代创新活动不可或缺的方式。创新精神提倡胆大、不怕犯错误，但并不是鼓励犯错误，而是明白错误认知是科学探究过程中不可避免的。创新精神提倡不迷信书本、权威，但并不是反对学习前人经验。任何创新都是在前人成就的基础上进行的。创新精神提倡大胆质疑，而质疑要有事实和思考的根据，并不是虚无主义地怀疑一切。总之，我们要用全面、辩证的观点看待创新精神。

三、 对创新克难的持之以恒

纵观全球科技领域，一项核心技术足以支撑一个行业甚至一个领域持续健康地发展。

这些核心技术的创造过程，没有一个不是花费了大量精力和金钱，耗费了几年、几十年甚至几代人的时间。我们看到的成功其实是由坚守和努力一点点垒起来的。

例如，两次获得诺贝尔奖的居里夫人，经过无数次实验才提炼出镭，历尽艰辛；古代医药学家李时珍为了写《本草纲目》，跋山涉水 30 多年；马克思花费了 40 多年的心血，才完成巨著《资本论》；德国文学家歌德创作《浮士德》，用了 50 多年的时间；著名科学家、气象学家竺可桢坚持每天记录天气情况，记录了 30 多年，直到去世前的那一天。

这种持之以恒的毅力并不是天生得来的，需要在日积月累的坚持中慢慢磨炼。尤其是对于未成年人来说，更需要通过日常生活来慢慢培养。要知道，成功不是一朝一夕可以获得的，只有每天前进一小步，才能逐渐靠近自己的目标。

案例展示

20 年育出冬麦良种

2019 年，新疆农科院选育的冬小麦新品种新冬 60 号实收单产达到 731.3 公斤，刷新了 2018 年新疆冬小麦实收单产 724 公斤的纪录。这背后，是科研团队 20 年来坚持不懈的努力。

育种，是一个艰苦而漫长的过程。培育一个新品种，少则 5 年到 8 年，多则十几年，这在业内再寻常不过。虽然随着科技的不断进步，分子技术和生物技术的运用大大缩短了育种周期，减少了育种试验的重复次数，但植物新品种培育仍然是时间跨度极长的工作。

20 年，对任何一个人来说，都是一段浪费不起的时间；对于科研团队来说，亦是一代科研人员最宝贵的青春。20 年来，新冬 60 号科研团队不曾想过新品种能否成为小麦单产冠军，不曾想过新品种能带来哪些名利，他们心中坚守的目标只有一个：为南疆地区农业生产找到更优质的品种。

华为创始人任正非说过，板凳要坐十年冷，高科技领域最大的问题是大家要沉得下心。今天，中国经济社会已迈入高质量发展时代，创新无疑成为引领发展的第一动力。在互联网、信息技术不断发展的当下，“快”已经成为人们生活的主旋律，科学技术的不断发展也缩短了很多产品和技术的研发时间。但是，我们不应该忘记，纵使时代发展的速度越来越快，创新仍不是一蹴而就的事情，仍需要人们默默无闻的坚守和努力。

我们不应该忘记那些始终坚持探索人类未知领域、坚守在科技前沿的人，是他们的持之以恒带来了我们今天的美好生活。

创新精神是科学精神的一个方面，与科学精神的其他方面不是矛盾的，而是统一的。创新精神以敢于摒弃旧思想旧事物、创立新思想新事物为特征，同时又以遵循客观规律为前提；创新精神提倡新颖、独特，同时又受到一定的道德观、价值观、审美观的制约。

知识测试

1. 什么是创新精神？

2. 为什么说创新精神是一种勇于抛弃旧思想旧事物、创立新思想新事物的精神？

能力训练

1. 查找2～3名爱国科学家的事迹，体会他们的创新精神。

2. 分享名人的创新故事，谈谈对其创新精神的理解。

MODULE1

模块一
创新方法与实践

项目二　创新思维与方法

目标引领

知识 1. 了解创新思维的常见形式

2. 了解常见的创新方法

3. 了解 TRIZ 创新理论的主要内容

能力 1. 能够利用发散思维进行思考

2. 能够利用一种创新方法进行创新实践

3. 能够利用 TRIZ 理论的发明原理及技术系统进化法则对创新问题进行求解

素养 1. 合理分工并与团队成员良好协作

2. 构建培养创新思维的意识，提升主动创新的意识

3. 初步建立基于创新方法解决创新问题的自信

学习导航

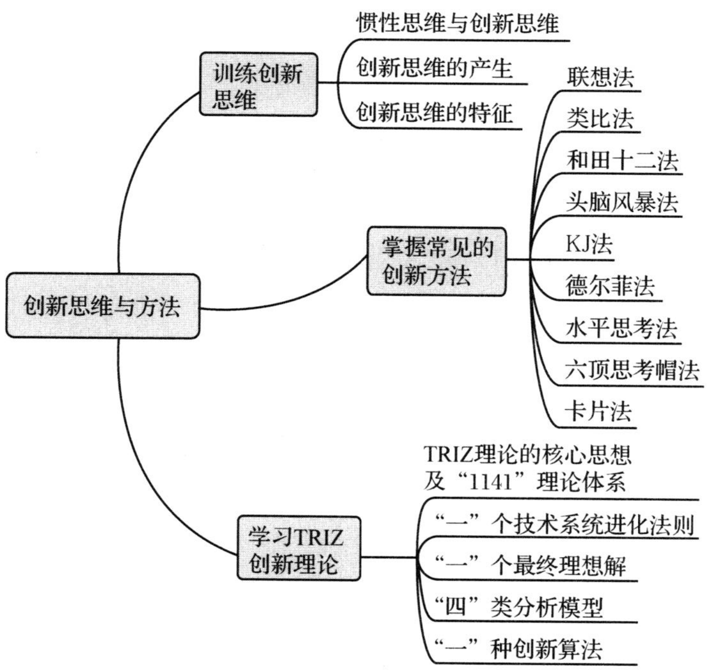

任务一 训练创新思维

人类社会的不断进步，得益于科学技术的日新月异。引领技术进步的是人的思维，可同样吃五谷杂粮，为什么有的人就那么善于创新呢？那是因为他们具备创新思维。

案例展示

等待理发时迸发的创新思维

某理发店内，理发师正给一位老年人染发，用刷子蘸着染发剂一下一下地梳。染了一个多小时，老人在镜子里一看，一脸不高兴。原来，该染的白发没染透，不该染的头皮却被染成了黑色。

如果是一般人，肯定觉得这是没有办法的事情，染发都会弄黑头皮，可当时在旁边等待理发的一位机修工看在眼里，想在心头。创新思维触动他开始思考：要是染发不弄黑头皮就好了。怎样才能做到这一点呢？显然要开发一种工具。经过一番努力，他想到用梳子代替刷子，又联想到钢笔的出水结构，于是把梳子的主体做成筒状，可以装染发剂，并在与筒相连的空心梳齿的侧面打出孔。这样，一个不会弄黑头皮的染发梳就开发成功了。

一、 惯性思维与创新思维

惯性思维，也称“定式思维”(thinking set)，是先前的活动造成的一种对活动的特殊的心理准备状态，或活动的倾向性。在环境不变的条件下，定式能使人应用已掌握的方法迅速解决问题；在情境发生变化时，它反过来会妨碍人们采用新的方法。消极的惯性思维是束缚创新思维的枷锁。

创新思维指以新颖独创的方法解决问题的思维过程。这种思维能突破常规思维的限制，以超常规甚至反常规的方法、视角去思考问题，提出与众不同的解决方案，从而产生新颖的、独到的、有社会意义的思维成果。

二、 创新思维的产生

目前学术界对创新思维的产生还没有定论，但主要有以下看法。

（一）发散思维说

发散思维是指从一个目标出发，沿着不同的途径去思考，探求多种答案的思维，与聚合思维相对。不少心理学家认为，发散思维是创新思维最主要的特征，是测定创造力的主要标志之一。发散思维是大脑在思维时呈现的一种扩散状态的思维模式，比较常见。它表现为思维视野广阔，呈现出多维发散状。我们可以通过从不同方面思考同一问题，如“一题多解”“一事多写”“一物多用”等方式，培养发散思维能力。例如，在很长一段时期，冰箱市场一直为美国人所垄断。这种高度成熟的产品竞争激烈，利润率很低，美国的厂商对市场的拓展束手无策。日本人此时独辟蹊径，发明了微型冰箱。人们发现微型冰箱除了可以在办公室使用外，还可以安装在野营车或娱乐车上。微型冰箱改变了一些人的生活方式，扭转了进入市场初期默默无闻的命运。

（二）天赋说

有学者认为，有创新思维的人是天生的，羡慕不来。这是一部分人在成长之前就已经具备的成长特性。天生擅长某些事物或领域，可以使一个人在同样经验甚至没有经验的情况下以高于其他人的速度成长起来，而且不乏独一性、特殊性。天赋也可以被理解为人从小到大被动接受和养成的人格特点。根据小时候还没发育完全的大脑受所在环境的诱导和影响来分类，天赋值也有所不同，而且这个天赋是不可逆的。卓别林在电影艺术领域的创新常被认为是其天赋所赐。

（三）顿悟说

人们认识某一事物或思考某一问题，百思而不得其解的时候，由于某种偶然因素的启发，突然会在头脑中浮现出创新的答案。这种思维便是顿悟思维。例如，阿基米德躺进浴盆的瞬间，看见水溢出浴盆而悟出浮力原理。顿悟思维方式的产生及完成过程，必须以思维者具有足够的思考养料的储备为前提。

（四）张力说

美国科学哲学家托马斯·库恩认为，创新思维是发散思维和收敛思维的有机统一，并且两者间保持着“必要的张力”：既要活跃发散又要收敛于当下技术。例如，爱彼迎(Airbnb)创建的民宿是全球最大的“旅店”，但却没有一间自己的房间。世界各地的房主在这个平台上招租，思维方式的创新颠覆了开旅馆要有房间的固有认知，而技术上依赖于互联网的迅速崛起和移动通信技术、网络支付技术等的快速实现。试想，如果没有网络支付技术的快速发展，爱彼迎早就困死在账单的兑现上了。

（五）整合说

有学者认为，创新思维包含整合式创新(holistic innovation，HI)，即战略视野驱动下的全面创新和协同创新。基于整合式创新的创新管理范式，则是整合式创新管理(holistic innovation management，HIM)。整合式创新的四个核心要素是"战略""全面""开放"和"协同"，即战略视野驱动下的全面创新、开放式创新与协同创新，四者相互联系，缺一不可。例如，中车集团公司在国家推进"引进国外先进技术，联合设计生产，打造中国品牌"的高铁发展战略的驱动下，客观分析自身面临的机遇和挑战，制订并实施了"归核—强核—造核—扩核"的集团发展计划，通过整合内外部资源、在集团宏观层面进行战略协调，实现了全球竞争优势的提升。

创新思维不能一概而论地被视为某种形式。创新思维本身属于一种思维意识，而思维意识包含实施者所涉及的时间、地点、人文、认知及当下问题的状态等诸多因素，辅以实施者的内在思考以及解决问题的动力和实践程度。

三、 创新思维的特征

（一）独特性

独特性是创新思维的归宿和最佳思维成果。创造的根本标志是创新。独特的不一定是创新，但创新必须是独特的。独特，即独辟新路，自成一格。以文学为例，清代袁枚主张"以出新意，去陈言为第一着"。清代学者徐增也说："诗人能以一笔扫尽从来窠臼，方是个诗家大作者。"

思维为什么要追求独特性？人为什么要追求新奇感？从审美心理的角度看，审美注意是心理活动对一定事物的指向和集中。人的注意总是最先落在刺激性最强的一点上。一种刺激物与其他刺激物存在明显差别。具有独特性的刺激物，就像"万绿丛中一点红"那样，会特别引起注意。如果刺激物没有独特性，仅是其他刺激物的重演，人的注意力就会变得分散和迟钝。独特的对象刺激物可以使被刺激者的大脑神经系统处于兴奋状态，使注意不断强化，这就是人们求新、求异的心理依据。从信息论的观点看，具有独特性的文章信息量才最大，才能赢得读者的喜爱。人为什么认为曲线比直线美？因为直线的变化只有长短的不同，曲线则有起伏、跳跃的千变万化。人们通过曲线，可以联想到波涛汹涌的大海，曲折盘旋的羊肠小道，女性窈窕的身影……总之，曲线包含丰富多彩的思想、情感、意志、力量，包含无限多的信息。

创新思维最高层次的特性亦数独特性。它表示人们在思维中能产生不同寻常的“奇思妙想”，从而不落俗套，突破常规和经验的束缚，获得创造性的思维成果。体现创新思维这些特点的例子，在人类文明史中不胜枚举。19 世纪中叶，欧洲疟疾流行，天然奎宁不足，著名化学家霍夫曼提议用化学方法合成。他的学生，18 岁的柏琴按照教师的思路积极进行这方面的试验，但一次又一次地失败了。一天，柏琴用苯胺和重铬酸钾做实验，也未成功。反应后的黏液呈现出鲜艳的紫红色，这使他灵机一动：虽然未顺利合成奎宁，可现在纺织工业缺染料，这不就是很好的染料吗？他沿着这个思路进一步试验，最终开创了人造染料这一新的工业部门。柏琴思维的变通性和独特性在这里突出地表现了出来。

独特性指人们在创新思维中做出不同寻常的、异于他人的新奇反应的能力，指超越固定的、习惯的认知方式，以前所未有的新视角、新观点去认识事物，提出不为一般人所有的、超乎寻常的新观念。例如，英国作家毛姆的小说有一段时间滞销，他便在报纸上刊登了一则征婚启事：本人年轻英俊，家有百万资产，希望获得和毛姆小说中主人公一样的爱情。毛姆的这番举动使他的小说在短时间内被抢购一空。吉尔福特认为，题目定得越是与众不同并能揭示故事的内涵，越表明这个人的思维具有独特性。案例中，毛姆在推销小说时就运用了思维的独特性，收到了意想不到的效果。

（二）流畅性

流畅性就是观念的自由发挥，指在尽可能短的时间内生成并表达出尽可能多的思维观念以及较快适应、消化新的思想观念。这是一种思绪的奔涌，思路如水流倾泻，一气呵成。这种特点在文学创作、艺术创作中表现得最为明显。

拓展阅读
回形针的用途

（三）变通性

如果流畅性是纵向思维，能在一个面上流畅地产生多种同类型解决问题的方案，那么，变通性就是横向思维，即在不同方向上产生多种解决问题的方案。流畅性以广博的知识和牢固的记忆为基础，是思维量的线性延伸；变通性以灵活性为基础，是思维量的扇状扩张。灵活性、扇状扩张是变通思维的基本特点。变通性使人们在思维遇到困难时随机应变，及时调整思考方式，开拓新的思路，而不是进行单向发散或局限于一隅。有人把变通性叫作

"思维的弹性"。没有弹性的思维不可能是创新思维。以图形"∩∩"的测试为例，发散量最高的受试者答案说明，其思维不是沿着一个方向发散，而是沿着四个方面发散的：第一，把"∩∩"视为水平线上两个不同的物体，如窑洞、坟墓等；第二，把"∩∩"视为水平线上两个相同的物体，如隧道进出口；第三，从侧面看，把"∩∩"视为乌篷船等；第四，把"∩∩"视为运动的形体，如双鱼跃水等。而变通性差的受试者，一般只把上述图形看成同一水平线上的两个物体，这等于说，他们只做了单向发散。变通性差的人，往往存在把自己的思路局限于一隅的弱点。

心理学家蒙德·波诺认为，变通思维是"对各种事物提出新看法"，"试图多处钻孔"。变通性就是克服头脑中某种自己设置的僵化的思维框架，按照某一新的方向来思索问题的过程。例如，吉尔福特的"非常用途测验"要求在 8 分钟内列出红砖所有可能的用途。有学生列出了盖房子、盖仓库、建教室、修烟囱、铺路、修炉灶等，而所有这些答案都把红砖的用途局限于"建筑材料"这个范围之内，缺乏变通。有学生列出了打狗、压纸、支书架、敲钉子、磨红粉等。这些回答的变通性较大，多数是红砖的非常规用途。可见，后者的创新能力比前者高。

变通性需要借助横向类比、跨域转化、触类旁通，使发散思维沿着不同的方面和方向扩散，表现出极其丰富的多样性和多面性。

（四）多感官敏感性

创新思维不仅运用视觉思维和听觉思维，而且充分利用其他感官接收信息并进行加工，提升观念。创新思维还与情感有密切关系。如果思维者能够想办法激发兴趣，产生激情，赋予信息以感情色彩，就能提高发散思维的速度与效果。

总的来说，创新思维独特、流畅、变通、多感官敏感四者兼备。人们进行创新思维的普遍趋势是：流畅性在限定时间内产生许多观念；变通性表现思考者跨界限、跨类别的特征；多感官敏感增加细节和提升观念；独特性则是上述三个特征合成的结果。

知识测试

1. 什么是创新思维？
2. 如何理解发散思维说？
3. 创新思维的特征包括哪些？

能力训练

1. 了解爱彼迎的创新模式，试总结现实生活中还有什么类似的创新。你能想出一种目前还没有的业态吗？

2. 借鉴回形针的例子，试阐释铲子有什么用途。

任务二 掌握常见的创新方法

在历史的漫漫长河中，人类不断地创造着新的事物，对创新的过程和方法进行着卓有成效的尝试，并经过沉淀形成了一定的方法。

创新方法主要可分为两大类。

第一类是偏于激励的技法，追求卓异，曲径通幽。

(1)联想类技法：类比法、移植法、综摄法。

(2)逆向类技法：逆向反转法、缺点逆用法、问题逆转法。

(3)集智类技法：头脑风暴法(Brainstorming)、卡片法、德尔菲法。

拓展阅读
人类历史上的
第一根拉链

第二类是偏于理智的技法，追求完美，渐入佳境。

(1)列举类技法：希望点列举法、缺点列举法、特性列举法、信息列举法。

(2)设问类技法：六问法(5W1H)、奥斯本稽核问题表法、和田十二法。

(3)组合类技法：主体附加法、焦点法、信息交合法。

(4)整理类技法：卡片式方法(KJ、NM、ZK、OCU)。

(5)程序类技法：TRIZ 理论。

> 唯有创造才是快乐；只有创造的生命才是伟大的生命。
>
> ——罗曼·罗兰

下面，我们具体展开介绍。

一、 联想法

（一）什么是联想

联想的思维方法是沟通新旧知识的内在联系，在处理新问题的数量关系时，能够在已掌握的旧知识与新问题之间产生丰富的联想，并运用知识的正迁移规律变换审题的角度，使问题得到更顺利、更简捷的解答。

联想是形成创新的重要途径，也是应用最为广泛的途径。所谓联想，就是由于某人或某事而想起其他相关的概念。联想实际上是对头脑中已有的各种表象的重组，把割断了联系的甚至风马牛不相及的事物重新联系起来。这样的联想一旦产生，就必然形成幻想。由于事物存在多种属性，不同事物只要有一种属性相似或相同，我们就可能通过联想在它们之间建立联系。其实，在工作和生活中，特别是在碰到有趣的现象或意外情况时，善动脑筋，善于灵活地变换思考角度，运用联想不断转换思路，发现不同事物的相似点，就能柳暗花明，转入佳境，得到有益的创新启示。

（二）联想分类

联想分为自由联想和强制联想两大类。

自由联想是不受拘束地随意联想，如由河水想到大海，由大海想到鲸鱼。荷兰生物学家列文虎克就曾从自由联想中发现了微生物。强制联想是有意识地限制联想的主题和方向。

联想法就是通过一些技巧，激发自由联想或强制联想，从而解决问题。例如，苹果手机在创造发明时，运用强制联想，要求手机的屏幕没有按键或者只有很少的按键。

联想的技巧主要有图片联想和焦点联想。

拓展阅读
列文虎克的发现

康德说过，没有抽象的视觉谓之盲，没有视觉的抽象谓之空。图片联想以图片作为刺激物来帮助人们改变旧的思维习惯，弥补抽象思维的缺陷，并试图通过全新的途径来解决问题。图片联想的功能是使视觉刺激更直接和生动，打破概念束缚。例如，一轮明月的图片会让人联想到嫦娥，联想到探月工程。

焦点联想以预定事物为中心和焦点，依次与罗列的元素一一构成联想点，寻求新产品、新技术、新思想的推广应用和某问题的解决途径，是一种典型的强制联想法。焦点联想基于综合的原理，特点是与扩散思维、收敛思维、联想思维中的强制联想融会在一起。

焦点联想的操作程序如下：第一步，确定目标 A(如椅子)；第二步，随意挑选与 A 风马牛不相及的事物B做刺激物；第三步，列举事物B；第四步，以A为焦点，强制性地把B的所有属性与A联系起来产生联想。

联想的结果有的很荒唐，有的则有一定价值。如果有必要，还可以就其中一种属性，进一步展开联想。在使用焦点联想时，每产生一个层次的联想，就意味着突出该事物的一种属性，如某种功能。

例如，研究如何宣传储蓄。最后必须达到的要求就是“储蓄”，它就是“输出”，而宣传储蓄的出发点可以是任意的。假定该地常有洪水发生，那么可以考虑把“洪水”列为宣传储蓄的出发点，即“输入”，然后从“输入”这方面入手进行自由联想，想出来的办法或思路要尽量和“输出”联系起来；如果联系上，就改从“输出”这个角度倒过去自“输入”那方面联想。这样反复几次强制联想，把联系得上的关系全部汇集起来，可以从中选择可用的东西。例如，对上例“洪水”同“储蓄”的关系可以做这样的联想：洪水→房屋被淹→房屋家具损坏→房屋家具需要修理或新购→需要有钱应对修理或购买的开支→有备不发愁→储蓄。

二、 类比法

拓展阅读
咬住自己尾巴的蛇与苯环

亚里士多德在《前分析篇》中指出：“类推所表示的不是部分对整体的关系，也不是整体对部分的关系。”“每当理智缺乏可靠论证的思路时，类比这个方法往往能指引我们前进。”

（一）什么是类比法

类比法也叫“比较类推法”，是指由一类事物具有某种属性，推测与其类似的事物也应具有这种属性的推理方法。其结论必须由实验进行检验。类比对象间共有的属性越多，类比结论的可靠性越高。

（二）类比法的作用

类比法是“由此及彼”的。如果把“此”看作前提，“彼”看作结论，那么类比思维的过程就是一个推理过程。古典类比法认为，如果在比较过程中发现被比较的对象有越来越多的共同点，并且知道其中一个对象有某种情况而另一个对象还没被发现这种情况，这时候人们就有理由进行类推，认为另一对象也应有这个情况。现代类比法认为，类比之所以能够“由此及彼”，是因为经历了归纳和演绎的过程，即从已知的某个或某些对象具有某情况，归纳出某类对象都具有该情况，再经过演绎得出另一个对象也具有这个情况。

（三）类比法的特点

类比法的特点是“先比后推”。“比”是类比的基础，既要“比”共同点，也要“比”不同点。对象之间的共同点是决定类比法是否能够施行的前提条件，没有共同点的对象是无法进行类比的。

（四）类比法的类型

1. 直接类比法

直接类比法是借助与所研究的问题有类似之处的其他事物进行类比，如外形、结构、功能，形成富有启发的创新性设想。例如，北京“水立方”的设计方案不仅深化了水的概念，有意利用水的装饰作用，而且注意运用其微观结构。基于“泡沫”理论的设计灵感，为“方盒子”包裹了一层建筑外皮，上面布满酷似水分子结构的几何形状；表面覆盖的 ETFE(乙烯-四氟乙烯共聚物)膜，又赋予了建筑冰晶状的外貌，使其具有独特的视觉效果。“水立方”的轮廓和外观变得柔和，水的神韵在建筑中得到完美体现。

2. 间接类比法

间接类比法是用非同一类产品类比，产生创新。在现实生活中，有些创造缺乏可以比较的同类对象，就可以运用间接类比法。例如，空气中存在的负离子有益于健康，而负离子又多存在于高山、森林、海滩、湖畔。后来人们通过间接类比法，创造了产生负离子的水冲击法，并进一步通过吸取冲击原理，创造出电子冲击法。这就是现在市场上销售的空气负离子发生器的由来。

采用间接类比法，可以扩大类比范围，使许多非同一性、非同类的行业得到启发，激发新的创造活力。

3. 幻想类比法

发明者在发明创造中，通过幻想类比进行一步步的分析，从中找出合理的部分，从而达到发明的目的，设计出新的发明项目，这就叫作幻想类比法。

1834 年，英国发明家查尔斯・巴贝奇绘制出通用数字计算机图样。1942 年，美国的阿塔纳索夫教授和他的学生贝瑞运用幻想类比法，发明设计出电脑，制成了阿塔纳索夫—贝瑞计算机(世界上第一台电脑)。

4. 因果类比法

因果类比法是指两个事物的属性之间可能存在同一因果关系，因此，我们可以根据一个事物的因果关系，推出另一事物的因果关系。例如，在合成树脂(塑料)中加入发泡剂，使合成树脂布满微小的孔洞。这样的泡沫塑料既省料，又轻，并且有良好的隔热和隔音性能。日本一个叫铃木的人运用因果类比法，联想到在水泥中加入发泡剂，使水泥变得既轻又具有隔热和隔音的性能，发明了气泡混凝土。

5. 仿生类比法

发明者模仿生物的结构和功能等，完成新的发明项目，这就叫作仿生类比法。例如，人体——机器人；人眼——人造眼；蛙眼——电子蛙眼；鹰眼——电子鹰眼；蜻蜓眼和苍蝇眼——复眼照相机；手臂——新式掘土机等。

再如，西汉将领陈平运用仿生类比法，发明设计出古代机器人。

1962 年，美国一家公司制造并售出了世界上首批工业用机器人。

16 岁的中学生运用仿生类比法，发明设计了管内机械手。

6. 综摄类比法

发明者借助于分析，设法变陌生为熟悉，这是确定发明课题的前提；再通过亲身类比、比喻和象征类比等综合类比，设计发明项目，这就叫作综摄类比法。

美国创造学家威廉·戈顿发现，创新思维明显地分为两个阶段：变陌生为熟悉的阶段和变熟悉为陌生的阶段。这两个阶段有不同的思维特点，在创新过程中有不同的作用。

(1)第一阶段——变陌生为熟悉

这个阶段主要用分析的方法了解问题，查明问题的主要方面以及各个细节。人的机体本质上是保守的，排斥陌生的东西，思维也一样。当人们遇到陌生的事物时，总是设法把它纳入一个可以接受的模式中，通过把陌生的事物和熟悉的事物联系起来，而把陌生的转换成熟悉的。没有这个思维过程，人们很难真正了解要解决的陌生的问题。

创新思维研究中有两种常见的误解。一是认为创新主要体现在解决问题阶段，而忽略了了解问题阶段。二是在分析问题、了解问题、变陌生为熟悉的过程中，由于各种小小的发现会得到一些肤浅的答案，因此，人们往往把这个了解问题的阶段误认作解决问题的阶段。这两种误解是非常有害的。尽管为了更深刻地了解要解决的问题，尽可能多地掌握它的细节和信息是有益的，但是，把这样的了解当作创造性地解决问题，过分沉湎于问题细节的分析，就会舍本逐末，贻误发明创造。因为创造性解决问题的实质不是了解或解决一个新问题，而是以全新的方式、全新的设计解决问题。例如，发明者做发明设计，首先要经过分析了解问题，从而确定发明课题。

(2)第二阶段——变熟悉为陌生

变熟悉为陌生，就好像一个弯下腰来从两腿间看世界的孩子，突然发现这个世界整个都倒过来了，变样了。要使人们的思维跳出已有的习惯是很困难的，起码是非常规的。发明者运用亲身类比、比喻和象征类比等综合类比，能使自己的发明逐步由陌生变为熟悉，从而发明设计出新的项目。

创新思维是一种非常规思维，是粗糙的、有裂缝的，有时甚至是非理性思维。创新思维可以互相激励，互相渗透。因此，用发明小组的形式把不同知识背景的、有创造潜力的人组织在一起，进行互相启发、互相补充的讨论，可以产生更奇妙的创造性设想。

三、 和田十二法

（一）什么是和田十二法

和田十二法又叫“和田创新法则”，指人们在观察、认识一个事物时，可以考虑采用的十二种变换方法。和田十二法是许立言、张福奎在奥斯本稽核问题表的基础上，借用其基本原理加以创造而提出的一种思维技法。它既是对奥斯本稽核问题表法的继承，又是一种大胆的创新。比如，其中的“联一联”“定一定”等，就是一种新发展。同时，这些方法更通俗易懂，简便易行，利于推广。

加一加：加高、加厚、加多、组合等。

减一减：减轻、减少、省略等。

扩一扩：放大、扩大、提高功效等。

缩一缩：压缩、缩小、微型化。

变一变：变形状、颜色、气味、音响、次序等。

改一改：改正缺点、不便和不足。

联一联：原因和结果有何联系，把某些东西联系起来。

学一学：模仿形状、结构、方法，学习先进。

代一代：用别的材料或方法代替。

搬一搬：移作他用。

反一反：能否颠倒一下。

定一定：定个界限、标准，提高工作效率。

按上述顺序进行核对和思考，人们能从中得到启发，利于创造性设想的产生。

（二）和田十二法案例应用

和田十二法由于简洁、实用，深受人们欢迎。

1. 加一加

南京小学生丛小郁发现，上图画课时，既要带调色盘，又要带装水用的瓶子，很不方便。她想要是将调色盘和水杯“加一加”，变成一样东西就好了。于是，她提出了将可伸缩的旅行水杯和调色盘组合在一起的设想，并在调色盘的中间与水杯底部刻上螺纹，这样，可涮笔的调色盘便产生了。

2. 减一减

台湾少年于实明见爸爸装门扣时要拧六颗螺丝钉，觉得很麻烦。他想减少螺丝钉数目，提出了这样的设想：将锁扣的两边条弯成卷角朝下，只要在中间拧上一颗螺丝钉便可固定。

3. 扩一扩

在烈日下，母亲抱着孩子还要打伞，实在不方便。能不能特制一种太阳帽，帽舌大到足够为母子二人遮阳呢？现在已经有人制作出了这种长舌太阳帽，很受欢迎。

4. 缩一缩

石家庄的王学青发现地球仪携带不方便，便想到，如果地球仪不用时可压缩、变小，携带就方便了。他发现，如果用制作塑料球的办法制作地球仪就可以解决这个问题。用塑料薄膜制的地球仪，用的时候把气吹足，放在支架上，可以转动；不用的时候把气放掉，一下子就缩得很小，方便携带。

5. 变一变

河南洛阳的王岩看到漏斗在灌水时常常被气泡堵住，水流不畅。王岩设想若将漏斗下端口由圆变方，那么往瓶里灌水时就能流得畅快了，也不用总提起漏斗了。

6. 改一改

一般的水壶在倒水时，由于壶身倾斜，壶盖易掉，有可能蒸气溢出烫伤手。成都的中学生田波想了个改进的办法。他将一块金属片铆在水壶柄后端，但又不太紧，使金属片另一端可前后摆动。灌水时，壶身前倾，壶柄后端的金属片也随之向前摆，会顶住壶盖。灌完水，壶平放，金属片随之后摆，壶盖又能方便地打开了。

7. 联一联

澳大利亚发生过这样一件事：在收获季节，有一片甘蔗田的产量提高了 50%。这是由于在甘蔗栽种前一个月，有水泥洒落在这片田地里。科学家分析后认为，水泥中的硅酸钙改良了土壤的酸性，促使甘蔗增产。这种将结果与原因联系起来的分析方法经常能使我们发现一些新的现象与原理，从而刺激发明创造。根据硅酸钙的特性，人们研制出了改良酸性土壤的“水泥肥料”。

8. 学一学

鲁班有一次在爬山时差点摔倒，随手拽住了山上的野草，手却一下子被划破了。平时软顺的草怎么这么锋利呢？鲁班很奇怪，就把草折下来细心观察，发现草叶边缘有许多小细齿，他的手就是被这些小细齿划破的。既然小草的齿可以划破手，那么同样的结构，我学习一下，改成带有很多小齿的铁条，是否可以锯断大树呢？最终，鲁班发明了锯，果然又快又省力。

9. 代一代

山西阳泉的小学生张大东用代一代的方法发明了按扣开关。张大东发现家中许多用电池作电源的电器没有开关，使用时很不方便。他想出一个“用按扣代替开关”的办法：找来旧衣服和旧鞋上面的按扣，分别焊上电线头。按下按扣，电源就接通了；掰开按扣，电源又切断了。

10. 搬一搬

上海学生刘学凡在参加夏令营时，感到带饭盒不方便，很想发明一种便于携带的饭盒。他看到家中能伸缩的旅行茶杯，又想到了充气可变大、放气可缩小的塑料用品，认为按照这些物品制造的原理，可设计出旅行杯式饭盒或充气饭盒。可是，他又觉得这些设想不够新颖，继续陷入冥思苦想之中。一天，他偶然看到一个铁皮匣子，是用十字状铁皮围成的。他想，我也可以把五块薄板封在双层塑料布中，用时将相邻两角用揿钮揿上，五块板就围成了斗状饭盒。这样，新颖的折叠式旅行饭盒就被制造出来了。

11. 反一反

老式洗衣机的脱水缸，它的转轴是软的。用手轻轻一推，脱水缸就会东倒西歪。可是脱水缸在高速旋转时，却非常平稳，脱水效果很好。当初设计时，为了解决脱水缸的颤抖和由此产生的噪声问题，技术人员想了许多办法，先加粗转轴，无效；后加硬转轴，仍然无效。最后，他们来了个逆向思维，弃硬就软，用软轴代替了硬轴，成功地解决了颤抖和噪声两大问题。这是一个由逆向思维诞生的创造发明的典型例子。

12. 定一定

例如，药水瓶标出刻度，贴上标签，注明每天服用几次，什么时间服用，服几格；路口的交通信号灯红灯停、绿灯行；上课时学生应该先举手，得到教师允许后才能起立发言。这些都是一些规定，有了这些规定，我们的行为才能准确有序。我们可以运用定一定的方法，做出有益的规定。

简单的“加”“减”“扩”“缩”“变”“改”“联”“学”“代”“搬”“反”“定”十二个字，概括了解决发明问题的十二种思路。

四、 头脑风暴法

（一）头脑风暴法简介

头脑风暴法是从心理上激励群体创新活动最通用的方法，指以小组讨论会的形式，群策群力，互相启发，互相激励，使人们的大脑产生连锁反应，以引出更多的创意，获得更多创造性解决问题的答案。

“头脑风暴”原是精神病理学的术语，是指精神病人在失控状态下的胡思乱想。美国企业家、创造学家亚历克斯·奥斯本借此形容创新思维自由奔放、打破常规，而新的设想如暴风骤雨般激烈涌现的现象。为了克服由于害怕批评而产生的心理障碍，奥斯本提出了延迟评判原则。1938 年，只有高中文化、年仅 25 岁的奥斯本失业了，他决定去一家报社应聘记者。主编问他有没有报社工作经验，他实事求是地回答没有。他递给主编一篇自己写的文章，主编看后，发现尽管文中有许多语法、修辞错误，但见解独到，很有创造性，于是决定录用他。这也使奥斯本意识到，创意是最重要的。后来，他成为美国 BBDO 广告公司的高层管理者。

奥斯本认为，社会压力对个体自由地表达思想观点具有抑制作用。为了应对这种现象，应设置一些新型会议形式。在这样的会议上，每个人自由发表意见，不对任何人的观点做出评价。评价是在表达完各种想法之后的事情。头脑风暴会议的意义有二。一是思维开放，无拘无束，每个人都可以自由发表自己的想法，即使看起来荒诞可笑。这种气氛可以激发大家寻求异常设想的强烈兴趣。这能刺激新思路的开拓，特别是易于使人们接受和发展违反常规的新设想，最大限度地发挥创造力。二是信息激励，集思广益。我们知道，当一个人独自思考问题时，思路容易局限在某个方向上，而几个人对同一问题进行思考，就会从多样的经验和知识角度出发。在头脑风暴会议上，由于形成了无拘无束的气氛，大家可以相互启发，相互刺激，引起联想反应，诱发更多新颖独特的设想。

头脑风暴法之所以有效，归功于在集体活动情景下彼此促进和互动的群体动力学基础。每个人提出一个新观点，不仅能激发自己的想象力和创新思维，也会激荡和刺激其他人的想象力，产生一系列的连锁反应，进而产生众多创意。

（二）头脑风暴法的原则

头脑风暴法指针对要解决的问题召开 6～12 人的小型会议，在轻松的氛围中展开想象，敞开思路，各抒己见，相互激发，从而产生大量的创意。头脑风暴法的操作过程必须遵循四条基本原则。

1. 自由畅想，鼓励新奇

与会者要敞开思路，不受传统逻辑和其他框框的束缚，保持自由驰骋的状态。还要尽力求新、求奇、求异，充分发挥联想和想象力的作用，从广阔的思维空间寻求新颖的解决方案。

2. 禁止批判，延迟判断

这是为了消除“评判”对创造性思维的抑制作用，保证良好的激励气氛。一个新设想或许听起来很荒诞，但它有可能是另一个好设想的“垫脚石”。要贯彻这一原则，就既要防止出现束缚思考的扼杀句，如“这不可能”“这根本行不通”“真是异想天开”等，也要禁止溢美之词，如“挺好”“不错”等。

3. 谋求数量，以量求质

在有限的时间里，所提设想越多越好。设想越多，就越有可能获得有价值的创新设想。最初的设想往往不是最佳的，后半部分设想的价值要比前半部分高。此外，在追求数量并且活跃积极的氛围中，与会者会为了尽可能多地提出新设想而不再做严格的自我评价。

4. 互相启发，综合改善

尽量在别人所提设想的基础上加以改进，然后提出新设想，或者提出综合改善的思路。创新往往就在于综合，在于头脑中已有思想之间、已有设想和新获得的外来信息及设想之间形成新的组合，产生新的思路。此外，会上提出的设想大都未经深思熟虑，很不完善，必须加工整理，进行综合改善，收到事半功倍的效果。

在实际应用中，这四条原则非常重要，特别是前两条，可以保证产生足够数量的创意。只有与会人员严格遵守上述原则，会议才能成为名副其实的头脑风暴会议。

（三）头脑风暴法的运用

头脑风暴法适用于开放问题，包括如下几种。产品和市场：新的消费观念、未来市场方案的观念。管理问题：拓展业务面、改善职业结构。规划问题：对可能增加的困难的预期。新技术的商业化：开发可以获得专利权的新技术。改善流程：对生产流程进行价值分析。故障检修：追寻不可预期的机器故障的潜在原因。

（四）头脑风暴法的适用范围

头脑风暴法能产生各种各样的创意和设想，可以是问题、目标、方法、解答和标准等，并不只限于寻求解答。要使头脑风暴法发挥最大功效，必须清楚它的适用范围。凡是认知型、单纯技艺型、汇总型、评价型的问题，均不需要用头脑风暴法来解决。只有需要转化角度、改变问题时，才宜用头脑风暴法。例如：列举陈述同一问题的目标或达到目标的方法；列举可能发生的问题；列举解决某一问题的方法；列举应用某一原理、原则的主意；列举评价某一物品的标准。

（五）头脑风暴法的实施步骤

1. 准　备

选择主持人：主持人要熟悉头脑风暴法并了解所要解决的问题，必要时能恰当地启发和引导大家。遴选会议人员：参加头脑风暴会议的人数以 6～12 人为宜，可根据待解决问题的性质确定人员。需指定一人负责做会议记录，或主持人自己承担记录工作。此外，还应选择安静的开会地点，做好事先通知。

2. 热　身

为使参加会议的人员进入“角色”，减少僵局或冷场，需要营造相对轻松的氛围。例如，可以播放音乐、提供糖果或茶水等。待与会人员的心情放松之后，主持人可以提出一个与讨论课题对象无关的简单有趣的问题，激活思维。可采取“动物游戏”“互相介绍”“讲幽默故事”等形式，使气氛活跃起来。待大家全都积极地投入进来，主持人即可调转话题，切入正题。

3. 明确问题

首先，主持人简明扼要地介绍所要解决的问题之后，可让与会者简单讨论一下，以取得对问题的一致理解。其次，重新叙述问题，对问题进行分析，也可将问题分成几个小问题。同时，主持人应启发多种解题思路，为提出设想做准备。

4. 自由畅谈

这是头脑风暴法的核心步骤，要求大家突破思维羁绊，克服心理障碍，任思绪自由驰骋。自由畅谈时应借助知识互补、信息刺激和热情感染，并通过联想和想象等思维形式提出大量创造性设想。

5. 加工整理

会议提出的设想大都未经斟酌，也未经认真评价，所以还应该做加工整理的工作，使它们更完善，更具实用价值。

会议的第二天，主持人应及时收集大家在会后产生的新设想。通过会后的休息，人们的思路往往会有转换或发展，有可能提出新的有价值的设想。曾有一次会议，与会者提出了百余条设想，第二天又增补了二十余条，其中四条设想比头一天提出的所有设想都更实用。还要对方案进行筛选，看其是否具有新颖性和可行性。

最后要逐一推敲被筛选出来的少数方案，分析比较后选出最佳方案，或将几个方案的优点进行恰当组合，形成最佳方案。

（六）掌握头脑风暴法的关键

1. 为参与人员提供平和的心理环境

要为参与人员提供平和的心理环境，不要有责怪、否定等影响参与者积极性的消极举动。应该给予他们充分的肯定，相信他们有能力解决目前的问题。

2. 主持人思路明确，善于引导

主持人要善于把大家引导到正确的方向上来。引导本身也是一项技术，既不能直接把自己的想法说出来，还要引导大家按照你的思路进行挖掘。所以，主持人应该提前考虑好会议中将会出现的种种可能，想办法控制住场面。

3. 尊重每一条意见

要尊重每一条意见，并向大家解释目前不能实行某些方法的原因，这样才不会给意见没被采纳的参与者情绪上的打击。重视每个人的表现，给予肯定和赞扬，这也是激励的一种方式。主持人不要吝啬自己的赞美之词，要本着“没有坏的，只有好的或者更好的”原则接受大家的观点。

（七）头脑风暴法的缺点

第一，头脑风暴法在会议一开始就明确了目的，容易使见解流于表面。

第二，与会者往往坚信唯有自己的设想才是解决问题的上策，这就限制了其他思路。

活动设计

头脑风暴

目标：让参与者充分理解讨论的主题，通过头脑风暴产生更多的点子。

何时使用：

1. 在了解现状、背景，确定讨论的主题之后，在参与小组开始讨论之前。

2. 大家充分理解讨论的主题、背景，已形成一些基本想法。

3. 对主题有充分的理解，在有限的时间内明确主题，了解这次活动主要解决的问题和目标。

参与人数：4～8人。

道具：1个小盒子，每人1支记号笔，每人10张空白卡片，每人2张A4纸。

步骤：把讨论主题写在白板上，如“如何有效利用能源”，然后用两个关键词来描述主题，如“能源—有效性”。主题也可以是一些期望发明、制造的新产品，如“明天—电视”“云端—医院”等。

(一)3分钟：产生特征池

参与者每人发1支记号笔和10张空白卡片，要求考虑该主题，在卡片上写出该主题尽量多的特征，并将写下特征的卡片放到小盒子里。例如，“有效利用能源”的特征包括“省钱”“环保”“绿色”“关灯”“自控”“设备改造”“循环利用”“降耗”“太阳能”“风能”“水电”“潮汐能”“节能奖金”“制度”等，涉及设备、能源、利用、制度等维度。在头脑风暴的过程中，不能过滤掉任何特征，目标是在3分钟内围绕主题列出尽量多的各个维度的特征。

(二)12分钟：获得概念

两人一队，每队从特征池盒子中随机抽出三张卡。通过这三张卡片对主题特征的描述，形成一个有关主题的概念。例如，“自控”“风能”“省钱”可以形成“利用风能和设备的自控来省钱”或者“如何利用风能实现设备的自控”的概念。又如，“绿色”“设备改造”“循环利用”可以形成“如何利用绿色能源，改造现有设备成为节能设备，实现生产的循环利用”等概念。这样的概念有可能形成非常棒的循环生态环境。

如果每队的3个特征词可以充分解释需要讨论的主题，计时开始，团队开始游戏。每队进行12分钟的头脑风暴，可以利用粗糙的草图、原型或者其他媒介，准备一个不超过3分钟的概念汇报。3分钟汇报应该是一个“有血有肉”的聚焦主题的版本，如“下一个季度，我们如何使能源变得更有效”或者“如何在企业中实现循环生态环境”。

(三)3分钟：陈述概念

汇报时，每队可以揭示他们抽到的特征卡，并且说明这些卡是如何影响他们的想法的。

汇报完主题的概念后，团队可能还需要做几件事情：更深层次地挖掘单个概念，将所有的概念进行整合；选出重点概念，或者对概念进行排序，决定哪个概念需要花费更多的时间进行研究。例如，对于“如何在企业中形成循环生态”“如何通过改造设备来节能”“如何制订节能奖励制度”“如何利用绿色环保能源”等概念，可以投票选出优先级，之后针对重点进行设计。

结果：汇报完成后，可能获得讨论主题的整体视图和对主题的整体描绘，也可能获得该讨论主题的初步解决方案，或者解决方案的框架。

五、KJ法

KJ法的创始人是东京工业大学教授、人文学家川喜田二郎，KJ是他的姓名的英文缩写。川喜田二郎在多年的野外考察中总结出一套科学发现的方法，即把乍看上去根本不想收集的大量事实如实地捕捉下来，通过对这些事实进行有机的组合和归纳，发现问题的全貌，建立假说或创立新学说。后来，他把这套方法与头脑风暴法相结合，发展出兼具提出设想和整理设想两种功能的方法。这就是KJ法。KJ法的主要特点是在比较分类的基础上进行综合，寻求创新。对卡片的综合整理既可由个人进行，也可以经过集体讨论。

KJ法的步骤如下。

(一)准　备

确定好主持人，与会者4～7人。准备好黑板、粉笔、卡片、大张白纸、文具。

(二)会　议

主持人请与会者提出30～50条设想，将设想依次写到黑板上。

（三）制作卡片

主持人同与会者商量，将提出的设想概括成两三行的短句，写到卡片上。每人写一套。这些卡片称“基础卡片”。

（四）分成小组

与会者按自己的思路对卡片进行分组，把内容在某点上相同的卡片归在一起，并加一个适当的标题，用绿色笔写在一张卡片上，称“小组标题卡”。不能归类的卡片，每张自成一组。

（五）并成中组

将每个人所写的小组标题卡和自成一组的卡片放在一起。经与会者共同讨论，将内容相似的小组卡片归在一起，再取一个适当标题，用黄色笔写在一张卡片上，称“中组标题卡”。不能归类的自成一组。

（六）归成大组

经讨论，再把中组标题卡和自成一组的卡片中内容相似的归纳成大组，加一个适当的标题，用红色笔写在一张卡片上，称“大组标题卡”。

（七）编排卡片

将所有类别的卡片，以其隶属关系，按适当的位置贴到事先准备好的大纸上，并用线条把彼此有联系的连接起来。如果编排后未发现有联系，可以重新分组和排列，直到找到联系。

（八）确定方案

分类后的卡片能暗示出解决问题的方案或显示出最佳设想。经会上讨论或会后专家评判，确定方案或最佳设想。

案例展示

用 KJ 法找到解决职员不满的方案

日本某公司通信科科长偶尔会听到职员对工作中的一些问题发牢骚。他想具体听取职员的意见和要求，但因倒班人员多，工作繁忙，不大可能召开座谈会，因此决定用 KJ 法找到解决职员不满的方案。

第一步，注意听职员间的谈话，并把有关工作问题的片言只语记到卡片上，每张卡片记一条。例如：

○有时没有电报用纸。

○有时未交接遗留工作。

○如果将电传机换个地方……

○接收机的声音嘈杂。

○查找资料太麻烦。

○改变一下夜班值班人员的组合如何?

○打字机台的滑动不良。

第二步，将同类内容的卡片编成组。例如：

○其他公司有的已经给接收机安上了罩子。

○接收机声音嘈杂，如果将电传机换个地方……

○有人需要捂着一个耳朵打电话。

上面的卡片组暗示本公司需要“给接收机安上罩子”。下面的卡片组显示需要制订更简单明了的交接班制度。

○某号收纳盒内尚有未处理的收报稿。

○将加急发报稿误作普通报稿处理。

○接班时以为清楚了，可是过后又糊涂了，为了正确做出处理，有时得打电话再次询问。

第三步，将各组卡片暗示的对策加以归纳，进一步抓住更潜在的关键性问题。例如，因为每个季节业务高峰的时间区域都不一样，所以需要修改倒班制度，或者根据每个季节业务高峰的时间区域改变交接班时间，或者考虑电车客流量高峰的时间确定交接班时间。

科长拟定了一系列具体措施，又进一步征求乐于改进的职员的意见，再次做了修改，最后提出具体改进措施加以试行，结果皆大欢喜。

需要说明的是，本例并没有严格按照 KJ 法的程序进行。创新技法在现场实际应用时，往往不是一成不变地按程序进行的。

六、 德尔菲法

（一）德尔菲法简介

德尔菲法又称“专家调查法”，指根据调查得到的情况，凭借专家知识和经验，直接或经过简单的推算，对研究对象进行综合分析研究，寻求其特性和发展规律并进行预测。

德尔菲法是美国兰德公司发明并首先将其应用于技术预测的。20 世纪 60 年代以后，该方法被广泛用于评价政策、协调计划、预测经济和技术、组织决策等活动中。这种方法比较简单，节省费用，能把有理论知识和实践经验的各方面专家对同一问题的意见集中起来。它适用于研究资料少、未知因素多、主要靠主观判断和粗略估计来确定的问题，较多用于长期预测和动态预测。

德尔菲法是在专家个人判断和专家会议调查的基础上发展起来的。专家个人判断法仅依靠专家个人的分析和判断进行预测，容易受到个人经历、知识面、时间和占有资料的限制，因此存在片面性和较大误差。专家会议调查法在某种程度上弥补了专家个人判断的不足，但仍存在如下缺陷：召集的会议代表缺乏代表性；专家发表个人意见时易受心理因素的影响(如屈服于权威，受会议气氛和潮流的影响)；出于自尊心而不愿公开修正已发表的意见；缺乏足够的时间和资料来考虑和佐证自己的发言，等等。德尔菲法针对这些缺陷做了重大改进，它是一种按规定程序向专家进行调查的方法，能够比较精确地反映出专家的判断能力。

（二）德尔菲法的特点

拓展阅读
图书销售量预测

1. 函　询

采用通信方式反复征求专家意见，调查人与调查对象之间的联系是通过书信实现的。

2. 多向性

调查对象分布于不同的专业领域，要在同一个问题上了解各方面专家的意见。

3. 匿名性

为了弥补专家会议调查法中专家易受权威、会议气氛和潮流等因素影响的缺陷，德尔菲法采用匿名征询的方式征求专家意见。受邀参加预测的专家互不联系，可以不受干扰地对调查表所提问题发表自己的意见，或者参考前一轮的预测结果，修改自己的意见。由于采取匿名的方式，专家也不必担心这会有损于自己的威望。

4. 反馈性

仅靠一轮调查，专家意见往往比较分散，且不能相互启发，共同提高。因此，经典的德尔菲法要进行多轮调查，持续征询专家意见。组织者对每一轮的专家意见(包括有关专家提供的论证依据和资料)进行汇总整理和统计分析，并在下一轮征询中将这些材料匿名反馈给受邀专家，供其参考。除第一轮外，专家都能在预测过程中了解上一轮征询的汇总情况以及其他专家的意见，可进行比较分析，相互启迪，大大提高预测结果的准确度。

5. 统计性

为了定量地表示预测的结果，德尔菲法采用统计方法处理专家意见。以概率的形式出现的结果既可反映专家意见的集中程度，又可反映专家意见的离散程度。调查表一般采用表格化、符号化、数字化的设计，便于统计。

从上述特点可知，专家调查法比较科学，有广泛的用途。但是，由于专家评价的最后结果是建立在统计分析的基础上的，所以具有一定的不稳定性。不同专家群体，其直观评价意见和协调情况不可能完全一样，而且多轮征询较耗费时间，不能面对面讨论也使问题很难明确起来，最后得出的意见有一定的强制性。这是德尔菲法的不足之处。若与其他调查方法配合使用，能取得更好的效果。

（三）德尔菲法的应用

1. 应用条件

德尔菲法的应用条件主要有二。一是咨询主题应明确，使熟悉该主题的专家能清晰地理解问题的性质、内容和范围。二是要找到一批经验丰富又熟悉该主题的专家，特别是专家中具有代表性的人物。

2. 应用领域

德尔菲法在科技、经济和社会发展各领域都有广泛的应用。德尔菲法本质上是建立在诸多专家的专业知识、经验和主观判断能力的基础上的，特别适用于缺少信息资料和历史数据，而又较多受到社会、政治、人为因素影响的信息分析与预测课题。这类方法简便直观，不需要建立烦琐的数学模型，在缺乏足够统计数据和没有类似历史事件可借鉴的情况下，也能对研究对象的未知或未来的状态进行有效的预测。

实践证明，采用德尔菲法进行信息分析与预测，可以较好地揭示研究对象本身固有的规律，并可据此对研究对象的未来发展做出概率估计。德尔菲法主要有以下用途：其一，对达到某一目标的条件、途径、手段以及它们的重要程度做出估计；其二，对未来事件实现的时间做出估计；其三，对某一方案(技术、产品等)在总体方案(技术、产品等)中所占的最佳比重做出估计；其四，对研究对象的动向和在未来某个时间所能达到的状况、性能等做出估计；其五，对某一方案(技术、产品等)做出评价，或给若干备选方案(技术、产品等)评出名次，选出最优者。

德尔菲法作为一种主观定性的方法，不仅可用于预测领域，而且广泛应用于各种评价指标体系的建立和具体指标的确定过程。例如，我们在考虑一项投资项目时，需要对该项目的市场吸引力做出评价。那么，我们可以列出同市场吸引力有关的若干因素，包括整体市场规模、年市场增长率、历史毛利率、竞争强度、对技术的要求、对能源的要求、对环境的影响等。市场吸引力这一综合指标就等于上述因素的加权求和。每个因素在构成市场吸引力时的重要性(权重和该因素的得分)基于管理人员的主观判断。

（四）德尔菲法的工作步骤

第一，确定主持人，组织专门小组。

第二，拟定调查提纲。所提问题要明确具体，选择得当；数量不宜过多，并提供必要的背景材料。

第三，选择调查对象。所选专家要有代表性。他们要熟悉业务，有特长，有一定的声望和较强的判断洞察能力。专家人数不宜太少也不宜太多，一般为10～50人。

第四，轮番征询意见。征询意见通常要经过三轮。第一轮是提出问题，要求专家们在规定的时间内填完调查表并寄回。第二轮是修改问题，请专家们根据整理后的不同意见修改自己的问题，即在让调查对象了解其他人的见解后，再次提出意见。第三轮是最后判定，即把专家们重新考虑的意见收集上来，加以整理。有时根据实际需要，可进行更多轮的意见征询。

第五，整理调查结果，写出调查报告。统一处理所得意见，一般可采用中位数法，把处于中位数的专家意见作为调查结论，并进行文字归纳，写成报告。

从上述步骤可以看出，德尔菲法能否取得理想的结果，关键在于调查对象的人选及其对问题涉及资料的掌握程度。当然，主持人的水平和经验也很重要。

七、 水平思考法

（一）什么是水平思考法

水平思考法是英国剑桥大学思维基金会主席爱德华·德·博诺提出的。德·博诺认为，过去，人们一直沿用由苏格拉底、柏拉图和亚里士多德创设的传统思维系统，该思维系统以分析、判断和争论为基础。传统思维系统确实使社会获得了巨大的进步。但是，时至今日，信息技术的发展引发了一系列变革。面对这个快速变化的世界，传统的思维方法和习惯变得愈加狭隘和陈旧，不能充分地适应现实，因为这个世界除了分析和判断之外，还迫切需要独具匠心的思维设计理念，需要人们具备富于建设性和创造性的思维能力。传统思维方式的核心是“是什么”，而未来思维方式需要的是“能够是什么”。

德·博诺给出了描述水平思考最简单的方法：“将一个洞挖得再深，也不可能在另一个地方挖出洞来。”他所强调的是寻找和看待事物的不同方式与方法。

在垂直思考中，你选择了某个立场，你的思维就建立在这个基础上。你的下一步取决于你当前所在的位置：必须和当前位置有关，且在逻辑上源自当前位置。这表明在同一个基础之上只能将洞挖得更深，而在水平思考中，人们水平移动，可以尝试不同的认知、概念和切入点。

在水平思考中，我们努力提出不同的观点，并且所有观点都是正确的，可以共存。不同的观点不是彼此衍生的，而是独立产生的。你绕着一幢大楼行走，从不同的角度摄像，每个角度都同样真实。在水平思考中，我们能建立起“可能是什么”的不同图层，并最终得到有用的图像。

德·博诺在反思传统思维模式的基础上，试图弥补垂直思考的缺点，从僵硬的成规中逃脱出来。

（二）水平思考法的特色

水平思考法不仅是一种技巧和知识，也是一种心智的运作方式，而心智能让信息自行组织成模式。水平思考和顿悟能力、幽默的关系十分密切，它们有着相同的基础。

水平思考法的求解思路是从各个问题本身向四周发散，指向不同的答案。这些发散式思路彼此谈不上特别相关，每种答案都无所谓对错，但往往独具创意，别具匠心。由于思想过程受意志控制，故并非胡思乱想，同时由于水平思考从不把思想限定在一个固定方向上，因此人们往往为了解决问题而暂时远离问题，另觅他途。原则上，水平思考是针对垂直思考无法化解的难题而产生的。

水平思考的技巧之一就是刻意运用这种把事情合理化的禀赋，不再遵循垂直思考按部就班的步骤，而选用新颖大胆的观点来考虑问题。然后，回过头去，试着发掘新观点与问题起点之间是否存在合理的途径，可以彼此相通。

（三）水平思考的原则

第一，寻找观察事物的不同角度。由不同观点解释问题的好处，可以在数学里找到最明显的例子。一个数学方程式的等号两边无非两种表现相等数值的不同形式，以两种形式表达一种观念的等式非常有用，而这也成为数学计算的基础。

第二，跳脱垂直思考的严密控制。只有不急于去解释、分类、组织，我们的意识才能自由开放、从容不迫地接纳一切可能性。也是在这种情形下，才有可能产生新概念。

第三，尽可能多地利用机会。人类文明史上许多重大的贡献都是由偶发事件促成的，根本未经设计。许多重要的概念也都是由各种条件偶然的凑合而发展出来的。

八、 六顶思考帽法

六顶思考帽法是德・博诺开发的另一种思维训练模式，它提供了平行思考的工具，避免将时间浪费在互相争执上。六顶思考帽法强调寻求一条向前发展的路，而不是争论谁对谁错。它有助于使混乱的思考变得清晰，使团体中无意义的争论变成集思广益的创新。

（一）具体内容

六顶思考帽法的具体内容如表 2-1 所示。

表 2-1 六顶思考帽及其功能

思考帽	含义	说明
 蓝帽	思考	蓝色是天空的颜色，笼罩四野，而蓝色思维控制着事物发展的整个过程，属于思维中的思维。一顶控制思维过程的帽子，就像乐队指挥一样组织着思维
 白帽	资料	白色是中立客观的，代表着事实和资讯。白帽指收集已知的或者需要的信息，并且是中立客观的事实和数据
 黄帽	优点	黄帽是顶乐观的帽子，代表与逻辑相符合的正面观点，代表着乐观、探究价值和利益，能帮助人们发现机会

续表

思考帽	含义	说明
	谨慎	黑色象征冷静、反思或谨慎，黑帽则以探索事物的真实性、适应性、合法性为焦点，表现为运用负面分析控制风险
	创意	绿色是春天的色彩，是创意的颜色，象征创新和改变，绿帽则表现为寻找更多的可选方案和可能性，获得具有创造力的构想
	感觉	红色是情感的色彩，代表感觉、直觉和预感，红帽则为情绪和感情的表白提供机会，是一种直觉式和预感式的判断

（二）六顶思考帽法的应用步骤

六顶思考帽代表着一种简单、有效的平行思考程序。它能帮助人们更有效率，更专注，同时更好地运用智慧的力量。

第一，与工作伙伴将思考过程分为六个重要的环节和角色。每一个角色与一顶特别颜色的“思考帽子”相对应。在脑海中想象着一顶又一顶地换帽子，能较轻易做到集中注意力，并对想法、对话、会议讨论等进行重新定位。典型的六顶思考帽法实际应用步骤如下：

①陈述问题事实(白帽)；

②提出解决问题的建议(绿帽)；

③评估建议的优缺点：列举优点(黄帽)，列举缺点(黑帽)；

④对各项方案进行直觉判断(红帽)；

⑤总结陈述，得出最终方案(蓝帽)。

第二，使用六顶思考帽法应注意的几个问题。

控制与应用：掌握独立系统地使用帽子工具以及帽子的序列与组织的方法。

使用的时机：理解何时使用帽子，从个人使用开始，分别在会议、报告、备忘录、谈话与演讲发布中有效地应用六顶思考帽。

时间的管理：掌握在规定的时间内高效运用六顶思考帽的思维方法，整合团队所有参与者的潜能。

第三，应用举例。

据说，日本人开会的时候，一般不是带着解决方案，而是带着手头上搜集的各种各样的数据和现象。他们会在会议中提供自己所了解到的客观事实及数据分析，最后得出带有倾向性的结果。

再如，公安机关在破案时不会急于下结论，不会片面听信某个人的说法，也不会盲目地展开联想，而是搜集含有大量蛛丝马迹的事实数据，探寻事实本身的细节。这是一种非常典型的白色帽子思考法。

九、 卡片法

卡片法也称“卡片式智力激励法”。例如，科技辅导员主持卡片法会议，与会者通过写卡片和发言陈述揭示发明思路，互相启发，从而使发明设想更加完备。卡片法的具体做法有两种：一种叫 CBS 法；另一种叫 NBS 法。

（一）CBS 法

CBS 法的具体步骤如下。会前明确会议讨论的发明目标。会议由 3～8 人参加，每人发几十张卡片，桌上另放一些备用卡片，会议时间为 1 小时。最初 10 分钟各人在卡片上填写解决问题的设想，每张卡片上写一个。接下来的 30 分钟，每个人轮流宣读自己的设想，一个人只读一张。宣读时，其他人可提出质询，若受到启发，产生新设想，可填入备用卡片中。最后 20 分钟，与会者相互交流和探讨各自的设想，从中再诱发新的设想。

（二）NBS 法

NBS 法的具体步骤如下。会前明确发明战略。会议由 5～8 人参加，每人必须提出五个以上的设想，分别填写在不同卡片上。会议开始时，各人出示自己的卡片，并依次给予说明。在别人宣读设想时，如果发生“思维共振”，产生新的设想，就立即写在卡片上。待会议发言完毕，将所有卡片集中起来，按内容进行分类，横排在桌子上，并给分类卡加上标题，然后进行讨论，挑选出最佳方案。

知识测试

1. 什么是联想法？
2. 类比法有哪些类型？
3. 头脑风暴法主要包括哪些步骤？

能力训练

1. 基于联想法，请你对凳子和杯子展开联想，试试看可否有什么创新。

2. 参考负离子发生器的类比创新，请思考在新型冠状病毒疫情期间，如何对口罩进行类比创新。

3. 请构建小组，基于“快速消除蝗虫侵害”进行头脑风暴。

4. 请基于和田十二法的某个方法，想一想汽车停在几号车位(图 2-1)。你能在 20 秒内给出答案吗？

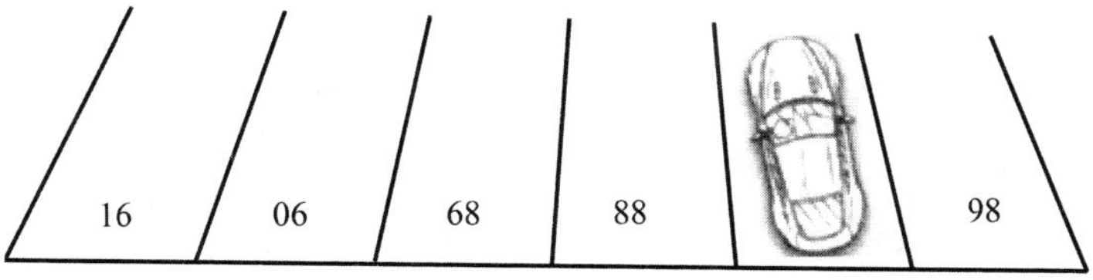

图 2-1 汽车停在几号车位？

5. 一小学在办理新生入学手续，有两个孩子来报名。他俩脸型一样，身材也差不多，出生年月日一样，父亲、母亲的名字也一样。教师问他们是否是双胞胎，他们都回答说不是。教师很疑惑：他俩到底是什么关系？

任务三 学习 TRIZ 创新理论

有很多可以在无需特殊培训的情况下寻求技术方案的方法，然而，这些方法方向不明确，尤其缺少系统化指导。TRIZ 理论能解决这个问题。据统计，世界 500 强企业中有 400 多家采用该创新理论。

> 你能等上 100 年得到启发，或者你能用 TRIZ 理论在 15 分钟内解决问题。
>
> ——阿奇舒勒

一、 TRIZ 理论的核心思想及“1141”理论体系

TRIZ 是俄文缩写，英文译文为“Theory of Inventive Problem Solving”，中文称“发明问题的解决理论”。它是由苏联发明家阿奇舒勒(G. S. Ahshuller)与一批研究人员在 1946—1985 年，通过分析世界各国近 250 万份专利并综合多学科领域的原理和法则而建立起来的理论体系。该理论以其良好的可操作性、系统性和实用性在全球创新、创造学研究领域占据重要的位置，被认为是一种世界级的创新方法。TRIZ 是一套系统性的、基于知识的创新方法，囊括了创新思维、分析工具以及基于知识的解题工具等。其中，用于辅助创新的思维方法有九屏幕法、IFR 法、小人法、STC 算法等；用于分析问题的工具包含矛盾分析、物场分析、功能分析以及 ARIZ 算法；用于解决问题的基于知识的工具包括 40 条创新原理、76 个标准解、效应数据库。TRIZ 理论认为：

①无论是简单的产品还是复杂的技术系统，其核心技术都是遵循客观规律发展演变的，即具有客观的进化规律和模式；

②各种技术难题和矛盾的不断解决是推动这种进化过程的动力；

③技术系统发展的理想状态是用最少的资源实现最大的效益。

中国学者将 TRIZ 理论归纳为“1141 体系”，即“一”个技术系统进化法则；“一”个最终理想解；“四”类分析模型(技术矛盾与发明原理、物理矛盾与分离方法、物场模型与标准解、HOW TO 模型与知识库)；“一”种创新算法(ARIZ)。

二、 “一”个技术系统进化法则

技术系统进化法则包括八个子法则，整体作用如下：预测产品的发展方向，做出前瞻性决策；通过对产品发展方向的预测，解决实际问题；进行专利规避，超越竞争对手。在指导设计活动方面，它能为新产品确定符合进化规律的设计方向，为现有产品的改进选择符合进化规律的解决方案。

（一）提高理想度法则

1. 简　述

任何技术系统在其生命周期之中，都是沿着向着最理想系统提高其理想度的方向进化的。提高理想度法则代表着所有技术系统进化法则的最终方向。理想化是推动系统进化的主要动力，可参见手机的进化、计算机的进化等。关于提高理想度法则，我们需要了解以

下几点。

第一，一个系统在实现功能的同时，必然有两方面作用，即有用作用和有害作用。

第二，理想度指有用作用和有害作用的比值。

第三，系统改进的一般方向是最大化理想度。

第四，在得出和选择发明解法的同时，需要努力提升理想度水平。

2. 作　用

(1)实例 1：去掉系统中的有害作用来提高理想度

英国发明家詹姆斯·戴森发明了无扇叶风扇(图 2-2)。

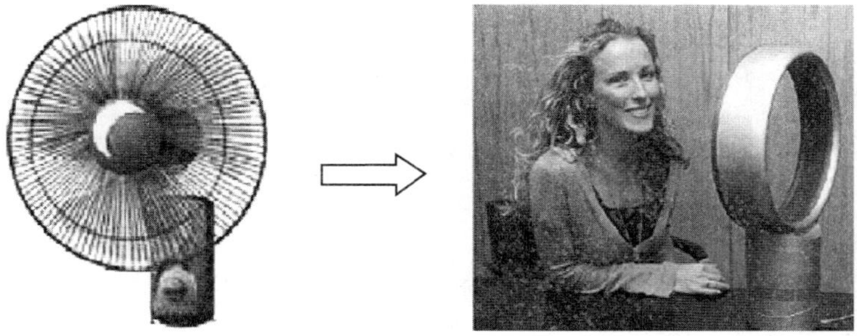

图 2-2　风扇的进化

(2)实例 2：增加系统中的有用作用来提高理想度

无论白天黑夜，TriWave 都能在没有任何人工照明的情况下拍摄清晰的图片。其技术是在照相机的硅传感器外包裹一层晶锗。晶锗能接收多种波长的光，因此，在白天，TriWave 能“看见”可见光；在夜晚，它可依靠红外光波拍摄。

（二）完备性法则

1. 简　述

要实现某项功能，一个完整的技术系统必须包含以下四个部件：动力装置、传输装置、执行装置和控制装置。

2. 作　用

完备性法则有助于我们准确地判断现有的组件集合是否构成完整的技术系统，提高技术系统的效率。技术系统会不断由不完备向完备发展，逐步减少人的参与。

(1)实例 1：锄头到耕田拖拉机的完备性进化

如图 2-3 所示，犁田器具经历了从锄头、犁再到专用农业机械的进化。

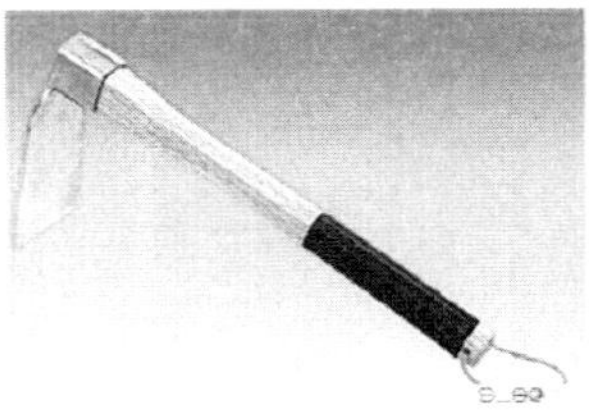

图 2-3　犁田器具的进化

锄头最初只具备传输装置，没有动力和控制装置。用牛耕地具备了部分外来动力，后来的耕田拖拉机则完整地具备了四个部件，是一个完整的技术系统。

(2)实例 2：从浮子到电子鱼漂的完备性进化

钓鱼时，钓鱼者需要时刻盯着鱼漂，有一群电子爱好者在思考鱼漂的发展时想到，可以改进鱼漂，利用完备性法则解放钓鱼者。他们考虑到可以通过电子的方式，让鱼漂在被咬时自动发送信息至手机，提醒钓鱼者。

（三）能量传递法则

1. 简　述

能量传递法则要求，能量必须能够从能量源流向技术系统中的所有元素，技术系统应该沿着使能量流动路径缩短的方向进化(如机械场—声场—热场—化学场—电场—磁场)，以减少能量损失。

2. 作　用

如果某个元件接收不到能量，就不能发挥作用，这会影响技术系统的整体功能。能量传递法则可以帮助我们分析电路、改良电路，常用于电子产品的调试检验。要提升能量利用率，最好用一种能量形式贯穿系统的整个工作过程，从而减少能量在转换过程中的损失。例如，可以用可控性好的能量形式代替可控性差的能量形式。我们要时刻谨记能量守恒定律：能量既不会消灭，也不会创生，它只会从一种形式转化为其他形式，或者从一个物体转移到另外一个物体，而在转化和转移的过程中，能量的总和保持不变。

(1)实例 1：利用能量传递法则解决收音机的屏蔽问题

收音机在金属屏蔽的环境(如汽车)中不能收听高质量的广播。尽管收音机内各子系统功能都正常，但电台传导的能量源受阻，使整个系统不能正常工作。在汽车外加装天线，问题就解决了(图 2-4)。

图 2-4　收音机中的能量传递法则应用

(2)实例 2：新能源火车的研制

新能源火车直接将电能转换为机械能，减少了能量转换的次数，提高了能源利用的效率(图 2-5)。

图 2-5　火车的能量传递法则应用

（四）协调性法则

1. 简　述

技术系统是沿着各个子系统之间更协调的方向进化的。这也是整个技术系统发挥其功能的必要条件。子系统间的协调性主要表现为结构上的协调、各性能参数之间的协调、工作节奏/频率上的协调。

2. 作　用

我们可以根据协调性法则进行产品的改良设计。

例如，利用反相位噪声进行噪声协调处理的风扇。英国研制出一种没有噪声的风扇，里面装有麦克风和扩音器。麦克风捕获电机和叶片的噪声，通过电子组件转换成相反相位的声音并被扩音器再次播放出来，这样做就能一定程度上消除噪声。

（五）动态性进化法则

1. 简　述

技术系统的进化应该沿着结构柔性、可移动性、可控性增加的方向发展，以适应环境状况或执行方式的改变。

2. 作　用

掌握动态性进化法则，有助于提高技术系统的适应性。

(1)实例 1：提高柔性的风源的进化

如图 2-6 所示，人造风源经历了从团扇、折扇、电风扇到空调的进化。

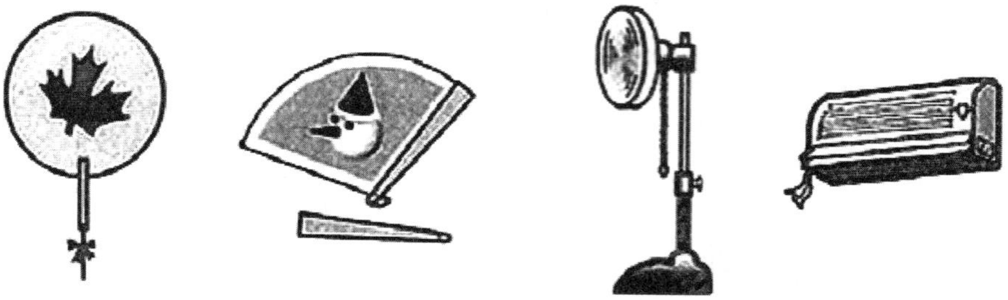

图 2-6　提高柔性法则下的风源进化

最初的风源是大自然中的风，叶子会在风的作用下摆动，然后有了扇子，有了旋转的风扇，再后来有了电动产生的风场。这整个过程是柔性变化的过程，主要表现为结构的柔性化，遵从“刚性体→单铰体→多铰体→柔性体→液体或气体→场”的变化规律。

(2)实例 2：提高移动性的清洁工具的进化

如图 2-7 所示，最初是硬邦邦的杆子状的扫帚，然后是带有柔性管子的吸尘器，接着又演化出远程控制执行的清洁工具。

图 2-7　提高可移动性法则下的洁具进化

(3)实例 3：提高可控性的路灯的进化

直接控制——每个路灯都有开关，有专人负责定时开闭。

间接控制——用总电闸控制整条线路的路灯。

引入反馈控制——通过感应光亮度，控制路灯的开闭。

自我控制——通过感应光亮度，根据环境明暗自动开闭并调节亮度。

（六）不均衡进化法则

1. 简 述

子系统不均衡进化法则包括两点。

第一，任何技术系统所包含的子系统都不是同步的、均衡进化的，每个子系统都沿着自己的S曲线向前发展。这种不均衡的进化经常会导致子系统之间出现矛盾。

第二，整个技术系统的进化速度取决于系统中发展最慢的子系统的进化速度。

2. 作 用

及时应用新技术更新原有系统中的短板，有助于抢占市场。例如，自行车的速度受传动装置限制，因此，当链条传动技术和电动技术出现时，如果能果断发现、及时跟进，就有利于开拓市场。

（七）向微观级进化法则

1. 简 述

技术系统的进化会沿着减小原件尺寸的方向发展，即原件从最初的尺寸向原子、基本粒子的尺寸进化，同时能够更好地实现原先的功能。

技术系统先是在宏观级别上进化，当资源耗尽时，就开始在微观级别上进化。

2. 进化路径

第一，提高物质的可分性和分散物质的组合性。

第二，提高混合物质(空隙＋物质)的可分性，运用毛细现象和多孔材料。

第三，用场代替物质，向“场＋物质”或场转变。

(1)实例1：让特定对象释放电场的特殊发明

通用公司研制的街头移动实验室让安全检测变得简单快捷，便于操作。它能发射一种特殊的激光束，让毒品、爆炸物、有毒物质(如炭疽)中的分子活跃起来，释放独特的电场。

(2)实例2：视听设备的微观进化

从图2-8可以看出，视听设备经历了从收音机、随身听、便携CD机、MP3到耳环播放器的变化过程，逐步微型化。

图 2-8　收音机的微观进化

（八）向超系统进化法则

1. 简　述

技术系统的进化是沿着从单系统向双系统、多系统的方向发展的。技术系统进化达到极限时，实现某项功能的子系统会从系统中剥离，转移至超系统，成为超系统的一部分。

2. 作　用

基于进化法则，我们可以推演产品可能的发展趋势，进行新产品的预研和专利规避；通过对发展方向的预测，改进现有产品的实际问题。

例如，飞机加油系统就体现了向超系统进化的法则。长距离飞行时，飞机需要在飞行途中加油。最初，燃油箱是飞机的一个子系统；进化后，燃油箱脱离了飞机，进化至超系统，以空中加油机的形式给飞机加油。飞机系统简化，不必再额外携带上百吨的燃油。

三、　“一”个最终理想解

(一)定　义

理想解是使产品处于理想状态的解。在解决问题时，我们要先抛开各种客观限制条件，设立各种理想模型，分析问题解决的可能方向和位置，努力取得最终理想解。

(二)作　用

最终理想解是解决问题的关键所在，能帮助设计者摆脱惯性思维，另辟蹊径。以割草机的最终理想解为例。

割草机在割草时会有很大的噪声，如何解决？一般的思路是设法降低设备的噪声，但是设备本身硬件的限制使噪声无法从根本上被消除。

我们可以利用最终理想解分析以下问题：

①设计的最终目的是什么？不是得到没有噪声的割草机，而是得到平整漂亮的草坪。

②理想解是什么？是草坪能实现自我平整。

③达到理想解的障碍是什么？是草坪会不断地生长。

④如何克服障碍？什么资源可以帮助你？草的生长得到控制就可以克服障碍，可用的资源是草。

⑤在其他领域有类似的解决办法吗？在农业领域，农作物的高度可以得到控制。

解决方案：培育能够控制高度的草种，使草坪自己保持平整漂亮，不需要割草机。

最终理想解可以帮助我们重新审视自己的设计思路，避免不必要的投入。例如，胶卷相机已经被淘汰了，如果你还在思考如何改善胶卷的成像效果，可能就没有太大意义，也不会具备市场。

四、“四”类分析模型

（一）技术矛盾与发明原理

TRIZ 理论通过对众多专利的详细研究，总结出可以用 39 个通用工程参数来描述技术矛盾。这样就将实际工程技术中的矛盾转化为一般的标准的技术矛盾。TRIZ 理论研究人员在对世界范围内的大量专利进行分析研究的基础上，又提出了 40 条解决技术矛盾的发明原理。

技术矛盾是指发生在两个及以上参数之间的矛盾，即一个参数得到改善的同时，另一个参数情况恶化。我们可以归结相关参数，得到改善和恶化的不同参数，利用矛盾矩阵获得解决该类矛盾的发明原理。

矛盾矩阵是用 39 个通用工程特征参数组成的 39×39 正方矩阵。这些参数的名称和编号是一一对应的，不能调整(图 2-9)。我们依据序号在表中的位置查找相应解法，获得对应的发明原理，从而解决问题。

矛盾矩阵的行按 39 个通用工程特性参数依次排列(如运动物体质量、静止物体质量)，代表工程参数需要改善的一方；该矩阵的列也按 39 个通用工程特性参数依次排列，代表工程参数可能引起恶化的一方。矩阵元素用 M_{ij} 表示，其下标 i 表示该元素的行数，下标 j 表示该元素的列数。

下面，我们具体说明一下 TRIZ 理论的 40 条发明原理。

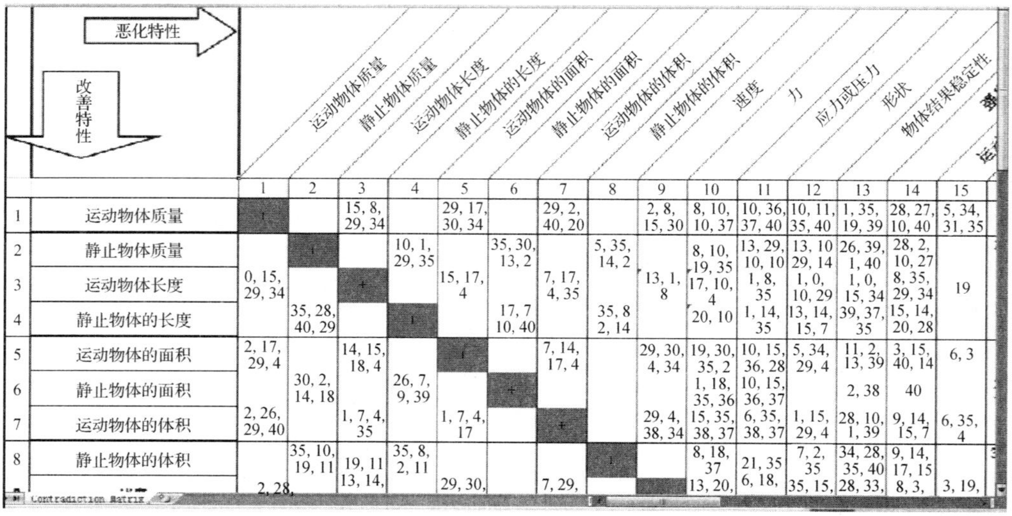

		1	2	3	4	5	6	7	8	9	10	11	12	13	14	15
1	运动物体质量	+		15, 8, 29, 34		29, 17, 30, 34		29, 2, 40, 20		2, 8, 15, 30	8, 10, 10, 37	10, 36, 37, 40	10, 11, 35, 40	1, 35, 19, 39	28, 27, 10, 40	5, 34, 31, 35
2	静止物体质量		+		10, 1, 29, 35		35, 30, 13, 2		5, 35, 14, 2		8, 10, 19, 35	13, 29, 10, 10	13, 10 29, 14	26, 39, 1, 40	28, 2, 10, 27	
3	运动物体长度	0, 15, 29, 34		+		15, 17, 4		7, 17, 4, 35		13, 1, 8	17, 10, 4	1, 8, 35	1, 0, 10, 29	1, 0, 15, 34	8, 35, 29, 34	19
4	静止物体的长度		35, 28, 40, 29		+		17, 7 10, 40		35, 8 2, 14		20, 10	1, 14, 35	13, 14, 15, 7	39, 37, 35	15, 14, 20, 28	
5	运动物体的面积	2, 17, 29, 4		14, 15, 18, 4		+		7, 14, 17, 4		29, 30, 4, 34	19, 30, 35, 2	10, 15, 36, 28	5, 34, 29, 4	11, 2, 13, 39	3, 15, 40, 14	6, 3
6	静止物体的面积		30, 2, 14, 18		26, 7, 9, 39		+				1, 18, 35, 36	10, 15, 36, 37		2, 38	40	
7	运动物体的体积	2, 26, 29, 40		1, 7, 4, 35		1, 7, 4, 17		+		29, 4, 38, 34	15, 35, 38, 37	6, 35, 38, 37	1, 15, 29, 4	28, 10, 1, 39	9, 14, 15, 7	6, 35, 4
8	静止物体的体积		35, 10, 19, 11	19, 11	35, 8, 2, 11				+		8, 18, 37	21, 35	7, 2, 35	34, 28, 35, 40	9, 14, 17, 15	
		2, 28,		13, 14,		29, 30,		7, 29,		+	13, 20,	6, 18,	35, 15,	28, 33,	8, 3,	3, 19,

图 2-9 部分矛盾矩阵

1. 分　割

①将物体分成相互独立的部分。

②将物体分成容易组装及拆卸的部分。

③增加物体被分割的程度。

例如，笔记本电源的分割设计。笔记本电脑需要自带电池，方便不插电源也能使用。但这样又会使电脑变重。技术矛盾的两个参数：优化参数为 35，即适应性和通用性，恶化参数为 1，即运动物体质量。对照矛盾矩阵得到发明原理 1，6，15，8；其中 1 为分割，也就是将电池分割开来，可以选择用或不用电池，满足了系统要求。

2. 分　离

①将物体中的干扰部分分离出来。

②将物体中的关键部分挑选或分离出来。

例如，如何使电气设备免受来自电网的噪声干扰？可以采用在电源线处安装滤波器的方法。采用一级共模线圈、超微晶铁粉磁芯和一级差模线圈，具有较好的插入损耗；由于增加了差模电感，因此能有效地抑制电源线上各种高频瞬态干扰，特别是线与线之间的差模干扰。

3. 局部质量

①将物体外部环境的均匀结构变成不均匀结构。

②组成物体的不同部分实现不同功能。

③使组成物体的每一部分都最大限度地发挥作用。

以基于局部质量的机器手为例。焊接需要手部的动作和眼睛的观察，如果做出一个工业机器人，能实现手部动作的功能，这就是一个使用局部质量的解决方案。焊接机器人多采用旋转电动机驱动二级传动方案。这种紧凑的传动结构可实现机器人腰部的转动，再用直线电动机驱动滚动丝杠实现手臂的伸缩。如果焊接机器人的抓手总是精确地在两焊接件间移动，必须用电子方式测量路径。

4. 非对称性原理

①将物体的对称形式转化为非对称性形式。

②如果物体是不对称的，增加其不对称程度。

例如，三相电源插头为预防接地线、电源线混淆，将三个插脚板做成不对称的；为防止不正确使用，将电脑的插口设置成非对称性的。

5. 合　并

①在空间上将相似的物体连接在一起，使其完成并行的操作。

②在时间上合并相似或相连。

例如，合并功率晶体管和功率 MOS 管的优点，发明 IGBT 功率管；以现场可编程门阵列(FPGA)代替门电路来设计电路系统；可定义多种功能的 I/O 接口；安装在电路板两侧的大量电子芯片。

6. 多用性

使一个物体完成多项功能，可以减少原设计中要实现这些功能所需物体的数量。

例如，人们需要知道年、月、日，时、分、秒和室内温度等。一般情况下，一个家庭会有一本日历、一个时钟和一个温度计。能否一物多用，使某物同时具有日历、时钟和温度计功能呢？由单片机、数字式温度传感器组成，采用单片微型计算机控制，显示明亮的电子日历由此出现了。

7. 嵌　套

①将第一个物体放在第二个物体中，再将第二个物体放在第三个物体中，以此类推。

②使一个物体穿过另一个物体的空腔。

例如，为了滤除信号线和电源线上的电压尖峰和共模干扰噪声，通常将信号线穿入滤波磁管。

8. 重量补偿—环境补偿

①用一个能产生提升力的物体补偿第一个物体的重量。

②通过与环境相互作用产生空气动力或液体动力的方法补偿第一个物体的重量。

③有时可以是别的参数的补偿。

例如，利用环境补偿的太阳能电池会自进行能量补偿。

再如，可利用助焊剂实现焊接补偿。接线前对线头进行镀锡处理，使其更易于焊接；或在电路板焊接前，在其表面预涂助焊剂。

9. 增加反作用

①预先施加反作用。

②如果一个物体处于或将处于拉伸状态，预先增加压力。

例如，放大电路中的反馈电路设计，当输出增高时进行反作用使输出降低，当输出降低时通过反作用使输出升高。

10. 预操作

①在操作开始之前，使物体局部或全部产生所需的变化。

②预先对物体进行特殊安排，使其在时间上有准备或已处于易操作的状态。

例如，在单片机程序中，针对按键毛刺的干扰，在程序设计时预先设计，加入延时程序，屏蔽掉按键毛刺的干扰。

再如，预先将通用程序进行模块化处理，方便调用。计算机高级语言的应用就简化了编程难度，提高了编程效率；模块化通用电路单元的设计也便于后续设计直接引用。

11. 预补偿

采用预先准备好的应急措施补偿物体相对较低的可靠性。

该原理的一个显著应用实例是漏电保护器。

12. 等势性

①改变工作条件，使物体不需要被升高或降低。

②利用等势原则：在势能场中，避免物体位置发生改变。

例如，采用金属外壳接地的方法进行静电屏蔽，该技术就采用了等势原理。

13. 反　向

①将问题说明所规定的操作改为相反的操作。

②使物体中运动部分静止，静止部分运动。

③使物体的位置颠倒。

例如，传统的电机是转子通过电刷不断改变方向。新型电机淘汰了电刷，采用不断改变定子线圈的方式，进行了反向设计。

14. 曲面化

①用曲线或曲面代替直线或平面部分，用球形代替立方体。

②用旋转运动代替直线运动，采用离心力。

例如，为了防止机械制板时焊盘与导线之间断开，常在焊盘和导线之间用铜模制作一个过渡区，形状像泪滴，代替原有直角过渡。泪滴焊盘在高速电路中还可以起到降低信号衰减的作用。

15. 动态性

①增加系统的柔性。

②增加系统的可控性。

③增加组成部件的可移动性。

以自行车的动态性设计为例。

自行车对于短途出行来说比较方便，如果在上下公交的过程中可以使用就更好了。但是传统的自行车由于体积过大而不便取放，显然无法满足这一要求。如何增加移动性？可以将其装上铰链变成可折叠自行车，减小体积，增加动态性中的可移动性。

16. 不足或超额行动

如果用现有方法很难完成对象的100％，可用同样的方法“稍多”或“稍少”一点，简化问题。

例如，输液过程就存在超额原理应用。针管中如有空气气泡随着药液流入人体血管，有可能会堵塞血管，产生危险。为了去除多余的气泡，医生通常会推出针管中的液体，而且会多推出一部分。这样做就是通过超额推出，确保气泡的排出。

17. 维数变化

①将一维空间中运动或静止的物体变成在二维空间中运动或静止的物体，将二维空间中的物体变成三维空间中的物体。

②用多层排列代替单层排列。

③使物体倾斜或改变其方向。

④使用给定表面的反面。

例如，印制电路板(PCB)经常采用两面都焊接电子元器件的结构，比单面焊接更节省。又如，在对电路进行三防处理时以整板浸漆代替刷漆。

18. 振　动

①使物体处于振动状态。

②如果振动存在，增加振动频率。

③使用共振频率。

④用电振动代替机械振动。

⑤使用超声振动与电磁场耦合。

例如，无线充电技术有一种方式就是利用共振原理实现电能的传输。从理论上说，无线充电技术安全无害。无线充电使用的共振原理是磁场共振，只在以同一频率共振的线圈之间传输，其他装置则无法接收波段。

再如，电感式接近开关属于一种有开关量输出的位置传感器，由LC高频振荡器和放大处理器组成。它利用金属物体接近能产生电磁场的振荡感应头，使物体内部产生涡流。这个涡流反作用于接近开关，使接近开关振荡能力减弱，内部电路的参数发生变化，由此识别出有无金属物体靠近，进而控制开关的通或断。

19. 周期性作用

①用周期性运动或脉动代替连续运动。

②改变周期性运动的运动频率。

③在两个无脉动的运动之间增加脉动。

例如，利用周期性脉冲设计新的电源，代替线性变化的电源。

线性稳压电源的特点就是功率器件调整管工作在线性区，靠调整管之间的电压降来稳定输出。由于调整管静态损耗大，需要很大的散热器给它散热，而且由于变压器工作在工频上，所以重量较大。开关型直流稳压电源是作为线性稳压电源的线性代替物出现的，电路形式主要有单端反激式、半桥式等。开关电源的优点是体积小、重量轻，有全面取代线性稳压电源的趋势。

20. 有效作用的连续性

①不停顿地工作，物体的所有部件都应满负荷工作。

②消除运动过程中的间歇。

③用旋转运动代替往复运动。

例如，利用有效作用的连续性进行中断设计。中断的应用消除了 CPU 的软件查询时间，提高了运行效率。

21. 紧急制动

减少有害操作的执行时间，使危险或有害的流程在高速下进行。

例如，开关电源能快速关断功率开关管，尽量减少其工作在放大区的时间，减少开关损耗。电路板的波峰焊接使焊锡快速流过焊盘，避免元器件过热损坏。

22. 变有害为有益

①利用有害因素，特别是对环境有害的因素，获得有益的结果。

②通过与一种有害因素结合来消除另一种有害因素。

③加大一种有害因素的程度使其不再有害。

例如，振荡电路的温度漂移是有害因素，但可以利用此特性设计温度传感器。为了提高开关电源的可靠性，降低开关损耗发热，可采取适当降低开关频率的方法。SF6 断路器利用电弧燃烧时产生的高温气体，在热膨胀室内建立压力，进行灭弧。

23. 反　馈

①引入反馈改变过程或动作。

②如果反馈已经存在，改变反馈控制信号的大小或灵敏度。

例如，音频电路中的自动音量控制利用了反馈原理，当电台信号强时使音量减小，当电台信号弱时则相反。

24. 中介物

①使用中介物传递某物体或某种中间过程。

②将一个容易移动的物体与另一物体暂时接合。

例如，使用光信号作为中介物来传递电信号。在开关电源电路中，也经常采用光电耦合器进行设计来隔离高低电压。

25. 自服务

①物体应当为自我服务。

②完成辅助和修理工作。

例如，利用电焊电流工作的螺旋管供给电焊枪中的电焊条，而不用其他专门装置。

26. 复　制

①用简单的、低廉的复制品代替复杂的、昂贵的、易碎的或不易操作的物体。

②用光学拷贝或图像代替物体本身，可以放大或缩小的图像。

③如果已使用可见光拷贝，用红外线或紫外线代替。

例如，采用软件仿真代替硬件电路，在计算机屏幕上进行电路实验；采用虚拟仪器技术代替复杂专用技术。

27. 廉价代替品

用一些低成本物体代替昂贵物体，用一些不耐用物体代替耐用的物体，对有关特性做折中处理。

例如，使用超级电容代替锂电子电池，断电后保存数据；为了降低成本，产品量产后采用一次性可编程芯片代替可重复编程芯片。

28. 机械系统的替代

①用视觉、听觉、嗅觉系统代替部分机械系统。

②用电场、磁场及电磁场完成与物体的相互作用。

③将固定场变为移动场，将静态场变为动态场，将随机场变为确定场。

④将磁粒子用于场的作用中。

例如，早期通信采用全方位发射，现在使用以特定方式发射的天线。

29. 压　力

用气体或液体结构代替固体结构，从而可利用液体或气体产生膨胀，或利用液压或者气压起缓冲作用。

例如，我们运动时所穿的气垫鞋，就利用了压力原理，来缓冲跳高时落地的压力，减少脚底和脚踝受到的伤害。

30. 柔性壳体或薄膜

①使用柔性壳体或薄膜代替传统结构。

②使用柔性壳体或薄膜分离物体与环境。

例如，用柔性原理指导柔性印刷线路板设计。柔性印刷线路板(FPC)的特点是重量轻、厚度薄、柔软、可弯曲，适用于手机、笔记本电脑、数码相机、液晶电视等很多产品。

31. 多孔材料

①使物体多孔或增加多孔元素(通过插入、涂层等)。

②如果物体已是多孔结构，利用多孔结构引入有用的物质或功能。

例如，盖房子的时候，为了降低砖的重量，同时保证其体积和支撑作用，将砖头制作为多孔形状。

泡沫金属也属此类创新。在失重状态下，将气体注入液体金属，气泡既不上浮，也不下沉，会均匀地分布在液体金属中。待金属凝固后，会变为轻得像软木塞的泡沫金属钢，用来做机翼，既轻便又结实。

32. 改变颜色

①改变物体或环境的颜色。

②改变物体的透明度，或改变某一过程的可视性。

③采用有颜色的添加物，使不易被观察到的物体或过程被观察到。

④如果已添加颜色添加物，则用发光迹线追踪物质。

以透明漆为例。实木家具刷漆之后，如果是某种纯色的表面，图案比较单调；而且容易使人对材质产生怀疑。如果采用透明漆，就既增加了透明度，又增加了美感。人们可以直接看到家具材质，感受木质纹理的线条美。

33. 同质性

主要物体与其相互作用的其他物体采用同一材料或特性相近的材料。

例如，利用激光在水果表皮刻上产地、种类、保质期等识别信息。这种新的方式可以使水果标注更具体的信息，如一个桃子是什么时候采摘的。像这样使用同质性原理，可以避免使用额外的标签。

34. 抛弃与修复

①采用溶解、蒸发等手段废弃已完成功能的零部件，或在工作过程中直接变化。

②在工作过程中迅速补充消耗或减少的部分。

例如，可降解餐具就是该原理的使用实例。可降解餐具实现了安全卫生地包装食物的功能，又可以自动降解，减少了对环境造成的污染。

35. 参数变化

①改变物体的物理状态，使物体在气态、液态、固态之间变化。

②改变物体的浓度或黏度。

③改变物体的柔性。

④改变温度。

以改变拖把参数为例。常用的拖把的基体部分为刚性，这便于控制方向，但是对于角落或者凹陷处，就难以做彻底清除。通过改变参数，可以将基体改为带有弹簧的柔性材料，符合正常情况下的刚性强度要求。当需要清理凹槽时，使劲推进去，柔性材料变形，能有效完成清洁。清理后退出来，内部弹簧又会使它恢复原来的形状。

36. 相　变

利用物质相变时产生的某种效应，如体积改变、吸热或放热。

例如，快餐店在食品中加入冰块，使得冰块在融化时不断吸热，减缓饮料的升温，确保清凉的感觉。

37. 热膨胀

①利用材料的热膨胀或热收缩性质。

②使用具有不同热膨胀系数的材料。

以烧水壶上的形变开关为例。烧水壶的开关使用了两种热膨胀系数不同的金属。当温度达到 100 摄氏度以后，两种不同形变的金属产生不同的形变，使得原来的通路变为断路，防止继续加热。

38. 加速氧化

①用富氧空气代替普通空气。

②用纯氧代替富氧空气。

③用电离射线处理空气或氧气，使用离子化的氧气。

④用臭氧代替离子化的氧气。

例如，可以利用加速氧化制造“保温被”。矿石熔炼行业的矿渣能被加工成建筑材料，但传输过程中，运送矿渣的吊桶降温，矿渣会冷凝形成坚硬的壳，非常不利于加工。基于快速氧化的解决方案是：给吊桶中的灼热矿渣泼上冷水，矿渣和冷水急速氧化反应后会形成一层矿渣泡沫，像被子一样将矿渣和空气隔绝，而且这层“被子”不会妨碍后续矿渣的转移。

39. 惰性环境

①用惰性气体环境代替通常环境。

②添加惰性或中性添加剂。

③使用真空环境。

例如，为了防止炽热灯丝的失效，让其置于氩气中(如霓虹灯)。氩气作为惰性气体，会将灯丝与空气隔绝开来。

40. 复合材料

用复合材料代替均质材料。

瑞士某公司研制的“生命吸管”是一种获取饮用水的吸管装置，使用七种过滤器，包括网丝、活性炭和碘等复合材料，净化效果显著。

（二）物理矛盾与分离方法

物理矛盾是指对同一元素(参数)有两个不同的要求。例如，既希望桌子木头厚，又希望桌子木头薄。

物理矛盾有四种分离方式：空间分离、时间分离、系统分离、条件分离(表 2-2)。

表 2-2 物理矛盾不同分离方式对应的发明原理表

分离原理	发明原理序号
空间分离	1 2 3 4 7 13 17 24 26 30
时间分离	9 10 11 15 16 18 19 20 21 29 34 37
系统分离	12 28 31 32 35 36 38 39 40
条件分离	1 7 25 27 5 22 23 6 8 14 25 35 13

以手机屏幕设计为例。手机要大、好看，手机又要小、便携，这是一个物理矛盾。利用时间分离，可以将手机屏幕设计得足够大，满足大的要求，需要小时则可以收回按键，方便携带(图 2-10)。

图 2-10 手机中四种分离方式在解决屏幕方面的应用

（三）物场模型与标准解

任何发明课题都离不开物体。物体与外界环境(或其他物体)相互作用。物体之间的作用力，称为场(Field)。场是产生作用力的一种能量。

物场分析中的场的概念有别于物理学中的场。物理场有重力场、电磁场、强相互作用场和弱相互作用场。物场分析使用了更细的分类法：力场、声场、热能场、电场、磁场、电磁场、光学场、电离辐射场、放射性辐射场、化学场、气味场等。

有效完整模型指实现功能的三个元素齐全，且有效实现功能。不完整模型指实现功能的三个元素不全，可能缺场，也可能是缺少物质(工具)。对不完整模型，应针对所缺少的元素给予引入物质或引入场，使形成有效完整的物场模型，从而顺利实现功能。

效应有害的完整模型指三个元素齐全，但产生了有害的效应，因此需要消除这些有害效应。方法有二。

一是增加另一物质 S3 来阻止有害效应的产生。S3 可以是现成物质，可以是 S1、S2 的变异或通过分解环境而获得的物质。二是增加另一个场 F2 来平衡产生有害效应的场。

例如，为测量陶罐的壁厚，可以在陶罐里装入导电性液体，测量该液体和放置在罐外的电极之间的电阻值。

（四）HOW TO 模型与知识库

当设计一个新的技术系统时，为了将两个技术过程连接在一起，就需要找到一个纽带。虽然我们清楚地知道这个纽带应该具备什么样的功能，却经常不知道这个纽带到底应该是什么。此时，我们就可以从科学效应和现象清单中，利用纽带应该具备的功能来查找相应的科学效应。

当对现有技术系统进行改造时，我们往往希望替换掉那些不能满足要求的组件。此时，由于该组件的功能是明确的，所以我们可以将该组件所承担的功能作为目标，到科学效应和现象清单中查找相应的科学效应。

应用步骤如下。

①根据实际情况对问题进行分析，确定解决此问题所需要的功能。

②从科学效应和现象清单表中确定与此功能相对应的功能代码，此代码应是 F1～F30 中的一个。

③从科学效应和现象清单表中查找此功能代码下 TRIZ 所推荐的科学效应和现象，获得相应的科学效应和现象的名称。

④筛选所推荐的每个科学效应和现象，优选适合解决本问题的科学效应和现象。

⑤查找优选出来的科学效应和现象的详细解释，应用于该问题的解决，并验证方案的可行性；如果问题没能得到解决或功能无法实现，重新分析问题或查找合适的效应。

⑥形成最终的解决方案。

下面是一个运用电晕效应测量灯泡内气压的例子。

来自顾客的批评信，显示顾客对灯泡质量非常不满意。

①问题分析：工程师们觉得灯泡里的压力有些问题，有时比正常的高，有时比正常的低。

②确定功能：准确测量灯泡内部气体的压力。

③TRIZ 推荐的可以测量压力的物理效应和现象：机械振动、压电效应、驻极体、电晕放电及韦森堡效应等。

④效应取舍：逐一分析以上效应，发现只有电晕的出现依赖于气体成分和导体周围的气压，所以电晕放电适合测量灯泡内部气体的压力。

⑤方案验证：如果在灯口加上额定电压，气体达到额定压力就会产生电晕放电。

⑥最终解决方案：用电晕放电效应测量灯泡内部气压。

应用科学效应和现象解决技术问题是再简单不过的事情了，这就像我们到超市买东西一样。选择要买东西的种类，衡量一下几种同类产品的性价比，我们就可以做出决定了。TRIZ 提供的所有工具都一样，只要有“解决问题”的欲望，任何“方案”都会很简单地属于我们自己。

五、“一”种创新算法

ARIZ 是俄文“发明问题解决算法”的缩写(英文缩写为 AIPS)，是发明问题解决过程中应遵循的理论方法和步骤。ARIZ 是基于技术系统进化法则的一套完整的问题解决程序，是 TRIZ 理论的核心分析工具之一。它最初由阿奇舒勒于 1977 年提出，随后经过多次改进，形成了比较完善的理论体系，即 ARIZ-85。对于某些复杂问题，由于定义冲突或建立物场模型较为困难，我们不能直接应用矛盾矩阵或物场分析求解。在这种情况下，可以考虑使用 ARIZ 来解决问题。

ARIZ 采用一套逻辑过程逐步将初始问题程序化，其目标是揭示相应的物理矛盾或技术矛盾，并解决这些矛盾。该算法主要针对问题情况复杂、矛盾及其相关部件不明确的技术系统。

ARIZ 会对初始问题进行一系列变形、再定义等非计算性的逻辑过程，实现对问题的逐步深入分析和转化，最终解决问题。该算法尤其强调问题冲突与理想解的标准化，一方面技术系统向理想解的方向进化；另一方面如果一个技术问题存在需要克服的矛盾，该问题就会变成一个创新问题。应用 ARIZ 取得成功的关键是，在没有理解问题的本质前，要不断地对问题进行细化，一直到能确定物理矛盾为止。

解题步骤：①问题分析；②问题模型的分析；③陈述最终理想解和物理矛盾；④运用

物场资源；⑤知识库的应用；⑥转化或替代问题；⑦原理解评价；⑧原理解最大化；⑨解决方案的专家分析。每个步骤都含有多个子步骤，在解决实际问题的过程中，并不强制要求按顺序走完上述所有步骤，而是一旦在某个步骤中获得了问题的解决方案，就可以跳过中间无关的步骤，直接进入后续环节来解决问题。

知识测试

1. 如何理解 TRIZ 理论的最终理想解？
2. TRIZ 理论的系统进化法则有哪些？
3. 物理矛盾和技术矛盾的区别是什么？它们是如何解决问题的？

能力训练

1. 请基于局部质量原理对刀具进行创新设计。
2. 请基于系统进化法则思考一下手机的进化趋势及下一代可能出现的产品。
3. 请分析一下照片的功能，针对照片功能给出最终理想解。

MODULE1

模块一
创新方法与实践

项目三　创新模式与选择

目标引领

知识 1. 认识主动关注技术创新的重要性

2. 了解 STC 算子对于创新的启发意义

3. 熟悉商业模式创新的特点

能力 1. 能够超越认知思维的束缚，基于 STC 算子找到创新方向

2. 能够在规定时间内完成 STC 算子创新的思路设计

素养 1. 合理分工并与团队成员良好协作

2. 在创新过程中灵活思考、实事求是、诚信为本

学习导航

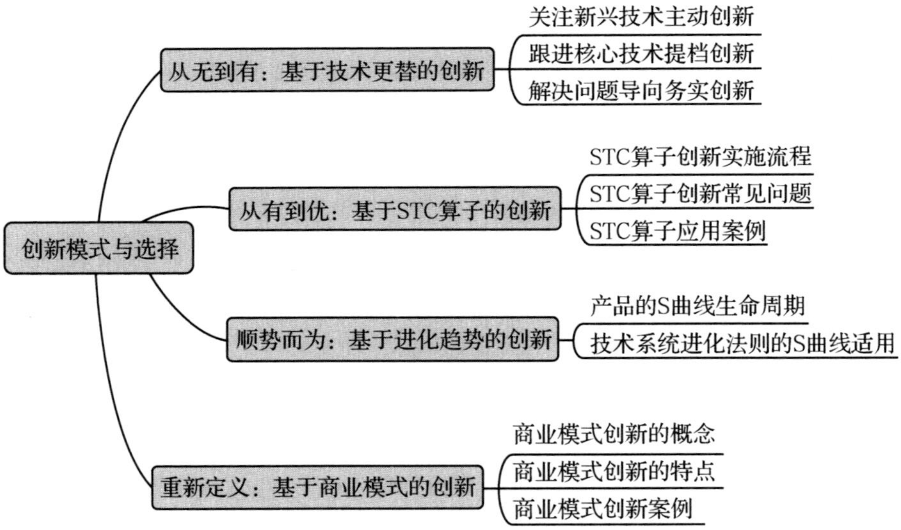

任务一　从无到有：基于技术更替的创新

技术创新是以创造新技术为目的的创新，或以科学技术知识及其创造的资源为基础的创新。前者如创造一种新的激光技术，后者如以现有的激光技术为基础开发一种新产品或新服务，常合二为一。技术创新是企业竞争优势的重要来源，是企业可持续发展的重要保障。

近年来，全球科技创新进入空前活跃期。以大数据、3D打印、人工智能、区块链、物联网等为代表的新一轮技术革命，对人们的生产方式、生活方式和思维方式产生重大影响。它们正在或者已经深刻改变了社会生产结构，影响着未来世界发展格局。科学技术从来没有像今天这样深入渗透生产关系和上层建筑领域，深刻影响社会发展和人民福祉，推动治理理念、治理方式、治理结构发生重大改变。

一、关注新兴技术主动创新

技术创新是企业生存发展的前提和决定性因素。企业技术创新首先是产品技术开发的创新。产品的技术性能决定着产品在市场中的品牌和定位，也决定着企业对市场的依存度。产品技术创新必然伴随着理论的突破，加工工艺的改进，新材料、新工艺的推广，各种新技术的集成使用和转化，以及人才的培养。企业技术创新既有专项突破，也会带动综合能力、系统工程的发展和进步。

案例展示

黑莓的成功

“黑莓”手机制造商是RIM公司。1999年，RIM公司开始提供黑莓企业服务器作为企业邮件无线化的网关，使得大量商务人士喜欢上了这种“邮件推送”的概念。2002年11月，黑莓将技术授权给诺基亚，把黑莓邮件接收器集成到诺基亚的手机上，成为一种软件功能。此后，其市场发展一日千里。“黑莓”成为无线电子邮件的代名词。它的成功不是偶然，除了归功于公司管理之外，更重要的是它打破了传统技术的限制，通过技术创新推出新型邮件接收器。

例如，中关村诞生了龙芯通用CPU 3A3000、兆易闪存存储器、芯视界量子点芯片、寒武纪商用深度学习处理器、百度无人驾驶平台、航材院石墨烯材料制备、京东方柔性AMOLED显示屏、百济神州单克隆抗体抗癌药物等一批关键核心技术和变革性科技成果。技术创新最终必然推动企业系统工程的发展，系统工程的发展必然为技术创新奠定坚实和可靠的基础。

20世纪80年代中期靠“引进”起家的风华高新科技集团有限公司对此铭刻在心。当广东实施“产学研联合工程”时，风华公司又大力引进人才，组建国家级和省级技术中心，并依托大专院校和科研院所大搞技术创新。几番努力之后，公司不仅拥有了上百个自主知识产权项目，还使技术应用从“引进”阶段迈入了“被引进”阶段。

科技成果的获得都是企业主动关注创新、跟进新技术的结果，企业和个人的创新都要学会关注新技术，主动创新。

二、 跟进核心技术提档创新

核心技术是买不来的。例如，科龙公司有两次很有代表性的经历。一次是欲聘请德国企业为其改造生产线，但对方开出天价且条件苛刻，科龙被迫放弃；另一次是派工作人员赴日本商谈自动制冰等技术的引进，但对方却封锁了所有有价值的新技术，只提供一种普通的无霜冰箱产品。这使科龙终于看清：单纯的技术引进时代已经过去，没有自己的技术创新就无法办企业。在与德方企业谈判失败后，科龙自己改造了生产线；在赴日引进技术未果后，科龙开始自主开发，在智能化制冷、节能保鲜、模糊控制等领域取得了突破性进展。近年来，科龙公司每年都推出数十种新开发和改型的冰箱产品，拥有600多个型号的有自主知识产权的产品。基于这样的技术创新，科龙把握住了企业主动权。

实践反复告诉我们，关键核心技术是要不来、买不来、讨不来的。只有把关键核心技术掌握在自己手中，才能从根本上保障国家经济安全、国防安全和其他安全。要增强“四个自信”，以关键共性技术、前沿引领技术、现代工程技术、颠覆性技术创新为突破口，敢于走前人没走过的路，努力实现关键核心技术自主可控，把创新主动权、发展主动权牢牢掌握在自己手中。

——习近平

只有不断进行技术创新，掌握核心技术，才能使企业在变幻莫测的市场经济风云中不被淘汰。

三、 解决问题导向务实创新

技术创新不一定得多么高精尖，有时只要肯动脑筋，结合资源，就能有效整合、创造出新的设备装置，解决生活中的实际问题。创新者这时要有问题导向的意识，务实创新。

（一）关注环境

“一撕得”的创新基于发明人看到包装袋的浪费和烦琐，觉得应该节约资源，从而对包装过程和纸品进行创新，获得了邮政局的资金支持。

（二）关注孩童

55 度杯的发明是发明人看到孩子在喝水的时候被烫着了，出于爱和担忧，开始思考如何让孩子每次都能喝到温度合适的水这样的务实问题。

Petit Pli 是可以与孩子一起“成长”的服装系列。这些服装防水、轻便，带有褶皱。这种褶皱可以使衣服伸缩出 7 种尺寸。这种设计不仅可以减少浪费，而且可以为家庭节省买新衣服的钱。

（三）关注病残

Laddroller 是一种能够帮助用户站立的轮椅(图 3-1)。Laddroller 有四个轮子，可以在复杂的地形中使用，具有强大的用户体验感，能帮助残障人士获得更高品质的生活。

图 3-1 Laddroller 轮椅

eSight 3 是一套电子眼镜，可以极大地改善视觉障碍者的视力，帮助他们观看和进行日常活动。这款设备用摄像机将图像发送到佩戴者眼前的微型双屏幕上。两个传感器调整焦点，手持遥控器可以让用户进行缩放和对比等。

纸片离心机由斯坦福大学生物工程助理教授马努·普拉卡什(Manu Prakash)开发，是一种根据旋转玩具设计的手动离心机。这种离心机是一种制作成本仅 20 美分的纸制设备，可以帮助科学家和医生在几分钟内诊断出疟疾和艾滋病等疾病，并且不需要用电。它通过来回拉动绳子，使安装在绳子上的圆盘纸板和上面的样品以极快的速度旋转。纸片离心机可以达到很高的转速，将血浆从血液中分离出来，以便进行疾病测试。在条件艰苦的疫区和灾区，这种简单的离心机可以帮助医护人员做出正确的诊断，及时挽救生命。

案例展示

打字机的发明

G. L. 邵尔斯为减轻妻子的劳作发明了打字机。邵尔斯的妻子工作繁忙，经常连夜赶写材料。于是邵尔斯想通过发明打字机器，减轻妻子的劳累。

一开始，邵尔斯被盖印章那种简单实用的传统方式禁锢住了，认为字键与字印之间不宜距离太远，最好是字键在上，字印在下，一按就可以有字。可是，研究到最后，他觉得这一构想根本无法实现。因为这种设计结构字臂不能太长，否则就像树根一样盘在下面，既复杂又不实用。可是字臂太短，就不能运用自如。因此，他的创造陷入停滞阶段。

有一天深夜，邵尔斯看到妻子弯着背写字的侧影，突然意识到，坐在那里的不再是太太，而是他苦思冥想的打字机形状。如果把写字者的头当作字键，弯曲的臂当作字臂，这种结构就是理想的设计！经过四年的努力，邵尔斯终于在 1867 年冬天发明出世界上第一台打字机。

可以关注的现实问题很多，在此不一一列举。总之，创新者应怀有关注现实的意识，主动思考，尝试创造性地解决问题。

知识测试

1. 什么是技术创新？
2. 为什么技术创新是企业生存发展的前提和决定性因素？谈谈你的认识。
3. 对于生活中实际问题的解决，我们可以从哪些方面着手？

能力训练

1. 针对当下环境问题中的垃圾分类问题进行研究，尝试对某个环节或者某个技术部分进行技术创新。

2. 关注身边的弱势群体，尝试用你所掌握的创新方法为他们做点什么。

任务二 从有到优：基于STC算子的创新

STC算子是一种非常简单的工具，即通过极限思考方式想象系统，对尺寸(S)、时间(T)和成本(C)因素进行一系列变化的思维实验，有利于打破思维定式。尺寸、时间、成本这三个方面的参数变化能改变原有的问题。

通常工程师在解决技术问题时已对系统非常了解和熟悉，对研究对象有一种“定型”的认识和理解，而这种“定型”的特性在尺寸、时间、成本方面尤为突出。此种“定型”会在工程师的思维中形成心理障碍，妨碍工程师清晰、客观地认识研究对象。这种障碍对工程师的影响表现如下。一是工程师所建立的思维结构可能与所解决问题的方法相差甚远。二是这种心理障碍会主观地过滤掉某些“所谓的与技术问题无关，但实际上非常重要的信息”，并在此基础上加入“某些与技术问题实际上无关，而又被工程师主观地认为很重要的信息”，造成在寻找解决问题的思路和可利用的资源时走上“不归路”。

应用STC算子的目的有四。一是克服长期由于思维惯性产生的心理障碍，打破原有的思维束缚，将客观对象由“习惯”概念变为“非习惯”概念。在很多时候，问题的成功解决取决于如何动摇和摧毁原有的系统以及对原有系统的认识。二是通过尺寸、时间和成本三个纬度的分析，迅速发现对研究对象最初认识的误差。三是通过分析认识误差，重新定位研究对象，使“熟悉”的对象陌生化。四是采用STC算子思考后，在分析问题的过程中发现系统中存在的技术矛盾或物理矛盾，以便在后续的解题过程中予以解决。很多时候，只要改变原来的思路，就可以找到问题的解决方案。

STC算子是对系统自身不同特性的单独考虑。一个产品或技术系统通常由多个因素构成，单一考虑相应因素会得出意想不到的想法和方向。

一、STC算子创新实施流程

我们需要注意尺寸、时间和成本的内涵。尺寸：一般可以考虑研究对象的三个维度，即长、宽、高，但尺寸不仅包含上述含义，同时还延伸至温度、强度、亮度、精度等范畴。它不只是几何尺寸，而且包含可能改变其参数的任何“尺寸”。时间：一般考虑物体完成有用功能所需要的时间、有害功能持续的时间、动作之间的时间差等。成本：一般理解为不仅包括物体本身的成本，也包括物体完成主要功能所需各项辅助操作的成本以及浪费的成本。可以在最大范围内改变每一个参数，只有问题失去物理学意义才是参数变化的临界值。需要逐步改变参数，以便理解和控制在新条件下问题的物理内涵。应用STC算子，通常按照下列步骤进行。

步骤1：明确现有系统。

步骤2：明确现有系统在尺寸、时间和成本方面的特性。

步骤3：设想逐渐增大对象的尺度，使之无穷大(S→∞)。

步骤4：设想逐渐减小对象的尺度，使之无穷小(S→0)。

步骤5：设想逐渐增加对象的作用时间，使之无穷大(T→∞)。

步骤6：设想逐渐减少对象的作用时间，使之无穷小(T→0)。

步骤7：设想逐渐增加对象的成本，使之无穷大(C→∞)。

步骤8：设想逐渐减少对象的成本，使之无穷小(C→0)。

步骤9：修正现有系统，重复步骤2～8，找到解决问题的方向。

这些试验或想象在某些方面是主观的，很多时候取决于想象力、问题特点及其他一些情况。然而，即使是标准化地完成这些试验，也能够有效消除思维定式。

二、 STC算子创新常见问题

有效、正确地使用TRIZ工具是解决技术问题的关键。在使用STC算子时，工程师容易出现以下错误。一是在步骤1中，对技术系统的定义和界定不清楚，导致在后续步骤中与研究对象不统一，同时不应该改变初始问题的目标。二是在步骤2中，对研究对象的三个特性的定义不清楚，造成后续分析问题时没有找到解决问题的方向。三是不能对每个想象试验分步递增、递减，直到物体出现新的特性。为了更深入地观察到新特性是如何产生的，一般每个试验分步长进行，步长为对象参数数量级的改变(10的整数倍)。四是在没有完成所有想象试验时，因担心系统变得复杂而提前中止。五是STC算子的成效取决于想象力、问题特点等情况，而工程师不能充分拓展思维，打破原有思维的束缚，大胆地展开想象，而是受到现有环境的限制。六是不能在试验的过程中尝试猜测问题最终的答案。七是希望直接获取解决技术问题的方案。事实上，STC算子只能让工程师获得某些独特的想法和方向，为下一步应用其他TRIZ工具寻找解决方案做准备。

三、 STC算子应用案例

锚是船只锚泊设备的主要部件。把锚抛到水底，可以使船停稳。很久以来，海锚就是安全和希望的象征。海锚在航海史上拯救的船只不计其数，但随着现代造船工业的发展，对吞吐量几万吨甚至几十万吨的巨型船只而言，海锚显得没有之前那么可靠。海锚的安全系数一般是指海锚提供的牵引力(系留力)与自身重量之比。结构最出名的军舰锚和马特洛索夫锚在自重为 1 吨时，锚的系留力为 10 吨。但是，这种理想效果只有当海底是硬泥的时候才能达到。当海底是淤泥或者岩石时，锚爪是抓不住的。怎样才能明显提高锚在海底的系留力呢？下面按照 STC 算子的步骤进行分析。

（一）明确现有系统

目前存在的问题是船只的自重随着技术水平的不断提升而提升，这就要求海锚所产生的自留力也必须成倍数地增加。系统由海锚、船只、绳索等组成，超系统则包含海水等。研究对象较为明确，就是海锚。"海锚"这个词能立刻使人联想起一些特定的解决方式，比如增加锚爪数量、做一些其他形状的锚爪、加大锚的重量等。在解决问题的过程中，克服思维定式最简单有效的办法就是不使用专业术语，而尽量使用那些不具有具体含义的词，如"事物""东西""对象"，并从功能的角度描述研究对象，如"需要能系留一百吨重的船只的物质""什么东西能够固定住一百吨重的船"。

术语可以准确地将已知和未知的东西区分开来。可是当已知和未知间没有明显界限，思维角度更趋向于未知的时候，就应该放弃使用术语。如果题目中没有"锚"这个术语，也就没有"锚爪"的概念了。

（二）明确现有系统在尺寸、时间和成本方面的特性

在该系统中，系统由船、锚等组成，超系统则包括海水、海底等。系统及超系统的参数将随着 STC 算子而改变。为了找到新思路，首先需要对发生变化的成分(船)进行调整。假设船身长 100 米，吃水量 10 米，船距海底 1 千米，锚放到海底需 1 小时的时间，需要找到能产生质变的参数变化范围。

（三）设想逐渐增大对象的尺度，使之无穷大

尺寸→∞。船与锚是相对的关系，尺寸特性可以从相对的两个方面考虑，即海锚尺寸的增大和船只尺寸的缩小。如果船的尺寸缩小为原来的 1/1000，是否能解决问题？船太小了(像木片一样)，缆绳(如细铁丝一样)的重量会远远超过船的浮力，船将无法控制或沉没。

（四）设想逐渐减小对象的尺度，使之无穷小

尺寸→0。考虑海锚尺寸的缩小和船只尺寸的扩大。如果船的尺寸增加 100 倍，问题能否解决？这时，船可能已经触底了，也就不需要系留了。把这一特性的质变运用到普通的

船上将是什么情形？一是可以把船固定到冰山上；二是船停靠的时候下部灌满水；三是对船体进行分割，使船的一部分脱离并沉到海底；四是安装水下帆，利用水起到制动作用等。这些想法可以为解决问题提供方向。

（五）设想逐渐增加对象的作用时间，使之无穷大

时间→∞。当时间为10小时的时候，锚下沉得很慢，可以很深地嵌入海底。有一种旋进型的锚，电动机的振动能使锚深深地嵌入海底(系留力是锚自重的20倍)，但这种方法不适用于岩石海底。

（六）设想逐渐减少对象的作用时间，使之无穷小

时间→0。如果把时间缩减为原来的1/100，就需要非常重的锚，或者除重力外有其他力量推动锚的运动，使锚快速降到海底。如果时间减为原来的1/1000，锚就要像火箭一样投下去。如果减为原来的1/10000，那么只能利用爆破焊接，将船固接到海底。可以考虑为锚增加动力装置，也可以考虑利用某些状态的变化将锚“粘”在海底。

（七）设想逐渐增加对象的成本，使之无穷大

成本→∞。如果允许不计成本，那么可以使用特殊的方法和昂贵的设备。例如，利用白金锚、火箭、潜水艇、深潜箱等工具来完成需要达到的目标。

（八）设想逐渐减少对象的成本，使之无穷小

成本→0。如果不允许增加成本，或者只能用很小的成本，那么必须利用免费资源。在该问题中，海水是免费的资源，同时可以无限满足系统的要求。可以利用海水实现系留的功能，或者改变海水的状态。问题的最终解决方法是用一个带制冷装置的金属锚，锚重1吨，制冷功率50千瓦，1分钟内锚的系留力可达20吨，10～15分钟内达1000吨。

知识测试

1. 什么是STC算子？
2. 为什么要开展基于STC算子的创新？
3. 基于STC算子的创新主要包括哪些步骤？

能力训练

1. 基于STC算子，以手机为对象进行创新设计。
2. 基于STC算子，以鼠标为对象进行创新设计。

任务三 顺势而为：基于进化趋势的创新

技术系统进化法则包括八个子法则。这些法则预示了技术系统进化的规则，也意味着进化的趋势。我们可以利用进化趋势预测产品的发展方向，做出前瞻性决策；可以通过对产品发展方向的预测，解决实际问题。

根据产品在S曲线中所处的位置，我们有不同的重点使用的进化法则。

一、产品的S曲线生命周期

如图3-2所示，S曲线将产品的生命周期划分为四个阶段：婴儿期、成长期、成熟期、衰退期。每个产品的生命周期都将经过这些周期，而经过新技术的系统革新，新系统会跳跃出新的S曲线。例如，原始的马车在发展的过程中，技术系统不断完善，从最初的简单构架到出现专用的车架、马鞍、车轮等，逐步发展出性能完备的舒适马车。蒸汽机、燃油机的发明使车这样一个技术系统发生了根本性变化，取代了原有的动力系统。新诞生的车架不再是木架，开始变为铁结构、钢结构。

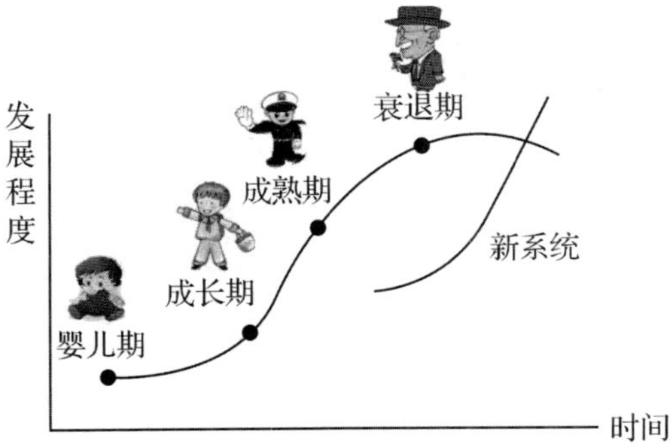

图3-2 产品的S曲线生命周期

婴儿期的技术系统：实现系统功能的原理出现后，系统也随之产生；新系统的组成部分通常是从其他已有的系统中“借”来的，并不适应新系统的要求。

成长期的技术系统：制约系统的“瓶颈”问题得到解决，系统的主要性能参数快速提升，产量迅速增加，成本降低；随着收益率的提高，投资额大幅增长；特定资源的引入使系统变得更有效。

成熟期的技术系统：系统发展趋于缓慢；生产量趋于稳定；新出现的矛盾会阻碍系统的进一步发展。

衰退期的技术系统：系统消耗大量的特定资源；系统被附加一些与其主要功能完全不相关的功能；系统发展寄希望于新的材料和技术，如纳米材料；系统的改变主要是外在的变化。

案例展示

留声机的生命周期

19 世纪中叶，出现了留声机的前身，如斯科特的声波记振仪，这个设备用印刷图案的方法来记录声音振动。

婴儿期：1877 年，爱迪生结合所有的相关元素，发明了第一台能够记录并重现声音的设备。

成长期：出现了专用器件，出现了专用设备等。20 世纪之前，留声机唱片并没有标准的转速或尺寸。Berliner 售卖 7 英寸的唱片，“大约 70 转/分”。1897 年，调节器(速度校准器)的引入，让录音变得一致，最终确立了 78 转/分的标准。行业本身并没有任何理由采用这个速度；唱片可以标记任意的速度，这个速度是由录音机选择的。在 LP 出现之前，78 转/分是最常用的格式。

成熟期：改进对留声机的商业化是非常必要的。1949 年，留声机制造技术已经相当成熟，哥伦比亚公司引进了 33 转/分的长时演唱唱片，RCA 公司推出了 45 转/分的磁盘。

衰退期：20 世纪 60 年代出现并在 70 年代得到推广的盒式磁带逐步取代留声机，最终，压缩光盘(CD)完成了对老式录音设备的致命打击。光盘具有随机存取能力，而且音质更契合人类的听觉系统。很快，留声机就过时了。留声机技术在一百多年后达到了高龄，退出了历史舞台。

二、 技术系统进化法则的 S 曲线适用

提高理想度法则适用于产品生命周期中的任一时期，而部分法则在某些阶段会显得尤为适用(图 3-3)。

（一）婴儿期

婴儿期的技术系统的主要问题是缺乏资源、新系统中存在一系列“瓶颈”问题，以及新系统的性能通常不如旧系统。在这个阶段，完备性法则、能量传递法则、协调性法则比较适用。

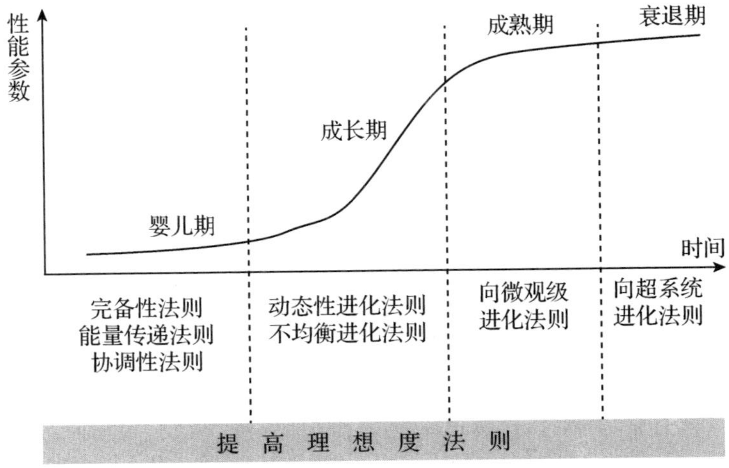

图 3-3 S 曲线与产品的进化法则建议图

案例展示

婴儿期的插头创新

插头这个技术系统还比较低级，有人对其协调性进行了创新设计，使得插头可以灵活转动，方便携带且安全(图 3-4)。

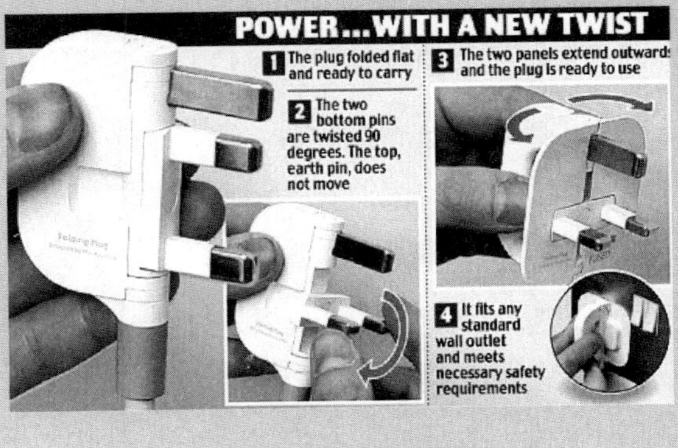

图 3-4 插头的创新

（二）成长期

成长期的技术系统开始获利，进入不同的细分市场，系统及其部件会有适度的改变。成长期是产品生命周期中最好的阶段。在这一时期，我们建议：首先将新产品推向市场，抢占先发优势；然后不断对新产品进行改进，不断推出基于该核心技术的性能更好的产品；在成长期结束时要使其主要性能指标(性能参数、效率、可靠性等)基本达到最优。在这个阶段，动态性进化法则、不均衡进化法则可以重点发力。

（三）成熟期

成熟期的技术系统努力的方向是降低成本、改善外观、增添系统服务功能的可能性、简化系统，以及同其他系统或技术相结合。在这个阶段，向微观级进化法则比较适用。

案例展示

成熟期的打印机创新

当下的打印机已经是成熟期的产品。该阶段的进化建议是往微观级进化。例如，图 3-5 这款打印机不仅身形小巧，能够装入手提袋，而且装备了 OLED 背光显示设备。这款袖珍打印机长 23 厘米，宽 6 厘米，通过暗藏的 USB 接口，它可以连接电脑充电。此外，只要将这个接口与电脑或者其他设备相接，再放入 A4 纸，打印机就能工作了，简单方便。

图 3-5　微型打印机

（四）衰退期

当技术系统进入衰退期，建议寻找新的领域，如体育、娱乐等，或者重点投入资金寻找、选择和研究能够进一步提高产品性能的替代技术。在这个阶段，向超系统进化法则比较适用。

产品进化是顺应时代的发展，也受各段时间非技术因素的制约。提高理想度法则作为技术系统进化的规律性总结，可以为我们对产品的预研提供有效借鉴。

案例展示

提高理想度法则的应用

如图 3-6，明亮的玻璃键盘蚀刻出键的方框，与动作捕捉照相机结合，能跟踪打字时手指的位置。从理想度而言，这样的键盘去除了键盘的实体，提高了理想度。

图 3-6 没有弹性按键的玻璃键盘

知识测试

1. 适用于婴儿期的进化法则包括哪些？
2. 成长期的产品有什么特征？

能力训练

判断电动自行车当前处于哪个阶段，并基于适用的进化法则进行预研设计。

任务四 重新定义：基于商业模式的创新

一个商业模式不外乎是一个组织如何（或想要如何）赚钱的陈述。

——彼得·德鲁克

一、 商业模式创新的概念

商业模式的描述有多种方式，这里重点分享一下九要素商业模式的构架。通常我们会用商业画布进行商业模式的阐述，具体要素如图 3-7 所示。一个好的商业模式，需要思考九个方面的问题。

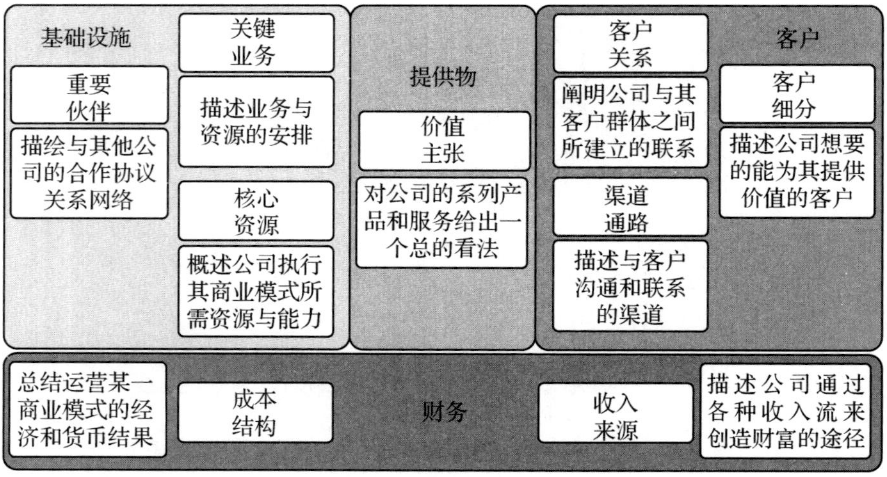

图 3-7 商业模式画布

①谁是你的用户？

②你的用户有什么特点？

③你可以为用户提供什么样的产品和服务？

④你通过什么渠道与客户接触，与客户将建立一种什么样的关系？

⑤这套商业模式可以有哪些收入来源？

⑥你已经具有或者需要掌握怎样的核心资源？

⑦你需要开展哪些核心活动？

⑧你需要有哪些重要的合作伙伴？

⑨这套商业模式在哪些地方花钱，成本结构是怎样的？

商业模式的创新在上述任一方面的创新都可以被理解成商业模式创新。

商业模式创新是指企业价值创造提供基本逻辑的变化，即把新的商业模式引入社会的生产体系，并为客户和自身创造价值。通俗地说，就是指企业以新的有效方式赚钱。新引入的商业模式，既可能在构成要素方面不同于已有商业模式，也可能在要素间关系或者动力机制方面不同于已有商业模式。

二、 商业模式创新的特点

相对于传统的创新类型，商业模式创新有几个明显的特点。

第一，商业模式创新更注重从客户的角度，从根本上思考设计企业的行为，视角更为外向和开放，更看重经济方面的因素。商业模式创新的出发点，是如何从根本上为客户创造和增加价值。因此，它逻辑思考的起点是客户的需求，根据客户需求考虑如何有效满足。这点明显不同于许多技术创新。一种技术可能有多种用途，技术创新的视角常是从技术特性与功能出发，看它能用来干什么，寻找潜在的市场用途。商业模式创新即使涉及技术，也多是和技术经济方面因素，与技术所蕴含的经济价值及经济可行性有关，而不是纯粹的技术特性。

第二，商业模式创新表现得更为系统和根本，不是单一因素的变化。它常常涉及商业模式多个要素同时有大的变化，需要企业组织较大的战略调整，是一种集成创新。商业模式创新往往伴随产品、工艺或者组织的创新，反之，则未必足以构成商业模式创新。商业模式创新也常体现为服务创新，表现为服务内容、方式、组织形态等多方面的创新。

第三，从绩效表现看，商业模式创新如果提供全新的产品或服务，那么有可能开创一个全新的可盈利产业领域；即便提供已有的产品或服务，也能给企业带来更持久的盈利能力与更大的竞争优势。传统的创新形态，能带来企业局部内部效率的提高和成本的降低，而且容易被其他企业在较短时期内模仿。商业模式创新虽然也表现为企业效率提高、成本降低，但由于它更为系统和根本，涉及多个要素的同时变化，因此很难被竞争者模仿，常给企业带来战略性的竞争优势，而且这种优势可以持续数年。

三、 商业模式创新案例

表 3-1、表 3-2、表 3-3 为商业模式创新的案例。

表 3-1 “得到”的知识付费模式

主营业务	知识服务
价值主张	一起建设一所终身大学
核心模式	得到知识主要为用户在碎片化时间背景下提供单位时间价值最大化的跨界、终身学习解决方案，致力于成为中国最好的知识服务商，与业内顶级内容生产者合作，为用户提供完全专属、持续更新的优质内容服务
盈利点	订阅专栏和付费音频

表 3-2 “吉列”的剃须刀模式

主营业务	生活用品剃须刀经营
价值主张	为客户提供安全、方便、快捷、卫生的剃须体验
核心模式	基本产品的价格较低，甚至处于亏损状态，与之相关的消耗品或者服务的价格则较为昂贵。吉列的创始人金·吉列发现，由于售价过高，传统的一副刀架加若干刀片组成的剃须套装产品难以被消费者普遍接受，于是将吉列刀架定价于 55 美分贴本出售，而从与刀架搭配的吉列刀片中弥补刀架的亏损。一把剃须刀一年下来平均需要更换 25 把刀片，大量来自刀片的收入让吉列的利润飞速增长。由于首次投入大为降低，这种收费方式也迅速被顾客接受
盈利点	剃须刀刀片(消耗品)的营收

表 3-3 销售的直播带货模式

主营业务	直播视频内容及商品供应商
价值主张	通过视频介绍产品的优势，引领消费者
核心模式	例如，打造网红主播的公司通过网红带货模式，进行网络视频直播，介绍产品，带动视频观看者采购相关产品
盈利点	商品销售的分成

知识测试

1. 好的商业模式需要考虑哪些方面的问题？

2. 商业模式创新有什么特点？

能力训练

请以视频广告为例，尝试进行商业模式创新。

MODULE1

模块一
创新方法与实践

项目四 成果研发与保护

目标引领

知识 1. 理解如何利用设计冲刺进行风险把控

2. 理解最小可行产品的作用

3. 熟悉创新成果的保护方法

能力 1. 能够利用设计冲刺把控风险

2. 能够对最小可行产品进行验证

素养 1. 合理分工并与团队成员良好协作

2. 在完成最小可行产品的过程中能够实事求是、诚信为本

学习导航

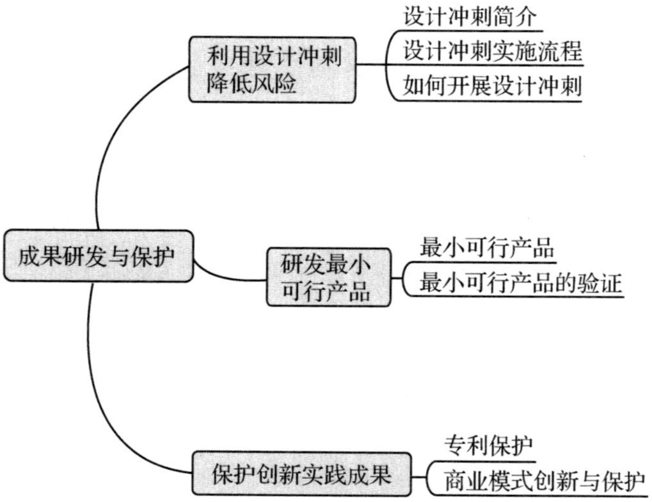

任务一 利用设计冲刺降低风险

我所认识的每个商业领袖都在担心同一件事情：我们发展得够快吗？杰克·纳普的《设计冲刺：谷歌风投如何5天完成产品迭代》，其高明之处正在于，它一步步分解了解决商业难题的步骤，并能以一种快速而紧急的方式找到解决之道。在这飞速发展的时代，设计冲刺无疑解决了众多公司的困扰。

——贝丝·康斯托克

一、设计冲刺简介

设计冲刺(Design Sprint)是谷歌风投团队总结的一套产品设计创新方法，能通过短短五天的思考、决策、方案验证，快速完成产品迭代。相比迭代效率低下、缺乏验证的传统设计流程，这种方法能显著降低潜在风险。该方法适用于所有行业领域，如无人驾驶汽车、搜索引擎、电子邮箱、共享经济等，并且经过了谷歌本身或者跟谷歌有关联的优步(Uber)、谷歌邮箱(Gmail)、谷歌浏览器(Chrome)等知名项目的验证。作为创新创业的实施者，我们也可以采用设计冲刺来辅助验证项目，把握方向。

二、设计冲刺实施流程

设计冲刺的核心分为六个阶段，每一个阶段都是环环相扣的，完成前一个阶段后则进入下一个阶段(图4-1)。

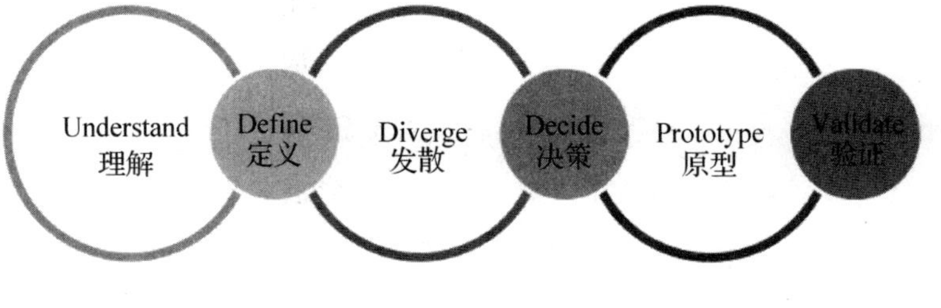

图 4-1 设计冲刺核心思想

①理解：理解项目背景、用户需求、业务需求、现存问题等。

②定义：定义要达到的目标，即产品目标或者设计目标。

③发散：发散思维，集思广益，尽可能想出多样化的解决方案。

④决策：共同协商，决定其中最好的方案。

⑤原型：把方案通过原型具体表现出来，或者开发出演示小样。

⑥验证：找利益相关者或者用户进行验证。

三、 如何开展设计冲刺

设计冲刺是群体性的设计活动，开展设计冲刺的可以是5～10人的团队，也可以是100人的大型团队。谁来带领这个团队，完整顺利地推进整个项目，至关重要。团队的引领者叫冲刺导师，一般是设计团队的领导者，是资深的体验设计师。设计冲刺融合了设计思维和精益创业的思想，杰克·纳普在《设计冲刺：谷歌风投如何5天完成产品迭代》中提出冲刺导师可利用五天时间完成冲刺。周一：描述问题，确定目标；周二：列出备选方案；周三：选出最佳方案；周四：制作真实原型；周五：目标用户测试。最后进行总结。

冲刺导师的工作包括三个部分：冲刺前，冲刺中，冲刺后。从图4-2中，可以看到纵轴是投入的程度，冲刺前导师的投入会比冲刺中更多。

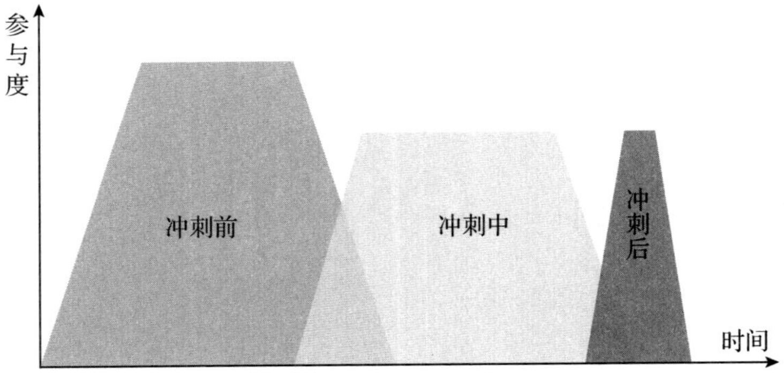

图4-2 冲刺导师的工作流程

（一）冲刺前

第一，准备设计挑战任务的简介。例如，你要如何和大家描述设计挑战任务？具体的时间规划是什么？（写一个故事发展的脚本）

第二，邀请参加这次设计冲刺的人员。

第三，安排快速访谈。（用来理解任务背景）

第四，安排用户测试。

第五，准备辅具。(如纸、笔、投票器等)

第六，安排好场地。

(二)冲刺中

第一，做好准备。

第二，在过程中起到促进和协调的作用。

第三，主题修正。过程中难免会有跑偏，要引领大家走向正确的方向。

第四，查看大家输出的结果。

第五，发每日总结邮件。

第六，结束后带领大家庆祝一番。

(三)冲刺后

第一，规划后续的发布。

第二，写相关的文档。

第三，发总结邮件。

第四，调查参与的反馈。

第五，准备下一次的冲刺。

案例展示

五天完成一次设计冲刺

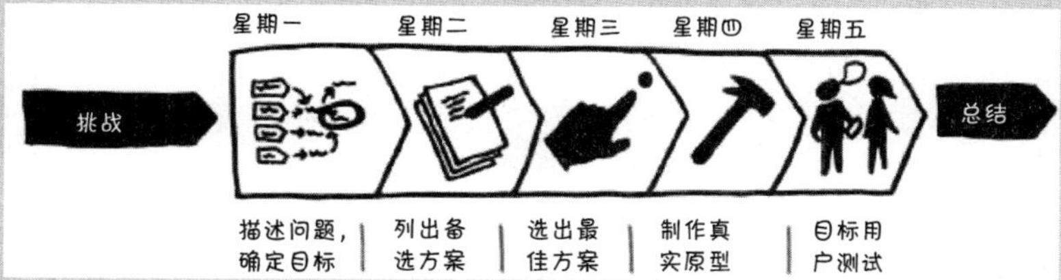

图 4-3 冲刺案例

星期一：强化理解——拆包，把已知的一切摊上桌面，通过市场调研、竞争评估和策略剖析来深入挖掘这个设计问题的本质。

从结果出发：设定一个长期目标。

绘制地图：列出冲刺问题。

请教专家：请教团队成员和其他专家。

选择目标：为本次冲刺选一个目标。

星期二：分头行动——写写画画，每个人都贡献点子，快速提出尽可能多的解决方案。

重组和改进：回顾已有的点子和灵感。

草拟方案：画出详细方案。

星期三：做出决定——决策日，选择一个最好的想法，描绘用户故事。

做出决策：不需要集体讨论，选出最佳方案。

决斗：胜者生存。

原型分镜脚本：制订建模计划。

星期四：开发打样——完成原型产品，快速做一个向用户展示的样品。

装模作样：营造假象，替代真实产品。

制作原型：选对工具，各个击破。

星期五：实践验证——交卷、检测，把样品展示给非公司内部人员，研究哪些方面是好的，哪些有待改善。

小型数据：五位用户，可见一斑。

采访：提对问题。

学习：找到不足，计划未来。

起飞：出发前的最后一次助推。

知识测试

1. 什么是设计冲刺？

2. 为什么要进行设计冲刺？

3. 如何开展设计冲刺？

能力训练

1. 由教师提供一个项目的想法，小组成员利用设计冲刺进行项目验证。

2. 尝试提出一个想法，找到合适的人组成队伍，进行设计冲刺。

任务二 研发最小可行产品

案例展示

精益创业

Juicero(智能榨汁机初创公司)募集了1.2亿美元，用于打造一款精心设计的榨汁机。经过一段时间的开发，产品以非常高的价格进行发售(原价为699美元，后降至399美元)。

除了榨汁机，客户还可以购买果蔬包，每包售价为5～7美元。可能有些人听说过这个公司，但这家公司已经倒闭了，因为它并没有意识到客户其实并不真正需要一款价格高昂的榨汁机来把果蔬包里的果蔬榨成汁。

这家公司并不真正了解他们的客户。一个简单的用户研究就能让他们意识到，客户并不需要昂贵的机器来挤榨果蔬，仅两手挤压就足够了。

精益创业是当今一流的产品开发方法论。其核心思想是，通过不断收集客户的反馈来开发产品或服务，从而降低产品/服务失败的风险(开发—衡量—学习)。开发—衡量—学习概念中一个不可分割的部分就是最小可行产品，本质上就是让团队以最小可行产品的开发测试收集客户尽可能多的使用体验，帮助开发出最合适的产品。

首发成果是指面向客户的第一款产品。创新创业者一定要忌大忌全，防止偏离市场客观需求。我们建议先出首发成果，借鉴埃里克·莱斯(Eric Ries)在《精益创业》一书提出的“最小可行产品”。

一、 最小可行产品

最小可行产品(Minimum Viable Product，MVP)是一种避免开发出客户并不需要的产品的开发策略。该策略的基本想法是，快速构建出符合产品预期功能的最小功能集合，这个最小集合所包含的功能足以满足产品部署的要求并能检验有关客户与产品交互的关键假设。我们可以用最快、最简明的方式建立一个可用的产品原型，这个原型要表达出产品最终想要的效果，然后通过迭代来完善细节。

最小可行产品的模式分为两种：可行的最小可行产品和昂贵的最小可行产品。

（一）可行的最小可行产品

可行的最小可行产品也是较为常用的最小可行产品：接近你的目标客户，低价出售现有未完成的产品。如果他们乐意接受，则产品验证成功；反之则失败，但这并不影响项目的进程。

例如，小明做了一款社交付费 App，目前已具备文字沟通功能，但语音通话问题尚未解决。此时，小明希望知道这个方案是否靠得住，于是走访了多家企业出售半成品。市场反馈良好，小明拿到了第一笔钱，可以有信心地继续研发。

（二）昂贵的最小可行产品

昂贵的最小可行产品讲究的是高大全：将所有部分开发好，接近客户并尝试以高价推销出去，其间不停修改产品的功能和定价，最终实现产品验证。

例如，小明做了一款社交付费 App，不仅具备通话功能，还有打赏功能。此时的小明希望知道自己的设计方案是否靠得住，于是走访了多家企业了解对方意向。企业大都很看好该产品，但也觉得价格太高，于是小明删减了部分功能，把产品折价推入市场。

二、 最小可行产品的验证

如何测试验证最小可行产品，如何有效地获取用户的反馈，也是一门复杂的学问。UX设计软件 UXpin 的负责人克里斯托弗·班克(Christopher Bank)的文章为我们提供了测试最小可行产品的 15 条方法。

（一）用户访谈

在产品开发过程中，需要了解产品的研发是为顾客服务的。这就需要我们与真实的用户进行沟通，确保知道他们的真实需求，了解他们对于产品性能不同的排序要求，并根据搜集到的信息优化产品设计，从中发现问题和解决问题。

（二）登录页

登录页可以帮助访客或潜在用户了解产品，开发者可以在登录页设计相关展示，如介绍价格、套餐，并设置在不同的点击页，增加用户点击。开发者也应该充分利用谷歌分析(Google Analytics)、疯狂的鸡蛋(Crazy Egg)等工具统计分析用户的行为。这是介绍产品特性的一次营销机会，也是在实战中验证最小可行产品的绝佳时刻，我们可以借此了解产品到底能不能达到市场的预期。

(三)A/B 测试

所谓 AB 方案，就是在制订方案的时候设计不同的方案，并将 B 方案作为候选项。此处的 B 方案不一定是备选方案，而是被同时测试的不同选项。开发的时候，开发者一样可以通过两个通道的 AB 方案进行测试，找到用户最满意的方式(图 4-4)。

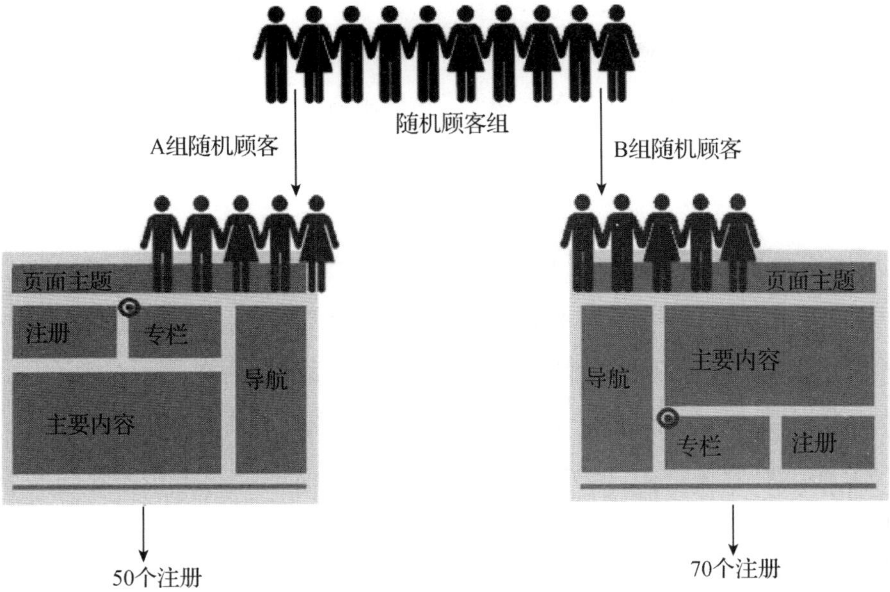

图 4-4 A/B 测试

(四)投放广告

广告是吸引客户的有效方法。通过广告渠道，产品可以获得一定的市场认知度。科学的广告投放能形成有效的广告反馈，帮助企业了解客户的认可度。投放广告是验证市场对于产品反应的有效方法。例如，可以通过搜索平台、社交平台和视频网站等，将广告投放给特定的人群，了解访客对于早期产品的反馈，还可以通过网站监测工具搜集点击率、转化率数据，并与 A/B 测试结合起来。

为最小可行产品投放广告的主要目的在于验证市场对产品的态度。不要一味地追求曝光量，用户对于产品真实的反馈才是有价值的。

(五)筹　款

创业者可以发起众筹，然后根据支持情况判断人们对于产品的态度。如果产品价格合适，而且受到认可，就会有一定的认筹度。众筹网站为创业者测试最小可行产品提供了很好的平台。同时，众筹可以帮助创业者接触到一群对你的产品十分感兴趣的早期用户，产品有可能经过这些初级粉丝的口碑以及持续的意见反馈获得成功。

（六）产品介绍视频

说千道万，不如眼过一遍。用户最希望看到产品究竟是什么样的，而视频无疑是最好的宣传。视频能让潜在消费者充分了解到这款产品将如何帮到他们，最终触发消费者的付费意愿。例如，Dropbox 在还没出实际产品时，为了测试用户，开发了最小可行产品相关视频，通过视频介绍了 Dropbox 的各项功能，注册用户一夜之间暴增，对产品的推广起到了良好的效果。假如 Dropbox 在产品介绍中只是说“无缝的文件同步软件”，绝对不可能达到同样的效果。

（七）碎片化的最小可行产品

一部分创业者会尝试自己完成最核心的部分，其余部分则直接采用市场上成熟产品的部件，以降低研发的时间和机会成本，快速得到用户的反馈，再在获得认可之后进行系统化研制和升级。这就是碎片化的最小可行产品——利用现成的工具和服务做产品的功能演示，而不是完全由自己开发。例如，团购网站 Groupon 的创始人早期使用了 WordPress、Apple Mail 和 AppleScript 等工具，将网站收到的订单手动生成 PDF 发给用户。

（八）SaaS & PaaS

在产品开发的初期，不要在服务器方面投入太多。可以利用的工具太多了，如 AWS，Heroku，MongoDB，Mixpanel，Mailchimp 等。有效地利用这些服务和平台，能够加快开发过程，尽快将最小可行产品推向市场。

要谨记，开发初期，我们的主要目标是集中注意力开发产品。

（九）博　客

通过博客可以很容易地在目标群体中验证自己的想法。双向交流有助于在最小可行产品开发过程中及时搜集用户的反馈意见。此外，博客也可以作为产品的早期原型。例如，《精益创业》的作者埃里克·莱斯就是先在博客上与读者有了一定的交流，后来才开始写作的。通过博客，创作者可以了解受众的观点，并刺激他们将来买书的欲望。

一些荐股工作者通常会在网站分享自己的荐股信息，获取认可度后进行信息有偿分享收费，测试提供服务的有效性。相比之下，另一些开发者，动辄开发软件系统给客户系统，显示各类股票信息兼荐股信息，略显鲁莽。

(十)虚构的最小可行产品

在产品开发的早期，除了制作视频和搭建代码框架，我们还可以利用虚构的最小可行产品，在产品被开发出来之前人工模拟真实的产品或服务，让消费者感觉他们在体验真实的产品，但实际上背后的工作都是手工完成的。这种方法虽然规模小，但是能够让设计者在产品设计的关键阶段跟消费者保持良好的交流，了解消费者使用网站时的一手信息，更快捷地发现和解决现实交易中消费者遇到的问题。

鞋类电商 Zappos 刚刚起步时，创始人把本地商店鞋子的照片放在网站上，来衡量人们在线购买鞋子的需求。当有人下单时，他再把鞋买回来。Zappos 最终非常成功，被亚马逊高价收购。

(十一)贵宾式最小可行产品

贵宾式最小可行产品是向特定的用户提供高度定制化的产品。它通过设计样品的展示对固定客户征集信息，用定制的方式生产产品。

提供服装租赁服务的 Rent the Runway 在测试商业模式时，为女大学生提供面对面服务，每个人在租裙子之前都能够试穿。Rent the Runway 通过这种方式搜集到大量顾客的真实反馈以及付费的意愿。

(十二)数码原型

实物模型、线框以及原型可以展示产品的功能，模拟实际的使用情况。这些原型既可以是低保真度的框架，也可以是展示实际用户体验截图。网站设计有时会采用这种方式。用户看到的好像是一个页面系统，但实际上是一个和页面一样的图片系统的跳转。

(十三)纸质原型

纸质原型的优势在于，不论是产品经理还是设计师，抑或是投资者、最终用户，都可以得到充分利用。而且不需要太多的解释，因为它提供的就是实际产品的缩影。

纸质原型与数码原型类似，既可以是剪切画，也可以是在纸上手绘的框架，用来展示用户的产品体验。

对于手机、椅子等实体产品的开发来说，这种方法非常有价值(图 4-5)。

(十四)单一功能的最小可行产品

在做最小可行产品时，专注某个单一功能能节约开发时间和精力，避免分散用户的注意力，使用户抓住产品的主要功能。这种限制能缩小早期用户的范围，保证研发者关注更

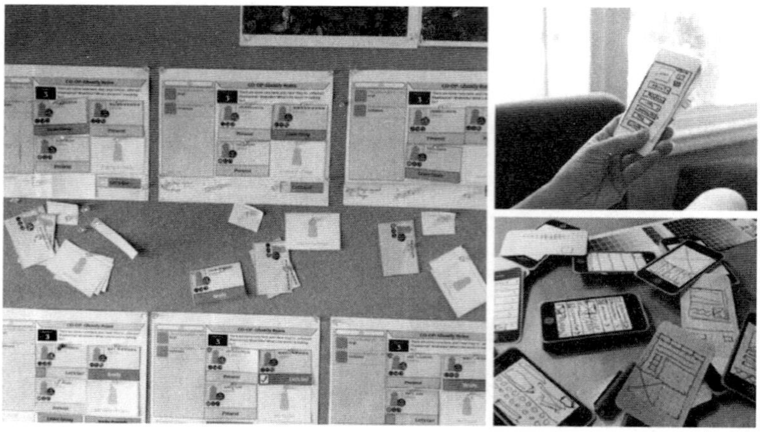

图 4-5 纸质原型的验证

重要的问题，如测试产品是否适应市场等。

例如，Foursquare 在上线之初只是为了让用户可以在社交平台上签到。它的第一版 App 也仅有这一个简单的功能。

（十五）预售页面

预售与众筹类似，能帮设计者找到潜在客户，甚至在产品被开发出来之前就吸引人们购买。小米手机最初的粉丝效应发挥了很大作用，它所开展的预售和众筹有异曲同工之妙。

通过预售，设计者可以了解人们对于产品的需求到底有多大，考虑是否还要把项目继续下去。

预售所面临的挑战在于能否如约发货。没有人喜欢虚无缥缈的东西，消费者给了你信念上和资金上的支持，你就应该对他们负责，遵守商业交易原则。

最小可行产品是一个可行的解决方案，尤其是对于缺乏巨额资金的创业公司来说，一定要尝试使用灵活有效的创新实践方法。在某些方面，开发最小可行产品增加了很多额外的工作，进行产品迭代、验证需求都要耗费大量的时间和精力。因此，在测试最小可行产品时，一定要避免不必要的细节，根据不同的产品选择不同的方法。最终，你需要将验证过的最小可行产品转变成真正的产品，使其更容易被市场接受。[①]

① 项目四任务二的内容参考了阿拓《验证最小化可行产品的 15 种方法》一文，文章发布于 woshipm. com。

知识测试

1. 什么是最小可行产品？

2. 为什么要进行最小可行产品验证？

3. 最小可行产品可分为哪两种模式？

能力训练

利用本项目任务所提供的验证方法进行一次最小可行产品验证。

任务三 保护创新实践成果

大学生创新实践的主要成果包括实际操作成果和创新思路。对于实际成果，团队成员之间要协商充分，尤其是涉及经济利益和各类成果排名时，需要充分交流，避免不必要的麻烦。创新思路具有易被模仿的特性，需要特别注意保密工作。当然，如果是商业模式的创新，可以用申报专利的方式对成果进行一定的保护。一般对于和经济价值相关的实践成果有两种保护方式，一是申报专利，二是严格保密。例如，可口可乐的配方就是严格保密的，并没有申报专利。

一、 专利保护

专利权可以保护知识产权，有效提升人们发明创造的热情。在我国，专利实行先申请原则，所以要把握好先机，及时申请。从学校渠道进行申报，在费用上学校会给予一定的支持。另外，对于专利申请如何撰写及优化，学校也会提供一定的辅导。

（一）专利的三大类型

1. 专利类型中的重要组成——发明专利

《中华人民共和国专利法》所称发明是指“对产品、方法或者其改进提出的新的技术方案”。这是专利的重要组成部分。发明又分为产品发明和方法发明两大类型。产品发明包括所有由人创造出来的物品；方法发明包括所有利用自然规律通过发明创造产生的方法，又可以分为制造方法和操作使用方法两类。

2. 专利类型中的改良成果——实用新型专利

《中华人民共和国专利法》所称实用新型是指“对产品的形状、构造或者其结合提出的适于实用的新的技术方案”。实用新型与发明的不同之处在于：第一，实用新型只限于具有一定形状的产品，不能是一种方法，也不能是没有固定形状的产品；第二，对实用新型的创造性要求不太高，较侧重其实用性。

例如，产品的形状是指产品所具有的、可以从外部观察到的确定的空间形状。对产品形状所提出的技术方案可以是对产品的三维形态的空间外形所提出的技术方案，如对凸轮形状、刀具形状做出的改进；也可以是对产品的二维形态所提出的技术方案，如对型材的断面形状的改进。

3. 专利类型中的外部工艺——外观设计专利

外观设计是指工业品的外观设计，也就是工业品的式样。与发明或实用新型不同，外观设计不是技术方案。《中华人民共和国专利法》第二条规定：“外观设计，是指对产品的形状、图案或者其结合以及色彩与形状、图案的结合所作出的富有美感并适于工业应用的新设计。”可见，外观设计专利应当符合以下要求：

①指形状、图案、色彩或者其结合的设计。

②必须是对产品的外表所做的设计。

③必须富有美感。

④必须适于工业应用。

（二）申请专利的方式

申请人可以委托专利服务机构代理申请专利，也可以自行申请。

1. 委托申请

委托专利服务机构申请专利的步骤如下。

(1)咨　询

①确定发明创造的内容是否属于可以申请专利的内容。

②确定发明创造的内容可以申请哪一种专利类型(发明、实用新型、外观设计)。

(2)签订代理委托协议

此时签订代理协议的目的是明确申请人和专利代理机构之间的权利和义务，主要是约束专利代理人对申请人的发明创造内容负有保密义务。

(3)技术交底

①申请人向专利代理人提供有关发明创造的背景资料或委托检索有关内容。

②申请人详细介绍发明创造的内容，帮助专利代理人充分理解。

(4)确定申请方案

代理人在理解发明创造的基础上，对专利申请的前景做出初步的判断。对专利授权可能性很小的申请，建议申请人撤回。在建议撤回情况下，代理机构会收取少量咨询费，返还大部分申请代理费。若专利授权前景较大，专利代理人会提出明确的申请方案、保护的范围和内容，在征得申请人同意的条件下开始进行正式的申请工作。

(5)准备申请文件

①撰写专利申请文件。

②制作申请书文件。

③提交专利申请并获取专利申请号。

(6)审　查

国务院专利行政部门会对专利申请文件进行审查，在审查过程中，专利代理人会要求申请人配合完成专利补正、意见陈述、答辩、变更等工作。

(7)审查结论

国务院专利行政部门根据审查情况做出授权或驳回审查结论。

(8)办理专利登记手续或复审请求

如果专利申请被授权，则根据专利授权通知书的要求办理登记手续，领取专利证书。如果专利申请被驳回，则根据具体的情况确定是否提出复审请求。

2. 自行申请

自行申请专利的步骤如下。

第一，以书面形式向国务院专利行政部门提出申请。

第二，按要求交纳各种费用。

第三，申请发明专利或实用新型专利的必须提交请求书、说明书、权利要求书、说明书及其摘要等文件，有附图的还要提交说明书附图和摘要附图。申请外观设计专利的必须提交请求书、外观设计图或照片，必要时还要提交外观设计简要说明。

发明或实用新型专利申请的说明书应当写明发明或实用新型的名称，该名称与请求书的名称需一致。说明书应包括下列内容。

①技术领域：写明要求保护的技术方案所属的技术领域。

②背景技术：写明对发明或实用新型理解、检索、审查有用的背景技术；有可能的话，引证反映这些背景技术的文件。

③发明内容：写明发明或实用新型解决技术问题所采用的技术方案，并对照现有技术写明发明或实用新型的有益效果。

④附图说明：说明书有附图的，对各幅图作简略说明。

⑤具体实施方式：详细写明申请人认为实现发明或实用新型优选方式。必要时，举例说明；有附图的，对照附图。

权利要求书应当说明发明或实用新型的技术特征，清晰简要地表述保护的范围。权利要求书有多项权利要求的，应当用阿拉伯数字顺序编号。

说明书摘要应当说明发明或实用新型专利申请所公开内容的概要，即写明发明或实用新型的名称和所属的技术领域，并清楚地反映所要解决的技术问题，解决该问题的技术方案的要点以及主要用途。摘要文字部分不得超过 300 个字，不得使用商业性宣传用语。

关于申请专利的其他事宜，可以参看《中华人民共和国专利法》《中华人民共和国专利法实施细则》等法律法规。

（三）申请专利的注意事项

第一，申请发明专利、实用新型专利、外观设计专利，应按要求提供各种材料。

第二，国务院专利行政部门收到专利申请文件之日为申请日。如果申请文件是邮寄的，以寄出的邮戳日为申请日。

第三，国务院专利行政部门收到发明专利后，经初步审查认为符合本法要求的，自申请之日起满十八个月，即行公布。国务院专利行政部门可以根据申请人的请求提前公布其申请。

第四，发明专利申请经实质审查没有发现驳回理由的，由国务院专利行政部门做出授予发明专利权的决定，发给发明专利证书，同时予以登记和公告。发明专利权自公告之日起生效。

第五，实用新型和外观设计专利申请经初步审查没有发现驳回理由的，由国务院专利行政部门做出授予实用新型专利权或者外观设计专利权的决定，发给相应的专利证书，同时予以登记和公告。实用新型专利权和外观设计专利权自公告之日起生效。

第六，发明专利权的期限为二十年，实用新型专利权的期限为十年，外观设计专利权的期限为十五年，均自申请日起计算。

第七，专利权人应当自被授予专利权的当年开始缴纳年费。

案例展示

小刘的专利申报经验

小刘进学校时已申报了5项专利，在校期间，又申请了13项专利。他的专利申请经验如下。

第一，善于思考生活中的问题。①让生活更美好。②不向生活妥协，解决生活中的问题。比如，他申报的火场逃生器，就基于报纸上看到了大火造成的伤害，产生思考。第二，善于找到创新标杆。有了创新的点子之后，可以去了解看看市场上是否有相关的产品作为你的改良标杆。如果没有，那就是从头创新；如果有了，那就可以思考为什么没有被大面积使用，是不是有什么问题，如重量太重，不方便携带，价格太贵等。第三，学会进行技术分析，可以通过国家知识产权局网站了解相关专利，学习好现有技术。第四，善于革新，一定要抛开专业的限制，采用新的结构、新的材料、新的控制方式等对产品进行创新。第五，组织好文本及示意图，写好技术交底书。"熟读唐诗三百首，不会作诗也会吟。"要写好专利，一定要多读别人的专利，看别人是如何做的，如何写的，如何把结构流程等讲清楚的。可以在这个基础上自己写，写好之后请同学品读，看是否能读明白。经过三五次改良，就可以提交了。

二、 商业模式创新与保护

2021年1月15日起施行的新修改的《专利审查指南》保留了第二部分第一章(不授予专利权的申请)的以下规定："涉及商业模式的权利要求，如果既包含商业规则和方法的内容，又包含技术特征，则不应当依据专利法第二十五条排除其获得专利权的可能性。"这表明，商业模式创新及保护是受到重视的。

（一）商业模式的创新

商业模式的创新可以经由下列方式展开：设界、重构、弥补、觅新。

设界(资源效率)包括市场化不变时，改变角色的归属；非市场化交易转化为市场化交易；市场化交易转化为非市场化交易。

重构(结构效率)指改变其他交易结构要素。

弥补(完善结构效率)包括弥补生态系统角色和创造新角色。

觅新(潜在资源效率)包括发掘并交易原生态系统中未被交易的资源能力，引入其他生态系统的新资源能力。

商业模式的专利保护包括技术类专利、模式类专利、支撑类专利。商业模式的专利保护不等同于商业模式专利，而是将商业模式涉及要素中的技术部分进行专利的申报，申报时通过方法类、系统类的描述，贯穿商业模式的其他要素。例如，微信为了增加互动性，设计了“摇一摇”这个模式。“摇一摇”是用户感知的部分，在进行专利申报的时候，需要描述其实现互动的思路，同时将技术上如何保证和选择彼此之间的互动，底层的数据交互等过程贯穿其中。这样这一商业模式才会得到保护。

当今企业之间的竞争，不是产品之间的竞争，而是商业模式之间的竞争。

——彼得·德鲁克

（二）商业模式申报的流程

首先，进行商业模式梳理。

其次，判断关键环节。

再次，锁定关键利益相关者，并界定关键行为方式。

最后，提取技术方案，判断创新性后进行专利申报。

例如，对共享单车的商业模式保护首先要进行商业模式梳理，发现其核心资源是实现单车的网络化控制，包括锁止、定位、支付判定等。在网络化锁止这一关键环节，可以进行专利申报。

现代企业的竞争已经不是简单的产品的竞争，而是商业模式的竞争。不过纯商业模式也不行，必须借助于技术——该技术可以是很简单的技术(现有技术)。商业模式的创新可能是一个新的发展趋势，对于企业的发展至关重要。所有专利布局都可围绕商业模式展开，这为我们提供了新的专利挖掘的思路。

案例展示

微软技术许可有限责任公司的专利要求

微软技术许可有限责任公司在某专利申报中提出权利要求。

一种构造实时交互式在线社交购物网络的机器实现的系统(图 4-6)，包括：门户组件，所述门户组件从相对门户组件远程运行的客户设备接收关于用户感兴趣的产品的数据；将所述数据传送给提供所述感兴趣的产品的零售商的商家设备，所述商家设备相对门户组件远程运行；通过实时建立网页促进所述用户和所述零售商之间的交互连接，其中所述网页用于同时显示给与所述客户设备交互的用户和与所述商家设备交互的零售商，所述网页包括使所述用户和所述零售商能够彼此交流有关所述感兴趣的产品的内容。

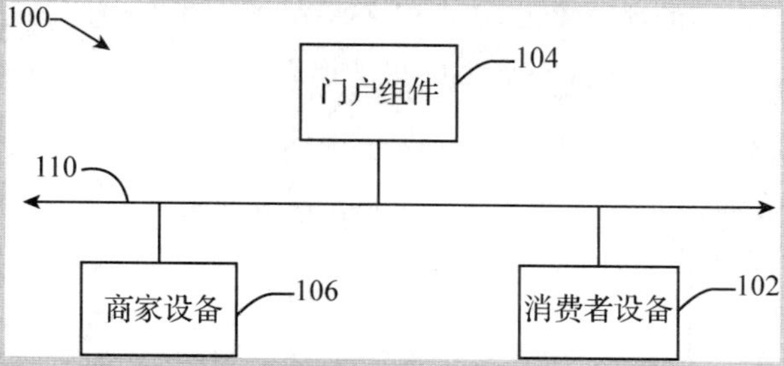

图 4-6 在线社交购物系统

虽然在线购物可能极其有效且高效，但当前不存在结合顾客可在实体店获得的社交方面的功能，也就是缺少一种实时交互的方式，导致客户与商家之间无法实时地交流信息，这是实时通信领域的技术问题。

为了解决上述技术问题，上述申请权利要求，使用门户组件来接收关于用户感兴趣的产品的数据，并将所述数据传送给提供所述感兴趣的产品的零售商的商家设备，并且通过实时建立网页来促进所述用户和所述零售商之间的交互连接，其中所述网页用于同时显示给与所述客户设备交互的用户和与所述商家设备交互的零售商，使用户和商家能够实时的交流。上述的数据接收和传递以及实时建立网页等手段均是解决上述技术问题的技术手段。

通过上述技术手段，本申请权利要求的解决方案达到了如下的技术效果：自动匹配用户和商家，并使用户和商家可以实时通信。

该商业模式涉及网络商品交易，转化的市场前景相当可观。

商业模式的专利保护可以为企业赢得更多的竞争优势，帮助其稳固市场地位。

知识测试

1. 为什么要申报专利?
2. 发明专利包括哪些组成部分?
3. 商业模式创新成果的保护思路是什么?

能力训练

1. 尝试通过一次专利检索，了解企业如何通过专利申报进行产品的成果保护。

2. 通过商业模式的梳理，为你感兴趣的公司制作一份商业模式画布，并检索该公司的专利申报现状，分析是否可以完善其基于商业模式的专利申报。

MODULE1

模块一
创新方法与实践

项目五　创新实践与分析

目标引领

知识 1. 理解实践准备需要涉及的主要方面

2. 强化对商业模式的认知

能力 1. 能根据实践需要，主动对接寻找相关资源

2. 能够在规定时间内完成对创新创业项目的分析

素养 1. 在项目准备及实施过程中锻炼协调能力

2. 合理分工并与团队成员良好协作

3. 在项目分析的过程中建立实践思路和自信

学习导航

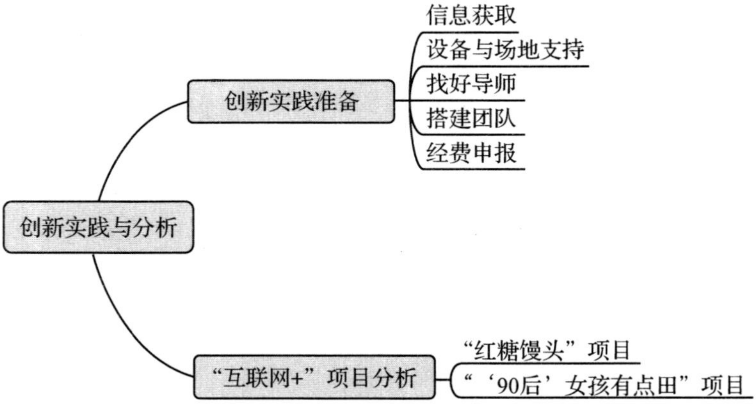

任务一 创新实践准备

一、 信息获取

国家对创新型人才培养的投入越来越大，各级各类创新训练项目、创新基金、专业竞赛等为大学生的创新实践活动提供了丰富的资源。获取这些资源的方式如下。

第一，关注专业导论课。高职院校一般都会在新生入学教育中设置专业导论课，让学生更好地意识到该专业的培养方式、就业方向，尤其是优秀学生如何通过学院的相关培养走向卓越。同学们一定要好好学习、记录，用它们指导后面的实践活动。如此，我们就有可能发现自己对哪个专业方向感兴趣，从而进一步查找相关资料，为接触实际的创新实践项目打下基础。

第二，多与有经验的同学交流。低年级时，学校、院系都会组织经验交流分享会，这是学习第一手经验的好机会。虽然成功的事例不可完全复制，但具有一定的参考价值，因此，每一次我们都应该尽量带着问题去倾听，争取每一次交流都能解决一个疑惑，或者结交一些朋友，为今后的活动开展积累无形资产。

第三，及时关注各级各类平台发布的有效信息。各类项目的申报都会有相关通知。一般而言，高校教务处、学生处、团委等机构每年都会发布各类创新实践项目供学生申报。例如，大学生科学技术协会(以下简称“科协”)是一个专为大学科技创新活动提供服务的学生组织。科协举办的活动往往都以培养专业兴趣为出发点，门槛不高，富有趣味性。通过此类专业拓展平台，大学生可以找到专业的乐趣与兴趣，为进一步的深造奠定基础。

二、 设备与场地支持

大学生开展创新实践活动主要依托学校、学院的科研设备以及实验场地。不同类型和特色的学校提供的研究设备与场地资源各有侧重。

（一）研究设备

一般而言，研究设备应该包含开展研究所需要的硬件设备及配套软件。学校的专业实验室、开放实验室、电工电子实验中心和各院系实验室会提供硬件设备，技术资料则主要从项目所涉及的领域中查找，可以参考相关教科书、文献资料等，因为大部分实践活动都是从模仿和重复起步的。求助导师或高年级学生是最直接有效的方式，同时可以注意从相关专业论坛收集资料、积累资源，了解重要设备的使用方法。配套软件可以从官网下载安装，或通过各类论坛和第三方软件网站下载。很多领域的研究可能只需要一台电脑和一些仿真软件、统计工具。

大部分专业设备都有严格的操作规程，在使用之前务必认真学习相关规定，做到“安全第一”。有些设备的使用还需要签订使用协议，服从设备管理人员的安排。

（二）实验场地

高校通常会设置不同专业、学科的开放实验室供大学生开展创新实践活动，当然，学生也可以申请使用导师的实验室或其他相关实验室。以某学院为例，实验场地包括电工电子实验教学中心、工程研发中心、大学生活动中心、各学院的开放实验室与专业实验室等，综合性场地有学校的创客空间等。此外，还有一些高校或院系引进社会资源，建设了企业俱乐部式的实验室。

大部分实验场地的使用需要向管理部门提出申请。有的高校已经开发了网络管理系统，可以在线提出借用申请，很方便。

三、 找好导师

师傅领进门，修行靠个人。这句话强调的是个人修炼的内因，然而从另外一个角度亦可见“师傅”是引路人，对学生的成长影响颇大。因此，在参加比赛或者开始其他创新实践活动之前，联系指导教师也是重要的一环。

（一）导师类型

在指导技巧、指导经验以及对大学所承担的责任等方面，导师各有特点。各种头衔、各个年龄段的导师中都不乏优秀者。根据指导方法的不同，导师大概分属三种类型：合作型、放手型、资深科学家型。

1. 合作型

合作型导师通常自己也参与研究，见面和指导的时间更充裕。研究时间多就意味着合作型导师可以肩并肩地与学生一起工作。在社会科学领域，合作型导师会帮助学生搜集数据资料并做出分析。合作型导师在学生的研究成果中有自身利益。在一些学科，与学生共同研究可以合作出版著作。在另外一些学科，合作型导师仅获得指导学生完成其学业所带来的荣誉。因为需要保证成功率，合作型导师可能更重视研究问题的选择。这种对结果的迫切需求使得该类型导师倾向于鼓励学生去做风险较低、意义较小的课题。合作型导师更愿意指导低年级学生完成创新训练项目或参加专业竞赛。

2. 放手型

放手型导师的学术水平通常属于中等水平，且可能兼任管理或其他方面职务。这类导师直接投入研究课题的时间相对较少，但是他们对研究成果的功利考虑也少。这是一个一分为二的问题。放手型导师可能允许用超长的时间完成研究工作，或者提供好的建议，鼓励学生研究风险较大但意义较深远的课题。

3. 资深科学家型

资深科学家型导师是导师队伍的中坚力量。这类导师利用各种时间和学生接触，具有丰富的经验，对学生的关注可能是三类导师中最到位的。如果资深科学家型导师在其研究领域比较杰出，理想和谐的师生关系就很容易形成。当然，也有些资深科学家型导师仅生活在过去的光环里，认识和研究未能与时俱进。师从这样的导师，学生所研究的可能都是些二流问题，所接受的研究方法也可能是过时的。

不同类型的导师会有不同的专业和个性特点。如果你申报的是具有前沿价值的课题，那最重要的参考指标是该导师作为学者的影响力。这种影响力可以从其个人简历中获知。学生可以查一查导师在高水平刊物上发表论文的数量，选出一定数量的比较重要的引文。这样就可以知道该导师的著作被他人引用的情况。被他人引用的次数能表明其著作的重要程度。

我们建议学生不妨选择严格的导师。最好的导师要求阶段报告，定期与学生见面，要求学生有良好的表现，并以关心和热情的态度指导学生。当然，最好的导师不应该只是要求严格的导师，还应是益友，是“未来的伙伴”，具备以下品质：对个体的尊重、热情并亲身支持、耐心、赏识。

（二）联系导师的原则

1. 实事求是

学生应该如实向导师讲述自己的研究兴趣、特长等。一般来说，诚实的学生更能获得导师的青睐。原因如下。其一，诚实是研究者应该具备的首要品质。科学研究是在实事求是的基础上，探寻事物背后的本质。如果研究者缺乏诚实的品质，总是幻想走捷径，无疑难以进入科学的怀抱。其二，诚实是一种珍贵的品质。随着市场经济的快速发展，其不良副产品也开始在学术界弥漫。诚实在当今学术界非常重要，导师在选择学生时会在这方面投入更多的关注。

2. 推己及人

学生应该考虑到导师的实际，避免引起导师的反感。一般来说，导师在高校都承担着较为繁重的教学、科研或行政任务，非常忙碌。遵循推己及人原则，尽量考虑导师的需要就显得很重要。这里所说的“需要”要点有二。其一，工作需要。应该避免在工作时间打扰导师。有些学生在导师上课时间拨打电话，会给导师带来困扰。其二，休息需要。应该避免在休息时间打扰导师。

3. 重点突出

学生应该与导师谈论其感兴趣的话题，避免天马行空。一般来说，教师比较关心的是学生的研究兴趣、专业潜质和特长。学术能力和道德素养是评价一名导师的核心指标，而所带学生日后在学术上的成就也是重要指标之一。

当然，创新实践在选择导师方面一般是就近原则，很多学生会选择班主任、任课教师或学长推荐的教师等。

（三）联系导师的方式

1. 电话联系

这里所说的“电话”，指的是导师的办公电话。一般情况下，应避免拨打导师的私人电话。除个别院校外，教师的办公电话在校园网上大都是公开，可以通过院校网站搜寻相关信息。电话联系的最大缺点是信息量少。显然，导师不可能与学生长时间通话，另外，打电话时的紧张情绪会进一步缩减传达给导师的有用信息。

2. 邮件联系

教师的邮箱一般也会公布在校园网上。邮件联系的优点是快捷，信息量大。学生可以通过邮件，向导师详细介绍自己，如研究兴趣、爱好、特长等。通过这种方式，导师可以对学生有比较全面的把握。邮件联系的最大缺点是缺乏直观性，留给导师的印象可能不够深刻。总体来说，邮件联系是实现交流的较好途径。

3. 面对面交流

这种方式的优点在于直观、信息量大。借助面对面交流，师生对彼此都能有较深入的了解。面对面交流的缺点在于要求高，有时可能会适得其反。这类似于面试，如果学生没有做好充分准备，加上情绪紧张，可能会掩盖自己优秀的一面，而将自己平时很小的缺点放大。例如，夸夸其谈而不着边际，过于害羞而不善表达等。

案例展示

严格又宽容的导师助力学生发展

电子信息工程专业的刘峰同学，高中时就爱进行发明创造，立志将来要当一个发明家。高考失利的他入学后，通过专业课的学习以及在专业导论课上了解的信息，毅然选择了到研究室让自己得到更快的成长。学校研究室有专业的教师指导学生开展实践创新。刘峰选择了射频研究室，并在导师的指导下潜心学习，专业技能得到极大的提高。同时，他爱倒腾的性格又让他不拘泥于射频技术，研究起了平衡车。包容的导师并没有否定他，而是调动各方力量予以配合和指导。刘峰基于此开创了一片属于自己的专业天地。

四、 搭建团队

众人拾柴火焰高。《论语·述而》:“三人行，必有我师焉。”在专业分工越来越细，市场竞争越来越激烈的前提下，合作变得越来越重要。时代呼唤团队合作精神，多找几个志同道合的队友是成功的先决条件。

（一）设定目标

目标是团队所期望的成果。不同的人做同一件事可能拥有不同的个人目标。有些是为了荣誉和奖项，有些是为了在实践中锻炼自己的能力，还有些是热衷于发明、研究，希望通过创新实践来推广自己的作品等。但既然组成了团队，所有成员都要朝着一个共同的目标——团队目标——而努力。

有共同奋斗目标的团队才是一支成功的团队。试想，如果团队的组建由队长根据自身喜好或关系远近选人，而非根据团队目标实现的需要，团队内的个人想法必会不同：有的人全力以赴，甚至暂时放下正常的学习；有的人以学业为重，浅尝辄止，并不全身心地投入科创之中；有的人加入团队却不工作，只是为了在获奖时分享别人努力的成果。大家目标不一样，任务完成进度和质量就会不同。创新实践是艰苦奋斗的过程，有时候需要为了一个调研而四处奔波，有时候需要为了确定一项数据而通宵奋战，如果队员们缺乏统一的目标，就不能全身心地投入其中。尤其是到了项目末期，有人甚至会退出，只剩下几个人孤军奋战。但即使少数人能坚持下来，这样的团队也很难取得好成绩。

（二）定位团队

明确了目标之后，要根据团队目标进行合理的定位。定位是确定团队在创新实践过程中的位置，要综合考虑多方面的因素。除了团队目标，还包括团队具备的资源、团队成员的性格特征、队长的管理风格等。定位要细化、具体、符合实际，并且作为一种风格贯穿在团队的各项工作中。例如，团队成员都比较善于处理人际关系，与其他团队、指导教师、相关企业等有很好的联系，这个团队就可以定位为沟通型团队，通过成员个人与相关方面的沟通来获取对完成团队目标有利的信息和资源。若团队成员主要是研究型人才，该团队可定位为自主研发型团队，把更多的时间花在自主研究上。当然，在问题无法解决时适当寻求外界的援助还是必要的。

（三）制订计划

制订团队计划可以从团队任务目标分解以及日程安排这两个方面入手。

1. 目标分解

分解团队预设的目标和任务，将其落实到每一个成员身上，从而保证团队成员在参加比赛或开展学术研究过程中分工合作，保证任务有序进行，推动团队目标的顺利实现。实践中，有些团队是先物色成员，建成团队后再做计划；有些团队是事先计划好，确立领导者后再组建团队。无论是哪一种情况，都有必要对各种各样的问题做出明确的计划。以下问题是团队正式组建之前需要考虑的：找什么样的人组建团队？团队需要多少成员？团队成员分别做哪些工作？是否应该赋予其他团队成员特定的职责和权限？团队中是否按任务不同而分设独立小组？每个成员要将多少时间投入团队中？事先考虑好这些问题，不仅有利于日后团队任务的顺利进行，更可减少许多不必要的争议。一般而言，规模较小的团队首先应该考虑人员问题而不是职权和计划。

2. 日程安排

日程安排包括确定创新实践的具体项目以及活动等。值得注意的是，团队在做日程安排时仍要参考选题时需遵守的几项基本原则，其中可行性原则、优势性原则以及需要性原则格外重要。日程安排不仅要满足自身项目的基本需要，还需要考虑每一位成员的能力以及条件。它既不能过于烦琐复杂，也不能过于简略；要照顾每位成员的时间以及专业知识、能力范围，还要考虑让大家学到或掌握更多其他方面的知识。

（四）选择成员

团队中最重要的是人员问题。团队是由人组成的，其成功与否也取决于人。

在选择成员时，要充分考察每个人的专业背景、经验、才华、个性，更重要的是在多大程度上符合团队的目标、定位、职权与计划。“每个人都是最优秀的”和“最优秀的团队组合”有很大区别。每个人都很优秀不一定能造就最优秀的团队。同样，最优秀的团队中不一定每个人都很优秀。团队成员要能在个性和知识结构等方面互补，以最短的时间完成磨合，形成默契。一个能力很强但不能与其他成员和睦相处的人，并不是理想的成员人选。

成员的性格非常重要。团队一定要和谐，不要闹情绪。不要有中途退出或轻言放弃的队员，这样很影响士气。对于团队负责人而言，当团队遇到困难时，必须挺身而出，想办法解决，做团队的“主心骨”；在团队内气氛较紧张时，要有能力缓解大家的压力，化解矛盾。负责人有必要充分了解各个成员的性格，并且利用各种条件提升整个团队的凝聚力。

那么，如何找到合适的团队成员或者合适的团队呢？团队成员可以是同学、学长，也可以是教师推荐的项目负责人。我们要学会充分利用线上线下的资源。例如，每年的“挑战杯”选拔赛或其他各类大型赛事开始前，很多高校团委、学工处、教务处等会开展组队沙龙活动。组队沙龙包括历届作品展示、历届参赛选手咨询、技术专利展示、自荐交流和报名区等。参赛者可以标明自己的兴趣特长，团队负责人也可以标明要招收的队员要求等，大家通过组队沙龙寻找合适的队员或自己满意的队伍。再比如，有些 App 或者论坛、贴吧会发布寻找队友的内容，我们也可以留心观察。加入实体的学生组织，如科协、科技中心等，也有利于寻找合适的队友或项目。

案例展示

常胜的兴趣

某职业学院的常胜从小就对电子类制作有浓厚的兴趣，大学选择了相关专业深入学习。他刚进入大学就参加了科技协会，后来听说学校有专门供学生展开实践的研究室，经过多方打听加入了研究室。

在研究室里，他结识了许多志同道合的朋友。有一直以来帮助和指导他的学长，也有像他一样热爱电子的学弟。他们平时在研究室学习交流，谁有好的想法就坐在一起探讨设计思路，确定方案后一起动手实践。有时他们会一起骑自行车郊游、看电影，这也培养了他们之间的默契。他们除了自己做些设计外，还会参加省级、国家级比赛。常胜负责整体系统框架及编程，另外两名同学负责电路调试与焊接、PCB绘制与平台搭建。第一年，他们获得了省大学生电子设计大赛一等奖、省级技能大赛一等奖。经过不懈的个人技能锻炼与团队配合，他们一次次不断突破，在“发明杯”大学生创新创业大赛获得一等奖，并且在“挑战杯”科技竞赛中荣获省一等奖。

五、 经费申报

“兵马未动，粮草先行。”大学生创新实践活动需要人力、财力、物力、制度等多方面的支持和保障，其中，资金因素是至关重要的。我们通常把受资助的钱统称为“经费”。为了使大学生创新实践活动实现可持续化发展，各高校都建立了各类大学生创新基金，资助学生组建团队、开展培训、课题立项和参与竞赛等。

（一）经费来源

大学生创新基金的来源应多样化，以保证经费支持的可持续性、多样性和灵活性。一般而言，经费包含以下来源。

其一，国家的行政拨款，发挥保障作用。

其二，社会资金，如社会团体、企事业单位、校友或个人等的捐赠或资助。此类资金正越来越多地发挥主要作用。

其三，大学生创新成果的转让、技术服务等渠道获得的资金回报，此类资金所占比例较少。

（二）经费管理

各高校一般会成立专门的创新基金管理部门负责管理基金的使用，多挂靠在教务处、学生处、团委或科协等职能部门，工作包括受理基金项目申请、组织专家立项评审、组织结项答辩、审核报销使用经费等。

（三）经费申报

关于经费申报书，拨款机构或经费管理部门通常有自己的格式，申请者必须按规定操作。如果没有规定格式(如某些基金会和企业)，可以按照以下格式来写：封面、摘要、关键词、研究人员简介、课题意义和背景、研究方法、技术路线、研究计划、预算、附录等。

申请的目标应该清楚、明确，并能在研究工程中达到。最为重要的是，申请必须包括申请者对所从事研究领域最前沿问题的新颖想法。

在研究意义和研究背景部分，应该简明扼要地对相关文献加以述评，陈述所要进行的研究有何重要性。但研究背景也不必是详尽的文献综述，重点论述最重要的引文会更好。

激发申请者写此申请的研究基础是研究计划最重要的部分。最初的研究结果要能支持研究项目的可行性，同时对研究基础的描述可以表现申请者分析解释数据和验证假说的能力。如果研究基础好，获得经费的机会将大大增加。方法部分应该描述所要进行的研究将用到的程序和测试手段；可突出实质性的细节，但不必描述细枝末节，如一般的实验操作。说明需要获得的数据(如增长率、抑制率)以及如何分析数据也十分重要。

应该正确对待经费、经费申请和申请的评审过程。向资助机构提交申请后，申请人就应该“忘掉它”。在得到正式通知前，对可能收到的经费资助不要抱太大希望。经费评审过程有时会体现经费提供者的个人喜好。维吉尼亚・怀特一语中的：“经费资助计划受变化莫测的趋势和潮流的影响，这些趋势和潮流与影响时装、汽车贸易的因素没有什么两样。去年畅销的东西到今年就会无人问津，而支配这些变化的力量常常神秘莫测，几乎永远不为人所知。”经费申请的成功是新颖有创意、有说服力的论证和良好的心态共同作用的结果。

（四）经费用途

一般而言，经费的支出主要包含以下方面。

①设备购置。

②材料(包括试剂等)购买。

③分析测试。

④调研差旅费。

⑤出版物(文献等信息传播)费用。

以某学院为例，大学生创新创业训练计划项目经费支出以学校财务制度为准，可用于以下支出，如元器件、实验耗材、资料、学术交流、调研费用、专利申请费、其他与项目研究有关的费用以及创业实践类项目的相关产品制作、宣传等费用；不可用于餐饮、旅游、电话通信、寒暑假等节假日往返车票、电脑配件、移动存储、设备维修、墨盒、硒鼓、打印纸、劳务费和其他与项目研究无关的费用等。同时，学院还要求学生进行项目研究节俭行事，外出调查、购买实验器材尽量乘坐公共交通工具。

知识测试

1. 创新实践准备主要涉及哪些内容？

2. 联系导师有哪些原则？

能力训练

请联系学校的实际情况，思考关于创新实践，你已经做了哪些准备，并如何为将来的实践进行更充分的准备。

尝试为你手头的某个项目写一份申报书，尤其注意经费条目的拟定。

任务二 “互联网＋”项目分析

一、“红糖馒头”项目

案例展示

红糖馒头：小产品大市场

馒头是我们日常生活中常见不过的主食，可谁又能想到就是这看似不起眼的主食蕴藏着无限商机？在云南，罗三长红糖馒头自2015年开业以来，累计销售红糖馒头7800万个，单日最高销量60万个，门店共计136家。

在2017年9月17日上午举行的第三届中国“互联网＋”大学生创新创业大赛金奖项目四强争夺赛上，当大屏幕显示出“罗小馒”项目的评委打分为732分、有43个投资意向时，现场响起了一片掌声和欢呼声。

获得金奖的30多个项目，大多以高科技为主打，云南大学滇池学院大四学生罗三长的项目可谓一股“清流”。

“我坚信小产品也有大市场。跟传统的小作坊、夫妻店完全不同，我们更强调互联网产品思维和追求极致的工匠精神，专注生产好吃、营养、放心的新中式系列面食。”说起自己的项目优势，罗三长充满自信。

别看馒头个头小，里面却大有讲究。经过200余次的配比改良，500多批次的工艺实验，罗三长红糖馒头终于实现了松软香甜的独家味觉。

单品爆红后，一个“南馒入侵”的规划图在罗三长心里逐渐清晰起来。红糖馒头要想走向全国，就必须围绕品牌、销售、产品、管理进行全面战略升级。如今，红糖馒头推出了以罗三长为原型的全新品牌标识罗小馒，打造了“LOGO馒”的人物动画、漫画、微信表情等系列形象，统一升级了所有门店、包装物料的视觉标识。与此同时，罗三长尝试开发正对细分市场的新品种。

本届大赛评委蒋楠见证了罗小馒从校赛一路走来的历史。在蒋楠看来，餐饮是个万亿级的传统产业。随着中国消费水平的升级，有品牌思维、互联网思维的餐饮企业会有更广阔的市场。“罗三长的馒头不仅有独家工艺，还有逐步走向成熟的品牌包装运营。它打造的呆萌有趣的品牌人物形象能迎合“90后”甚至“00后”群体的喜好。更值得一提的是，这个品牌是有故事、有温度的，展现了新时代的大学生自立自强的精神，从而更能打动消费者。”蒋楠说。

（《中国教育报》2017年10月26日）

以下第一条至第九条为红糖馒头案例商业画布的主要内容。

（一）客户细分

喜欢红糖馒头的普通消费者、愿意尝试红糖馒头的体验者、青年创业的支持者。

（二）价值主张

在满足消费者充饥需求的同时，还通过红糖提供其他满足。它不是一个凉馒头，而是一个有温度的馒头。

（三）渠道通路

连锁店、网络宣传。

（四）客户关系

一次性采购或者按月结销。

（五）收入来源

罗三长的红糖馒头直营店、加盟店已经有上百家。以每个门店每天销售1200～1500个馒头来算，一天能制作近20万个馒头。每个馒头的售价为1.5元，门店每天的总流水能达到近30万元。

（六）核心资源

其一，以科研的精神研发出独特配方。罗三长自费到台湾学习，对红糖馒头的原料选材做了切合实际的调整和把握。

其二，“馒头不仅仅是馒头，而是要把馒头做成法式软包。”罗三长积极与技术人员研发红糖奶黄包、红糖发糕等其他红糖类面食，增加产品多样性。

（七）关键业务

红糖馒头。抓住“85后”群体的消费心理和口味，在红糖馒头的基础上研发出“小蛮腰”“小蛮牛”“小蛮萌”等产品。

（八）重要合作

甘蔗、小麦种植户，未来合伙人——借全国总决赛的舞台，罗三长发起了“全国高校500＋小馒人合伙加盟计划”，推动大学生就业。

（九）成本结构

店租、人员开支、宣传。

（十）行业选择

民以食为天，坚信食品领域的小项目也能成就大事业，选择低成本的轻快饮食。

（十一）问题发现

馄饨是最赚钱的，接下来就是米线，再下来就是包子、馒头。馄饨不太好搞出花样，创新突破性很小；米线在云南已经很久远了，很难突破创新，所以就想到了包子、馒头。云南的红糖馒头虽然早就有了，但是广域度、品牌度不够。

（十二）投资优势

产品——有量，有质；创业团队——有志向，有情怀；发展——基数大，有规划。

（十三）致胜关键

项目本身：红糖馒头有一定接受度又高于一般的标准；在有生存保障的基础上，采用连锁方式，不断研发新产品，作为后续力量。

比赛层面：创新不止步，诠释新时代“工匠精神”。持续的创业者、产品销售数量、可靠的质量及市场的高度认可造就了该项目的成功。

社会层面：社会就业的带动者，拥有百余家自营店和加盟店，直接带动上千人就业。

（十四）实践心得

罗三长敢想敢做，且善于不断总结经验教训。创业过程中，他也曾遭遇很多挫折，作为学生，还需要多多学习和积累社会经验。今天的成功与他日常的坚持分不开。他认为，太多人把小事不当事，把大事当麻烦事，最后才一事无成。

二、“‘90后’女孩有点田”项目

案例展示

“90后”女孩有点田

“我叫丁蓉蓉，是一名土生土长的淮安妹子，大家都叫我‘90后’‘田’女孩。我从小在父亲经营的蔬菜大棚里长大，对农业有着不同寻常的感情。在大学期间，我慢慢接触了农业，并且热爱上了这个大多数年轻人不愿意干的行业。”

为了成功种植冰草，丁蓉蓉上网查找各种资料，到处请教农业专家，经过反复实验，终于在2014年冬天找到了适合冰草生长的温度、湿度、土壤酸碱度、光照强度等环境数据，成为江苏规模化种植冰草的第一人。

更让人刮目相看的是，经过18个月，采用8个大棚对4个变量进行实验，丁蓉蓉于2016年5月实现冰草的引种驯化，培育出了新品种——“大叶冰草”，将5万元每斤的进口冰草种子的育种成本降到了3000元。

丁蓉蓉的农业基地也带动了当地农户的就业，增加了他们的收入。“农民原来种植的都是萝卜、黄瓜、辣椒等普通蔬菜，现在种植的是几十元一斤的冰草。”但她的理想还不止这些：“我不仅要做生态农业，更要努力改变农业的生态，促进当地农业结构的转型升级，建设美丽新乡村。”

以下第一条至第九条为该项目商业画布的主要内容。

（一）客户细分

超市、酒店，以及各级批发市场。

（二）价值主张

不仅要做生态农业，更要努力改变农业的生态，促进当地农业结构的转型升级，建设美丽新乡村。希望带动更多的农民就业，让农民和消费者同享美好的生活。选择一直扎根土地，因为土地总是让人看到希望。

（三）渠道通路

线下、电话、网络等。

（四）客户关系

一般为长期合作关系。

（五）收入来源

产品销售的利润。

（六）核心资源

自主育种技术：国内首个自主育种且成功育出大叶冰草种子。

高产栽培技术：找到冰草最佳生长环境数据组合，实现了亩产量的翻倍。

周年种植技术：突破了种植时间的限制，实现周年种植，全年供应。

广域种植技术：突破了种植空间的限制，通过土壤改良实现区域化种植。

（七）关键业务

产品代销、合作社种植回收。

（八）重要合作

各合作基地、合作社等。

（九）成本结构

较低的种子成本、成型的技术、人力、常规消耗。

（十）问题发现

2013 年暑假，丁蓉蓉去日本旅游，吃到一种嫩脆爽口的蔬菜。她随后了解到，这种蔬菜叫冰草，营养丰富，深受日本人喜爱。“虽然冰草价格当时在每斤七八十元，但随着中国老百姓越来越富裕，我觉得冰草还是很有市场的。”

（十一）行业选择

丁蓉蓉生活在鱼米之乡淮安，是在父亲经营的蔬菜大棚里长大的，对农业有着不同寻常的感情。民以食为天，市场对蔬菜的需求始终很大。

（十二）致胜关键

项目本身：中国社会的主要矛盾逐渐转化为人民日益增长的美好生活需要和不平衡不充分的发展之间的矛盾；而冰草从某种程度上能满足人民生活水平方面的部分新需求，顺应社会发展形势。该项目实现冰草的引种驯化，培育出了新品种——“大叶冰草”，大幅降低了冰草种子的价格，成本控制有方法。

比赛层面：用互联网产品思维和工匠精神去做研究、去探索，对冰草种植研发的执着和热情，以及持之以恒打动了大家。产品销售数量、可靠的质量及市场的高度认可推动了该项目的成功。

社会层面：用带动就业的规模说话。项目实施以来已经带动了数千人就业，还将通过在全国建立冰草种植基地，带动上万人就业。

(十三)投资优势

其一，产品拥有核心竞争力——江苏规模化种植冰草的第一人，掌握了种子、驯化、量产等核心技术。

其二，发展基数大，占据着淮安地区 90%以上、华东地区 40%的市场份额，销往山东、安徽、四川等多个省份，拥有华东市场定价权。

(十四)实践心得

丁蓉蓉意识到经营企业不仅要懂技术，还要掌握财务、销售、管理方面的知识。创业不仅是为了做生意，更要努力奉献社会。

知识测试

1. 请问商业画布主要包括哪些条目？

2. 在“‘90 后’女孩有点田”项目中，丁蓉蓉掌握了关于冰草的哪些核心技术？对于种植业而言，这意味着什么？

能力训练

1. 试着寻找“互联网＋”项目“BCENT——七彩童年陪伴者”相关资料，并从问题发现、行业选择、客户细分、价值主张、渠道通路、客户关系、收入来源、核心资源、关键业务、重要合作、成本结构、致胜关键等方面进行分析。

2. 试着根据的兴趣，选择合适的项目，从问题发现、行业选择、客户细分、价值主张、渠道通路、客户关系、收入来源、核心资源、关键业务、重要合作、成本结构、致胜关键等方面进行分析。

MODULE 2

模块二
创业知识与实务

项目六　认 识 创 业

目标引领

知识 1. 了解创业的概念

2. 认识创业的意义和价值

3. 理解创业的要素和类型

4. 认识创业的一般过程及特征

5. 理解创业精神的本质和内涵

能力 1. 熟悉创业的一般流程，掌握提升创业能力的方法

2. 掌握并灵活运用培养创业精神的方法

素养 1. 正确并理性认识创业

2. 培养自己的创业精神

学习导航

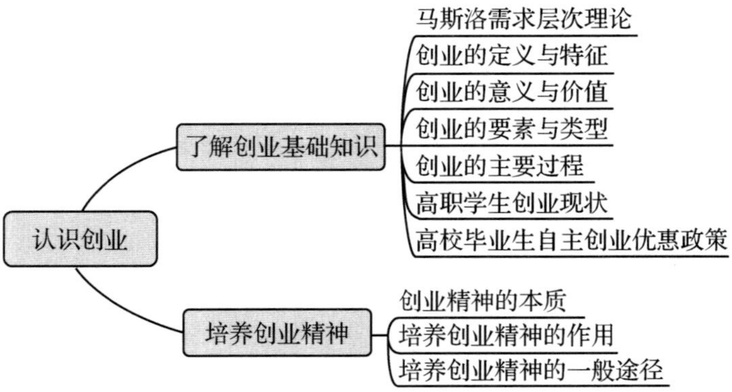

任务一 了解创业基础知识

创业不是什么魔术，它既不神秘，也与基因无关。创业是一门学科，同其他学科一样，是可以通过学习掌握的。

——彼得·德鲁克

创新创业是经济发展和社会进步的永恒动力。2014 年以来，时值大众创业、万众创新的发展机遇，创新创业的热潮日益高涨，“创业”成为中国经济发展的热词。与此同时，大学生创业作为多元化的就业方式也日益受到社会重视和关注。

一、 马斯洛需求层次理论

拓展阅读
创业之路

从马斯洛需求层次视角来看，当代大学生创业符合从生理需求到自我实现需求的递进。

著名社会心理学家马斯洛发现，人类动机的发展与需要的满足有着密切的关系。马斯洛需求层次理论是人本主义科学的理论之一，它不仅是动机理论，也是一种人性论和价值论。该理论源于马斯洛对人类活动本质的认识。第一，他认为人是一种有欲求的动物，因此，人会不停地追求各种需要。第二，他认为这些需要是有先后顺序的，只有在某种需要获得满足之后，人才会去寻求另一种动机的满足。因此，马斯洛提出，生理需求、安全需求、社交需求、尊重需求和自我实现需求是人类由低到高，犹如金字塔般排列的基本需求(如图 6-1)。

（一）较低层次的需求

较低层次的三个方面的需求是人最务实的需求。

1. 生理需求

生理需求包括衣、食、住、行和其他生理机能的需要，是推动人们行为的最强大的动力。这是人类最原始也是最起码的需要，只有在生理需求基本满足之后，高一层次的需求才会相继产生。

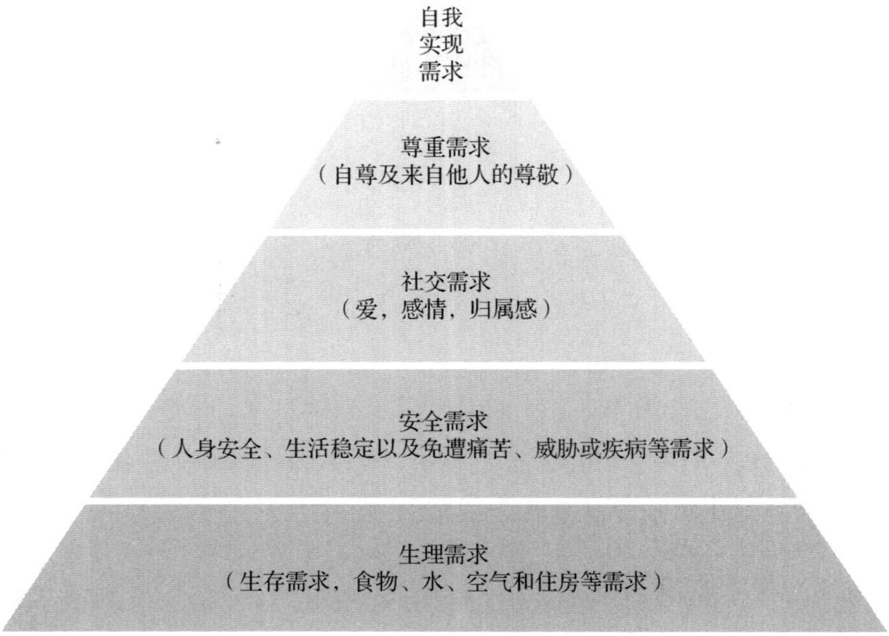

图 6-1 马斯洛需求层次理论

2. 安全需求

在生理需求得到满足后，每一个在现实中生活的人，都会产生安全感的欲望、自由的欲望、防御实力的欲望。人类这时就要求劳动安全、职业安全、生活稳定，希望免于灾难，希望未来有保障等。

3. 社交需求

社交需求是一种社会需要，就是希望被团体与社会接纳，成为其中的一员，得到支持与关照，进行社会交际，建立伙伴、朋友之间的关系并且融洽相处，或保持彼此之间的友谊和忠诚。在获得爱的同时，一个人也有机会给予他人更多的爱。

对创业来说，对该层次需求的满足应该能实现知识、技能、社会关系、生活经验的快速扩充和积累。如果一个人较低层次的需求都未能得到满足(或实现)，那说明他并不拥有自主创业的能力，即便勉强坚持下去，成功的可能性也微乎其微。

（二）较高层次的需求

较高层次的需求包含两个方面。

1. 尊重需求

尊重需求包括受人尊重与自我尊重两方面：前者希望得到别人的重视，获得名誉、地位；后者希望个人有价值，希望个人的能力、成就得到社会的承认。

2. 自我实现需求

这是最高层次的需求，指实现个人理想和抱负，最大程度地发挥个人的能力，完成与自己的能力相称的一切事情的需要。

综上所述，人们立志和创业的时间多在 28～42 岁，也就是人生当中第 5～6 个七年期间。对一个人的事业来说，第 1～3 个七年是成长学习的阶段；第 4 个七年是学习和社会实践、积累、务实的阶段；第 7～8 个七年适合掌舵和守业；第 9 个七年适合寻找并培养接班人。

二、 创业的定义与特征

（一）创业的定义

创业有广义和狭义之分。广义的创业是指开创新的基业、事业，是所有具备开拓性、创新性的能够增进社会价值或经济价值的各项创业实践活动的总称。广义的创业更加强调创业实践活动所体现的创业精神对于创业行为的重要性。《辞海》对创业的定义为“创立基业”，即广义上的创业。

狭义的创业特指创立新的企业，强调谋划、创建和运营企业的过程。研究创业的学者从不同的角度对创业给出了定义。创业教育的先驱、美国百森商学院教授杰弗里·蒂蒙斯认为，创业是一种思考、推理和行为方式。它不仅受机会的制约，还要求创业者有缜密的实施方法和讲求高度平衡的领导艺术。复旦大学管理学院教授郁义鸿认为，创业是一个发现和捕捉机会并由此创造出新颖的产品或服务，实现其潜在价值的过程。美国哈佛商学院教授霍华德·史蒂文森认为，创业是不拘泥于当前资源受到约束的条件，追求进而实现价值创造的行为过程。

尽管学者们对创业的定义各有侧重，但创业内涵的核心却是共通的，即寻求机会、整合资源、创造价值。

这可以帮助我们更好地理解何谓创业：创业者对自己已经拥有的资源或通过努力可以控制的资源进行优化整合，从而创造出新的经济价值或社会价值的行为过程。创业也是一种劳动方式，是需要创业者运用服务、技术、器物作业的思考、推理、判断与实践活动。

（二）创业的特征

结合创业的定义和内涵，不难发现，创业活动具备以下特征。

1. 创新性

创业是一个从 0 到 1 的过程，而非从 1 到 N。从 0 到 1 突出了创新性。例如，手机从只能接打电话的通信工具发展到智能移动终端，这是技术和功能的质变。从 1 到 N 强调的是复制，如开办一家网吧，从最初的 10 台电脑扩展到 100 台电脑。这主要指规模和数量上的变化。

2. 自主性

创业是创业者的一种自主行为，是其主观能动性的反映和表现。

3. 实践性

创业是一种实践活动，是创业者寻求和开发机会，获取和整合资源，通过创新进行价值创造的行为过程。

4. 风险性

创业是有风险的，是一个创新、冒险和规划的连贯过程。创业可能产生的风险包括技术风险、市场风险、经济风险、管理风险等。

5. 逐利性

创业者渴望运用创造的能力带来利益上的回报，因此，创造和积累财富是创业的直接动机之一。

三、 创业的意义与价值

（一）创业的意义

随着中国经济发展进入新常态，经济结构加快转型升级，创业对于推动我国的经济发展和社会进步有着十分重要的意义。

第一，创业是推动经济发展的需要，有助于增加社会财富。

第二，创业是促进科技创新的需要，有助于创造新技术，促进科技成果的转化。

第三，创业是维护社会和谐的需要，以创业带动就业有助于缓解就业压力，改善民生。

（二）创业的价值

创业是改变人一生的决策。创业对于创业者的意义不仅仅在于财富的积累和地位的提高，还在于它是创业者表现自我、超越自我、实现自由的过程，同时也是实现个人梦想和愿景的重要途径。

第一，创业是创业者的精神支柱，有助于其实现自我价值。

第二，创业是创业者的生存支点，能帮助其积累财富。

第三，创业是创业者的生存空间，能满足其对自由的渴望。

四、 创业的要素与类型

（一）创业的要素

研究表明，创业成功是一系列创业要素科学组合的结果，创业者可以通过改善创业要素的组合提高创业成功的可能性。创业者创业能力的高低取决于其能有效控制的创业要素的数量、质量、种类以及这些要素间的匹配程度。各种创业要素通过相互作用推动新企业的演化过程。创业要素性质的变化、不同要素间结构构型的变化等，会影响创业活动的绩效，并最终导致所创事业面临飞跃式成长或失败两种截然不同的结果。

杰弗里·蒂蒙斯在其著名的蒂蒙斯创业过程模型中明确指出，商机、团队和资源是创业过程中最重要的三个要素，创业本质上是商机、团队和资源相互作用，互相匹配，从而创造价值的高度动态的过程。

如图 6-2 所示，创业商机是推动创业的核心要素，解决的是创什么业的问题；创业团队是推动创业的主体要素，解决的是谁来创业的问题；创业资源是推动创业的物质要素，解决的是用什么创业的问题。

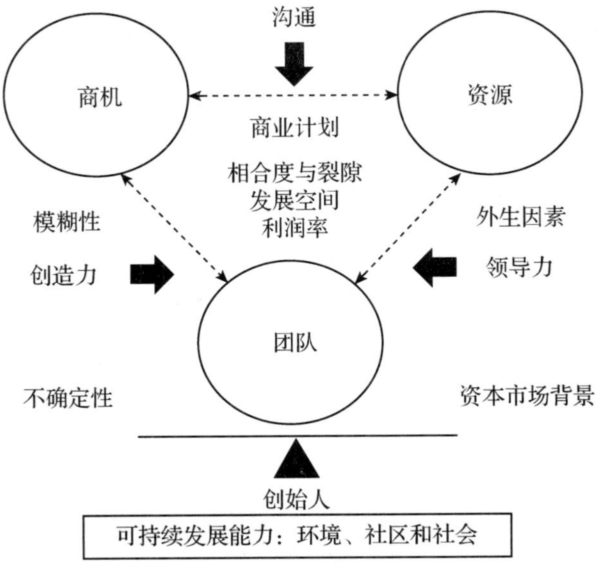

图 6-2 蒂蒙斯创业过程模型

创业过程依赖于商机、团队、资源的匹配和均衡，它们的存在和成长决定了创业过程向什么方向发展。创业过程的起点是商机，而不是资金、战略、关系网络、工作团队和商业计划。商机的形式、大小和深度决定了团队与资源所需的形式、大小与深度。创始人和创业团队的作用是利用其创造力在模糊、不确定的环境中发现商机，并利用资本市场等外界资源，组织并领导企业实现商机的价值。在不确定性资本市场环境中，这个过程是商机与资源“适应→差距→再适应”的动态过程。由图 6-2 可见，三个核心要素构成一个倒立的三角形，创业团队位于三角形的底部。在创业初期，商机较大而资源较为缺乏，三角形将向左边倾斜；随着企业的发展，企业拥有较多资源，但原有的商机可能变得相对有限，这就导致三角形向右倾斜，造成另一种不均衡。创业者及团队需要不断寻求更大的商机，进行资源的合理运用，维持企业发展的平衡。

三个要素不断调整，最终实现企业发展的动态平衡，这就是新创企业发展的实际过程，体现出三要素之间的动态性、连续性和互动性。

（二）创业的类型

按照不同的划分标准，可以将创业分为不同的类型。

1. 根据创业者的数量可以分为独立型创业和合作型创业

独立型创业是指创业者独立创办属于自己的企业。这里的独立，既指产权属于创业者独有，企业无论大小决策都由创业者自己决定，也指在创业过程中的一切风险都要由创业者独自承担。此类创业的优点是创业者获得最大利润，决策迅速，缺点是企业发展更多地受到创业者个人素质的影响，甚至企业成败也由创业者的能力大小决定。

合作型创业是指两个或两个以上的人共同创办企业。与独立型创业恰好相反，它的优势在于能够发挥集体的智慧和力量，风险也不必由个人承担。缺点在于拥有决策权的人较多，权力互相制衡，决策速度慢。

2. 根据创业动机可以分为生存型创业与机会型创业

生存型创业是指创业者为了解决生存问题而从事的创业活动。在这个创业过程中，创业者属于被动创业，创业实属无奈之举。创业者并不创造新的市场机会，而是在现有的市场中寻求创业机会。此举会进一步加大市场竞争，很难将企业带向成熟。

机会型创业是指创业者并不是为谋生，而是为了追求某个商机进行的创业活动。机会型创业不以现有的商品或服务为创业目标，而是希望抓住新的市场机会，创造潜在的市场需求。这样，不仅能够满足自身发展的需求，还能在一定程度上缓解社会的就业压力。

3. 根据创业项目的性质可以分为传统技能型创业、高新技术型创业和知识服务型创业

传统技能型创业指利用传统技术和工艺进行创业的项目。一般情况下，既然是传统的，就是经过时间的考验和淘洗而经久不衰的。尤其是与人们的活动密切相关的行业，更是具有极强的竞争优势。

高新技术型创业指以高新技术为依托进行的创业。它的特点是知识密集、技术密集，创业所需的关键技术极难开发，且资金投入较大，但只要开发成功，就具有较高的经济效益和社会效益。

知识服务型创业指通过为人们提供知识和信息来创业的项目。在这个知识大爆炸的时代，知识更新换代的速度越来越快，以知识咨询为主的机构将会越来越多，且越来越完善。这类创业的特点是启动资金少、获得收益快，且回报高，如会计师事务所、专业的服务性网站等。

4. 根据创业方向或风险可以分为依附型创业、尾随型创业、独创型创业和对抗型创业

依附型创业分为两种情况。一种是将企业的经营活动嫁接在某个大企业或集团之上，成为其生产链条的一部分。例如，有一个汽车制造厂需要零部件，创业者投资创办一个生产该零部件的工厂就属于依附型创业。另一种是使用特许经营权或连锁加盟的形式，如星巴克。这种形式的创业经营风险较小，在一定程度上提高了创业成功的可能性。

尾随型创业，即在创业过程中无论是产品的生产还是经营管理模式，都仿照着市场上现有的同类产品，没有自主创新。这种创业模式属于稳扎稳打的经营策略。这类创业在创业之初只解决企业的生存问题，随着企业的发展成熟，进一步做大做强，而且不求在市场上独占鳌头，有生存空间即可。

独创型创业指企业所提供的产品或服务是目前市场上没有的，能够填补市场在某一方面的空白。无论是填补商品服务的空白，还是在现有商品基础上进行技术革新，都属于独创。独创型创业的兴起给人们带来了一定的便利，人们的生活对其依赖性越来越强。但是，这些企业在创业之初都要面临巨大的风险，因为人们对新事物有一个接受的过程，而这个过程的长短是无法确定的，即商品或服务被市场接受的时间不确定。但是，只要它被消费者接受了，就会拥有强大的竞争力。

对抗型创业指某个企业已经在成熟的市场上形成垄断地位，创业者选择进入市场与之对抗。这种类型的创业要承担的风险是最高的，要求创业者自身有较强的能力素质，能够承受巨大的心理压力，还要能够知己知彼，及时而准确地抓住市场机遇，突出自己的优势。

例如，号称“一站式购物”的大型百货公司，商品、人气、资金都比周围的小商店雄厚。小商店的生存之道在于特色与创新，针对细分的特定群体，提供个性化产品和服务。

五、 创业的主要过程

创业过程是创业者从项目初创期到创办自己的企业，再到收获成果，通常要经历的基本步骤。一般来说，创业的过程主要包括产生创业动机、组建创业团队、识别创业机会、整合创业资源、创办并经营新企业、收获创业成果六个阶段(图 6-3)。

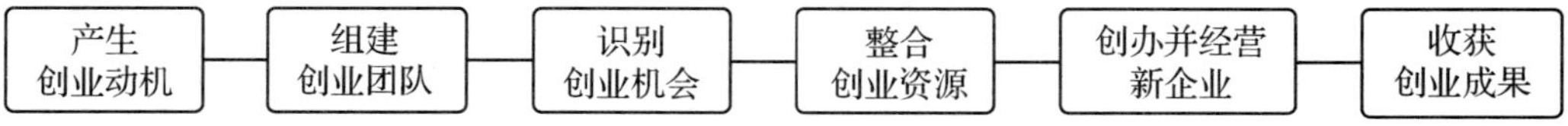

图 6-3 创业的主要过程

案例展示

俞敏洪在中国大学生创业大赛上的演讲

创业的过程是一个学习的过程，一个失败的过程，一个积累经验的过程，同时也是一个社会阅历积累的过程。直到获取成功，历经沧桑之后，才能回归平稳的心态。那个时候，才是所谓的财大气不粗，位高权不重。那种心态，才是需要大家达到的。而现在你正是青春热血，想做什么事情，只管去做就行了。

赢在中国，赢在明天，都在讲赢。我们就先来解构这个“赢”字。赢上面是一个“亡”，如果你没有必死的决心，坚决不走回头路这样的勇气，你是不会成功的，所以就要有“亡命徒的精神”。“亡”字下面是一个“口”字。这个“口”是语言，也可以是表达能力，或是对自己的鼓励。光有亡命徒精神是不行的，还必须有目标理想。大家可以看到，创业是很苦的一件事情，太阳底下在干，月亮底下也在干，有的人每天要工作16个小时。有的时候不得不工作，再累也得干，因为你站在事业的这条线上，你不想跑，别人也会推着你往前跑。中间的“贝”就是钱的意思，钱可以成为激励你干事业的动力。钱是好东西，人人都需要钱，只是钱在不同人手里，变成不同的分量而已。从某种意义上说，把钱用在什么方面可以成为评价一个人的标准之一。所以一定要有有钱的欲望，但是要牢记：君子爱财取之有道。第二层意义是什么呢？如果你想把事业做大，必定要把钱分给别人。这里面剩多少好，剩多少合适，就是智慧的问题了。很多中国民营企业家做得很成功，有的民营企业家持股70%、80%，事业很成功，有的仅占10%、20%也很成功。这个完全是你自己的感觉：以什么样的方式激励别人，才能得到团队一起奋斗的状态。所以中间的“贝”字就表明了两个状态：为自己挣钱，为别人挣钱。最后才是“凡”字，所谓有一颗平凡的心在做事情。你是为事业在做，而不是为钱在做。事业做大了，钱会成为事业成功的副产品，仅仅以钱为目的就不行。

每个人都渴望生命能够像海水一样毫无障碍地奔腾流动，和蓝天衔接；每个人都渴望生命像风一样从天空自由自在地飘过，除了带走白云，没有一丝牵挂。没有人希望自己的生命受到束缚，就像没有任何动物愿意被关在笼子里一样。人的一生都是为了挣脱某种束缚而努力的过程，这一过程使生命变得多姿多彩，充满活力。

六、 高职学生创业现状

2015 年 3 月，李克强在政府工作报告中提出“互联网＋”行动计划和“以创新引领创业，以创业带动就业”的理念。2015 年 10 月，李克强对首届中国“互联网＋”大学生创新创业大赛做出重要批示，强调把创新创业教育融入人才培养，厚植“万众创业、大众创新”土壤。“大众创业、万众创新”“互联网＋”等先进理念无疑为当前高校大学生创业提供了思路，指明了方向。紧跟国家决策部署，各高职院校创业教育风生水起，高职学生的创业大军也呈燎原之势。

麦可思研究所发布的《2019 年中国大学生就业报告》数据显示：2018 届高职高专毕业生自主创业比例为 3.6%，高于应届本科毕业生自主创业比例(1.8%)。同时，该报告中有数据指出：在 2015 届毕业时就自主创业的人中，三年后仅有 44.8%的人还在坚持自主创业(存活率为 44.8%)。这说明在“互联网＋”“大数据”等新背景下，高职学生创业之路还存在困境，创新创业能力的提升还任重道远。

（一）高职毕业生自主创业的条件

高职院校毕业生的自主创业所要面对的社会条件相对于本科院校的毕业生更加复杂。高职院校毕业生必须充分利用这些条件，打开创业局面，顺利进入创业角色。

1. 政策条件

为了鼓励大学生创业，各级政府出台了很多优惠政策，涉及融资、开业、税收、创业培训、创业指导等诸多方面。

2. 家庭条件

每个创业者的家庭条件都因人而异，无论好与差，对创业者而言都有可以利用的因素。有的家庭条件相对好一些，如家庭主要成员在社会上有一定的地位或影响，使创业者早期便能结识一些有利于将来从事创业活动的关键人物。有的家庭继承并不断从事或扩大家庭传统的创业项目，多年的经营为创业者提供了大量的经营经验和经营项目，加之生产或经营技术的壁垒垄断性，使创业者在创业活动中往往较易成功。也有一些创业者家庭条件一般，甚至较差，但这些并不能影响创业者的自信心及其创业活动。从古至今有许多创业者都是克服了重重困难，通过艰苦奋斗而逐步实现自己的理想和抱负的。

3. 人际条件

人际关系条件对创业者而言也非常重要。尤其是在当前市场经济环境下，建立良好的人际关系对创业者顺利实施创业活动将起到积极的促进作用。所谓人际关系条件，主要是指创业者在工作、学习以及生活的时间空间内，通过人际交往而逐步形成的相对稳定的联系，对创业者从事创业活动有促进作用的各种有利条件。人与生俱来的社会属性主要通过人的社会行为表现出来，具体体现在个体的人在衣、食、住、行等方面不可能脱离社会群体，总要直接或间接地与他人发生联系。这样，创业者在自己的生活范围内逐步形成相对稳定的关系网络。这个网络对于创业者来说是不可多得的财富。同时，创业者还要学会充分利用和调动这些有利资源，使其最大限度地为创业活动提供帮助。

4. 自身素质条件

创业者的自身素质条件决定了创业者的创业活动性质和经营范围，也决定了创业者最终能否取得成功。创业者自身素质一般包括文化素质、身体素质和心理素质等智力因素和非智力因素。在当今社会，一个成功的创业者首先应该有较高的文化素质，如所从事行业的技能和文化水平；其次要有较为好的身体素质，创业初期是艰难的，没有好的身体素质很难做好每一件事。同样，非智力因素对创业者来说也很重要，如创业者的性格、人品和心理健康情况等。如果创业者意志薄弱或品质卑劣、心理不健康等，很难成就大业。

（二）高职学生创业面临的问题

1. 高职学生创业存在的内在问题

(1)缺乏创业信念，心理承受能力差

在应试教育环境下成长的高职生，由于生活简单，没有经历复杂艰苦环境的摔打和磨炼，创业意识并不明确。不少人缺乏创业信念，心理承受能力和抗打击、挫折能力差。高职学生创业心态往往较为理想主义，思想上却缺少必要的准备：顺利时意气风发，认为自己是完美无缺的；遇到挫折和失败就会认为自己一无是处，感到痛苦茫然，甚至沮丧消沉。

(2)缺乏社会经验和商业管理经验

高职学生掌握了一定的理论基础，有一定的知识面。但由于大部分时间身处校园，与具有社会工作经验的创业者相比，高职学生创业不仅缺乏职业经历、社会磨砺，尤其欠缺社会和商业管理知识。创业中的任何判断或决定都来自创业者自身的知识和经验积累，如果缺乏这种积累，那么判断的依据就不足，也就无法保证结论的正确性。这会给创业带来很大的风险。

(3)缺乏市场意识和人脉资源

高职学生往往没有参加创业实践活动的经历，缺乏创业实践体验，缺乏市场意识，人脉资源也较少，很难搭建起创业发展的平台。创业最重要的是创业项目的市场价值，是切中市场需求的产品或服务，是技术或产品市场的空间。高职生的创业项目往往缺乏真正的商业前景，许多创业点子经不起市场的考验，而且高职学生对于诸如目标市场定位与营销手段组合这些重要市场信息缺乏重视，市场概念薄弱。市场才是检验创业理念的唯一标准，创业是一个集合资金、专业、管理、营销、财务等诸多因素的复杂过程，只有找到市场规律，把创业理念变成市场上需要的商品或服务，创业项目才有实用性、市场性。

(4)缺乏创业综合素质和创业能力

高职学生技术、知识与能力结构比较单一，创业综合素质、能力有待进一步提高。创业是无法事先完全预测的复杂过程，需要通过长期艰苦的探索和磨炼。创业者不仅需要具备一定的专业知识，还需要具备商业知识、管理知识、财务知识、法律法规知识等，具备超人的胆识、敢于冒险的精神、全面的洞察力、出色的领导力、良好的协作能力，以及承担各种社会、家庭压力的心理素质。

2. 高职学生创业存在的外部环境问题

(1)缺少家长的支持

家长的反对是阻碍在校高职学生创业的主要原因之一。在校学生的家长大部分认为考上大学不容易，学习才应该是第一位，希望孩子能在学校里好好学习，取得好成绩，毕业后找到一份收入可观的稳定工作。家长的普遍态度是在没有经验的情况下，不太支持甚至坚决反对子女冒险创业，认为学生应先多了解社会，多了解行业运转方式，先打工，等有了一定的社会经验、资金、人脉积累后再创业。家长的不支持抑制了不少学生的创业渴望。

(2)缺少系统化的创业教育

虽然目前高职院校对学生的创业教育越来越重视，多数学校也开设了创业教育课程，但高职院校的创业教育体系还不完善，缺少全面化和系统性。大部分学校只是把创业教育作为一种广义的、通识的教育，以知识传授为主，缺失真正重要的创业实践培养，缺乏个性化的创业专业培训和指导，对创业素质能力的培养较少。学校对学生创业教育的缺失，导致学生对创业方针政策知之甚少，创业知识和创业能力欠缺，这直接影响了高职生的创业率，影响了创业的成效。

(3)缺乏有力的政策扶持，创业基础设施不完善

近年来，国家出台了一系列鼓励大学生自主创业的优惠政策，这无疑为大学生创业铺就了一条“绿色通道”。但是，与外国成熟完备的创业环境相比，我国现在的创业环境还不是很完善，从各项扶持政策来看，主要集中在创业企业注册、税收和资金支持等方面，针对大学生创业教育、培训和指导等方面的政策则明显不足，而且一些优惠政策缺乏相应的配套措施和实施细则，难以执行，政策的执行效果大打折扣。同时，我国与创业相关的法律、金融、信息、物流、咨询等配套服务不足，相关部门服务意识不强，这些都使高职学生创业之路异常艰难，打击了高职学生创业的积极性。

(4)创业资金短缺，缺乏创业融资环境

资金是创业者必须具备的一项重要资本。对于没有经济基础和经济来源的高职生来说，资金难题成了他们创业的最大障碍。一项有关大学生自主创业的调查显示，大学生创业资金中有 82％来自个人和家庭。现阶段政府部门和一些高职院校设立的创业扶持基金对高职学生创业个体的扶持力度并不大，且银行出于控制信贷风险等方面的考虑，也往往不太愿意给高职学生创业项目提供信贷支持。社会上尽管也有一些风险投资基金，但风险投资机构对投资项目的发展前景和创业团队的管理能力等要求较高，申请风险投资对大多数高职学生创业者而言可望而不可即。

七、 高校毕业生自主创业优惠政策

按照《国务院关于进一步做好新形势下就业创业工作的意见》《国务院办公厅关于深化高等学校创新创业教育改革的实施意见》等文件规定，高校毕业生自主创业优惠政策主要包括以下方面。

（一）税收优惠

持人力资源社会保障部门核发《就业创业证》(注明“毕业年度内自主创业税收政策”)的高校毕业生在毕业年度内(指毕业所在自然年，即1月1日至12月31日)创办个体工商户、个人独资企业的，3年内按每户每年8000元为限额依次扣减其当年实际应缴纳的营业税、城市维护建设税、教育费附加和个人所得税。高校毕业生创办的小型微利企业，按国家规定享受相关税收支持政策。

（二）创业担保贷款和贴息支持

对符合条件的高校毕业生自主创业的，可在创业地按规定申请创业担保贷款，贷款额度为10万元。鼓励金融机构参照贷款基础利率，结合风险分担情况，合理确定贷款利率水平，对个人发放的创业担保贷款，在贷款基础利率基础上上浮3个百分点以内的，由财政给予贴息。

（三）免收有关行政事业性收费

毕业2年以内的普通高校毕业生从事个体经营(除国家限制的行业外)的，自其在工商部门首次注册登记之日起3年内，免收管理类、登记类和证照类等有关行政事业性收费。

（四）享受培训补贴

对高校毕业生在毕业学年(从毕业前一年7月1日起的12个月)内参加创业培训的，根据其获得创业培训合格证书或就业、创业情况，按规定给予培训补贴。

（五）免费创业服务

有创业意愿的高校毕业生，可免费获得公共就业和人才服务机构提供的创业指导服务，包括政策咨询、信息服务、项目开发、风险评估、开业指导、融资服务、跟踪扶持等“一条龙”创业服务。各地在充分发挥各类创业孵化基地作用的基础上，因地制宜建设一批大学生创业孵化基地，并给予政策扶持。对基地内大学生创业企业要提供培训和指导服务，落实扶持政策，努力提高创业成功率，延长企业存活期。

（六）取消落户限制

取消高校毕业生落户限制，允许高校毕业生在创业地办理落户手续(直辖市按有关规定执行)。

知识测试

1. 德鲁克认为创业是可以通过学习来掌握的。对于这个观点，你是如何理解的？

2. 创业与创新有什么关系？

3. 对于大学生来说，创业有何意义和价值？

4. 创业的三个要素在创业过程中分别起到什么作用？

能力训练

SWOT分析法又称“态势分析法”，是一种可行性分析工具，就是将与研究对象密切相关的优势(Strength)、劣势(Weakness)、机遇(Opportunity)、挑战(Threat)等方面因素列举出来，然后通过系统分析的方法，把各种因素有机结合起来加以分析，从而得出结论。

(1)运用SWOT分析法对高职学生创业情况进行分析。

S 分析高职学生创业的优势	W 分析高职学生创业的劣势
O 分析高职学生创业面临的机遇	T 分析高职学生创业面临的挑战

(2)运用SWOT分析法对自己在创业方面的积累进行分析，梳理自己的优势、劣势、机遇和挑战，并制订相应的策略和对未来的规划。

S 如果创业，我的优势有哪些？	W 如果创业，我的劣势有哪些？
O 如果创业，我的机遇有哪些？	T 如果创业，我将面临哪些挑战？

任务二　培养创业精神

无数企业的兴衰告诉我们，现行的管理经验并非企业早年得以增长的要素，而恰恰是导致它们衰败的原因。企业成功的真正基础正是所谓的创业精神。

是创业精神，而非管理技术，驱动着所有公司的成功和高增长。

——拉里·法拉尔

一、 创业精神的本质

创业精神是创业的动力和支柱。没有创业精神就不会有创业行动，创业成功也就无从谈起。从理论上说，创业精神是指在创业者的主观世界中，那些具有开创性的思想、观念、个性、意志、作风和品质等。创业精神是由多种精神特质综合作用而成的，创新精神、进取精神、拼搏精神、冒险精神、合作精神等都是形成创业精神的特质，具体表现在勇于创新、敢当风险、团结合作、坚持不懈等方面。

（一）创新是创业精神的灵魂

创业活动中的创新包括引进新产品、引进新技术、开辟新市场、控制原材料供应的新来源、构架企业的新组织、采用新的商业模式等。创新被认为是创业精神的具体化。没有创新的创业是不可能持久的，创业者只有具备创新精神，才可能创建新颖独特的企业，并保持企业的特色和可持续发展。

（二）冒险是创业精神的天性

创业往往具有一定程度的冒险性。没有甘冒风险和承担风险的魄力，就很难成为合格的创业者。无数创业者的经历表明，创业者虽然生长环境、成长背景和创业机缘各不相同，但无一例外都是在诸多不确定性因素条件下敢为人先、敢于承担的实践者。

（三）合作是创业精神的精华

社会的发展伴随着分工的细化，创业工作自然需要创业团队分工协作、共同完成。优秀的创业者善于合作，能将合作精神扩展到每一位员工身上。为了企业共同的目标，大家精诚合作、团结一心，面对困难时也能同舟共济、奋力拼搏。

（四）执着是创业精神的本色

创业环境错综复杂、瞬息万变，创业的过程必然伴随着各种艰辛与曲折。因此，创业者必须坚持不懈、持之以恒，咬定青山不放松。实践证明，执着的连续创业者更易于在创业大潮中生存下来。

二、 培养创业精神的作用

（一）培养创业精神是新时代的需要

中国正处在一个伟大的变革时代，随着社会主义经济市场化的进一步

拓展阅读
创业者需要具备的五种精神内涵

推进，人们的生产生活方式、社会关系、价值观念乃至文明形态都在发生着深刻的变化，社会对人才的需求也随之改变。创新创业作为经济发展的原动力，是繁荣经济的有效途径之一。创业可以扩大就业，加速技术创新和科研成果转化，进而创造更多的社会财富，推动社会经济发展，实现发展经济与扩大就业的良性互动。大学生的创业精神作为一种积极的思想观念和精神状态，对社会的发展具有十分重要的推动作用。

（二）培养创业精神是创新型人才培养的需要

创新是创业精神的核心内容之一，美国著名管理学家德克鲁认为："创业就是要标新立异，打破已有的秩序，按照新的要求重新组织。"因为理论、价值以及所有人类的思维和双手创造出来的东西都会老化、僵死，所以"我们需要的是一个创业的社会，在这个社会中，创新和创业精神是正常、稳定和持续的"。创业精神的核心，归根结底是由创业活动的开拓性决定的。创业是一种创造性活动，它本身就是对现实的超越，就是一种创新。因此，创业就意味着创新，创新就意味着突破，创业精神的培养过程就是培育创新型人才的过程。

（三）培养创业精神是大学生挖掘自身潜力和实现自我价值的需要

在知识技术不断更新、职业岗位不断转换、人际关系不断变化的情况下，我们尤其需要具备良好的自我调适能力。具备创业精神，有助于我们与时俱进，充分地发挥自身的潜能，实现自身的价值。具有创业精神的大学生，通过自主创业可以把自己的兴趣与职业紧密结合起来，做自己最感兴趣、最愿意做和自己认为最值得做的事情，从而在五彩缤纷的社会舞台中大显身手，最大限度地发挥自己的才能，获得合理的报酬。当前社会鼓励大学生创业，这主要基于化解就业难的角度，但从大学生自身来说，其创业的主要原动力在于谋求自我价值的实现。只有提高大学生创业的比例，整个社会才能形成创业的风气，才能建立"价值回报"的社会新秩序。

三、 培养创业精神的一般途径

创新意识和创业精神已成为中国素质教育的焦点，也成为高等院校培养学生核心竞争力的重要内容之一。具有创新精神和创业能力的创新型人才既是社会对大学生的要求，也是成为高素质复合型人才的基本要求，更是民族创新能力提高的重要保证。

（一）建立完善的创业精神培养体系

要切实提高大学生的创业精神，高校需将创新创业型人才培养与研究型、应用型人才培养放在同等重要的地位，注重专门的创业教育，帮助大学生树立必要的创业意识。要把创业精神培养贯穿到大学生整个在校学习的过程当中。例如，对于低年级的学生要注重创业意识的培养，引导学生树立积极向上的创业价值观；同时把创业知识教育作为第二课堂，深化学生对创业精神的理解。对于高年级的学生要锻炼其创业意志，包括较强的责任意识、抗压能力等，从而帮助学生在创业过程中用平和的心态处理可能遇到的各种挫折和困难，提高创业的成功率。

（二）营造良好的创业氛围

首先，高校要加大宣传力度，挖掘学生身边成功的创业案例，发挥典型示范的带头作用，定期开展交流活动。学校可组织开展创业者校友联谊会、创业者协会等活动，为有创业意向的学生提供更多与成功者交流的机会，增加学生创业的勇气与信心。

其次，鼓励表现优秀的学生，支持学生参加校内外学术会议，为学生创业提供交流经验、展示成果、共享资源的机会。学校可以定期组织项目指导教师之间的交流，增强教师的责任感，并组织学生参加各种创业类比赛，在全校范围内营造良好的创业氛围。

（三）在日常教学中渗透创业精神的培养

为了提高大学生创业精神培养的实效性，学校有必要建设与培养学生创业精神相关的课程体系。结合高校专业设置特点以及学生的实际情况，教师可以将创业理念渗透到专业课程教学当中，比如在思想政治课程中培养学生创业所必需的意志品质和创业意识，在市场营销课程中培养领导能力、团队合作能力，在专业技能课程教学中锻炼学生对知识技能的运用能力等。这对培养大学生的创业精神、强化学生的创业综合能力都是必不可少的。另外，学校还可以邀请创业成功人士兼职创业指导教师，为学生开设创业指导讲座，让学生有机会学习成功的创业实践经验，同时帮助学生树立创业信心，进一步强化创业精神。

（四）搭建创业实践平台，提供创业实践机会

创业精神的培养只有以必要的实践活动作为载体，才能取得实效。因此，高校应努力为大学生营造创业实践所需的环境和平台，鼓励大学生参与创业实践活动，使学生在创业实践过程中锻炼创业所必需的能力和素质。例如，高校可以依托大学科技园，建立大学生创业实践和孵化基地。大学科技园一般拥有许多创新型企业，可以为大学生实施创业提供科技支持。高校要充分利用大学科技园的这一优势，鼓励或推荐学生到创新型企业中实践学习创业的先进经验，培养学生的创业理念和创业意志。此外，高校还要注重校企合作，为大学建立创业实践基地，辅助创业教育。学校可以组织学生到企业参观考察，进行岗位

体验，充分发挥学生的主观能动性，使学生在实践中体味创业的艰苦，养成创业所必需的坚强意志，深化创业精神，为成功创业打下坚实的基础。

知识测试

1. 什么是创业精神？创业精神包含哪些精神特质？
2. 只有准备创业的人才需要培养创业精神吗？大学生为什么要培养创业精神？
3. 目前学校在培养学生创业精神方面有哪些举措？作为学生，你有什么好的建议？

能力训练

观看纪录片《造梦者》，思考纪录片中的创业者体现了哪些创业精神和特质，并将自己的感悟整理成一份文字稿。

MODULE 2

模块二
创业知识与实务

项目七　创业机会与风险

目标引领

知识 1. 了解创业机会的特征和来源

2. 掌握识别创业机会的方法

3. 掌握评估和筛选创业机会的基本方法

4. 了解创业风险的类型

5. 掌握规避和防范创业风险的基本方法

能力 1. 提高识别创业机会的能力，灵活运用识别创业机会的基本方法

2. 能熟练掌握并灵活运用 SWOT 分析法进行创业机会或项目评估

素养 1. 提高创新思维能力，培养创新精神

2. 培养遇事有担当、敢于承担风险的精神

学习导航

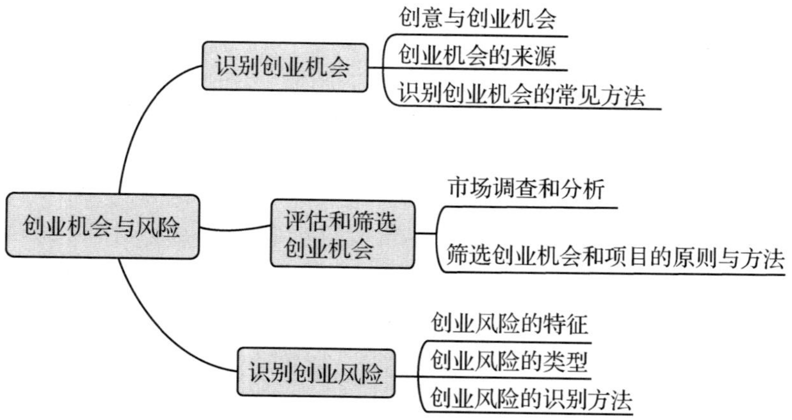

任务一　识别创业机会

善于识别与把握时机是极为重要的。在一切大事业上，人在开始做事前都要像千眼神那样察视时机，而在进行时要像千手神那样抓住时机。

——培根

一、创意与创业机会

创业是一个识别、开发和利用创业机会的过程。一个成功的创业过程开始于一个好的创业机会。

案例展示

“牛仔大王”李维斯的创业故事

“牛仔大王”李维斯的创业史中曾有这样一段传奇。

当年他像许多年轻人一样，带着梦想前往西部淘金。途中一条大河拦住了去路，于是陆续有人向上游、下游绕道而行，也有人打道回府，更多的则是怨声一片。李维斯却非常兴奋，不断对自己说：“太棒了，大河居然挡住我的去路，又给我一次成长的机会。凡事必有其因果，必有助于我。”果然，他有了一个绝妙的创业主意——摆渡。淘金的人们都愿意花一点小钱坐他的渡船过河，很快他就获得了人生的第一笔财富。

一段时间后，摆渡生意变得冷清，他决定放弃，继续前往西部淘金。来到西部，李维斯发现因为采矿人出汗很多，饮用水很紧张，但似乎大家的注意力都在淘金上，并没有人关注缺水的问题。于是，别人采矿他卖水，生意红红火火，又赚了不少钱。其他人也参加到了卖水的行列，再后来，同行越来越多。一个壮汉为了抢生意，将李维斯暴打了一顿，还折烂了他的水车。李维斯不得不接受现实，但又立即调整心态，转移注意的焦点。他发现来西部淘金的人，衣服极易磨破，同时又发现西部到处都有废弃的帐篷，于是又有了一个绝妙的主意：把废旧的帐篷收集起来洗干净，做成裤子卖给工人。结果，裤子的销量非常好。最终，李维斯成为举世闻名的“牛仔大王”。

（一）创业机会的内涵

对于创业机会的内涵，研究者们从不同角度做出了解读。纽约大学柯兹纳教授认为，创业机会就是未明确的市场需求或未被充分利用的资源或能力。英国经济学家卡森认为，创业机会是在新的生产方式中引入新产品、服务、原材料等要素，并结合起来满足市场需求，进而创造价值的可能性。奥地利经济学家熊彼特认为，创业机会是通过把资源创造性的结合起来，迎合市场的某种需求，从而创造价值的可能性。中国学者邓学军认为，创业机会是一种满足未满足有效需要的可能性。

从上述学者给出的定义中不难看出，虽然侧重点各有不同，但这些定义都强调了市场需求和产品(服务)两个核心要素。因此，可以如此定义创业机会：创业者寻找并创造性地组合各类资源，力图形成产品或服务来满足某种市场需求，并使自身获益的商业可能性。这里的市场需求可能是明确的，也可能是潜在的、待开发的；这里的产品或服务可能是已经成熟的，也可能是一个最小可行性的功能样机，甚至只是一个初步的创意。无论如何，待满足的市场需求和满足这个需求的产品或服务是创业机会的两大核心要素。

我们可以把创业机会理解为一种特殊的商业机会或市场机会，它是一种较为持久的、有吸引力的和适时的商务活动的空间，并最终表现在能够为消费者或用户创造价值或增加价值的产品或服务过程中，同时能为创业者带来回报或使其实现创业目标。

（二）创业机会的类型

1. 显性创业机会与隐性创业机会

在市场上，明显没有被满足的现实需求，就是显性的创业机会。如果未能满足的需求尚未完全为人们所意识到，是隐而未见的，那就是隐性的创业机会。显性创业机会由于显而易见，抓住并利用这种机会的创业者较多，因而难以取得机会效益，即先于他人进入市场而获得的竞争优势和超额利润。隐性创业机会虽然不易被发现和识别，寻找和识别难度大，但由于抓住和利用这种机会的创业者人数少，因而机会效益高。

2. 现实创业机会与未来创业机会

在当前的市场环境中出现的未被满足的需求，被称为现实创业机会。在当前的市场上仅仅表现为一部分人的消费意向或少数人的需求，但随着环境的变化和时间的转移，在未来的市场上可能发展为大多数人的消费倾向和大量的需求，则被称为未来创业机会。创业者如果能寻求到并正确评价未来创业机会，提前开发产品或服务，并在机会到来之时迅速将其推向市场，则最易取得行业领先地位和竞争优势。未来创业机会效益较高，但本身也隐含着一定的风险性。需要注意的是，重视未来创业机会并不意味着可以轻视当前的创业机会，否则企业将失去经营的现实基础。而对未来创业机会缺乏预见性和相应准备，对企业后续的发展也很不利。因此，创业者应将对这两种创业机会的寻找和分析结合起来。

（三）创意与创业机会

创意是指一种创造性的思想、概念或想法。创意通常具有一定的创业指向，是创业机会的原初状态，是创业机会的来源。需要注意的是，创意只是一种概念或想法，可能满足也可能不满足创业机会的特征标准，在是否具有商业价值方面存在不确定性。那么，创业机会具有哪些特征呢？从蒂蒙斯教授对创业机会的定义中，我们可以找到明确的答案。

第一，吸引力。

创业机会对于潜在的客户来说能够产生一种渴望的期许状态，而对于创业者和投资人来说则存在可能的盈利，同样具有吸引力。

第二，持续性。

创业机会会存续一段时间，有待创业者去发现、评价和开发利用。

第三，时效性。

创业机会产生于一个特定的时间段，创业者必须在机会窗口存续期内加以开发利用，否则就会错过机遇。

第四，依附性。

创业机会依附于可以为用户创造或增加价值的产品或服务，其出发点是客户和市场的需求。

因此，创意并不等同于创业机会，只有具有商业价值的创意才能发展为真正的创业机会。具体而言，具有价值潜力的创意一般需满足如下要求：①新颖、独特、难以模仿；②客观、真实、可以实施；③同时具备对用户的价值和对创业者的价值。

二、 创业机会的来源

寻找和识别创业机会在创业过程中非常关键。创业机会主要来自以下几个方面。

（一）未被解决的问题

现实生活中存在着一些尚未解决的问题和一些不协调的现象，时常会给人们带来困扰和不便。而问题的存在说明有改变或改进的空间，这恰恰是创业机会的主要来源之一。创业者要善于发现和体会自己与他人在工作、学习、生活中遇到的问题，继而把这些问题转化为创业机会。例如，吉列小时候常常看到父亲用剃刀剃须时会刮破脸，自己长大以后也遇到了同样的困扰，于是发明了一种安全、方便并且可以更换刀片的新型剃须刀，成功创办了“吉列”品牌。

（二）变化的环境因素

变化是创业机会的重要来源，经济、社会、技术、政策这些方面的变化通常会刺激创业机会的产生。

1. 经济的发展

对经济发展趋势的了解和分析，有助于创业者辨别和选择合适的创业方向及行业领域。例如，银行利率下调通常会刺激房地产及配套行业的增长；经济发展持续向好会带动非生活必需品甚至奢侈品的消费需求等。

2. 社会的变革

社会和人口结构的变化趋势会对人们的行为方式和生活需求产生一定的影响，这往往孕育着更多的创业机会。例如，社交模式的改变使得微信和微博这样的通信或社交平台备受欢迎；对健康的关注提高了人们对绿色食品的消费兴趣；越来越快的生活节奏导致连锁快餐业蓬勃发展；人口结构的老龄化使得医疗保健、健康养生等行业逐渐兴起；职场竞争和生活压力的不断增大带动了“脱发经济”。

3. 技术的创新

技术创新也是有价值的创业机会的重要来源。新技术正在改造和重构经济与商业，在新技术浪潮的冲击下，一系列传统行业和商业模式面临着全新竞争、彻底改造甚至全面颠覆。例如，智能手机的出现带动了操作系统、应用程序、移动互联网、手机配件等产业的发展；对新能源的利用加速了新能源汽车、蓄电池、配套设施等产业的兴起。

4. 政策的调整

政策的变化可以促进创业环境的变化。新政策出台往往孕育着新的创业机会。创业者要善于研究和利用政策，抢先把握商机，站在潮头。例如，电动汽车、环境监测、教育培训、代驾等都是由于政策法规的调整而发展起来的行业。

（三）市场缝隙

创业机会依附于为用户创造价值的产品或服务，而顾客的需求是有差异的，现代市场中总是存在着市场的盲点。中小企业生产经营活动要围绕着“寻找市场缝隙”展开，并以新产品或服务的开发作为填补市场缝隙的核心战略。例如，美国有一家生产“即拍得”照相机的公司。在它准备打开日本市场时，被认为完全行不通。因为日本有各种优质的照相机产品，它们不仅在日本国内拥有雄厚的市场实力，在国际市场上也占有很大的份额。这家公司却不这么看，他们认为，“即拍得”是一种与上述产品有区别的新型产品。他们并非把一种普通照相机推销到日本市场，而是把一种“只要 10 秒就可洗出照片的喜悦”提供给用户。正是靠着能为用户提供一种新的体验和乐趣，“即拍得”相机成功打入了日本市场。可以看到，现代市场并非铁板一块，它完全是可以被细分的。只要在细分市场中找准适合自己的缝隙，就能找到创业机会的突破口。

三、 识别创业机会的常见方法

（一）通过认知经验

以往的认知经验和实际的工作经历会使创业者对某一领域了解得比较透彻，有利于其把握规律，识别出潜在的创业机会。这是获取创业机会的主要来源。对于没有太多工作经验的学生而言，应考虑先到创新型企业工作锻炼或者积极参加学校的各项创业实践活动，积累经验，积攒资源，为获取更好的创业机会做准备。另外，学生也可以通过所学的专业知识和技能，结合自身的兴趣爱好酝酿创业想法，并将其转化为实际的创业项目。

（二）通过观察变化

变化就意味着机会。创业者需通过观察和分析环境的变化趋势，充分了解其带来的思想观念、行为习惯、生活需求、收入水平、消费结构等方面的影响，洞悉背后隐藏的商机，再选择合适的市场机会，实施创业活动。

（三）通过解决问题

创业的本质是满足用户的需求，帮助用户解决实际问题，因此，创业者要善于发现问题，并通过问题的解决方案挖掘机会价值，选定创业项目。当然，并不是一发现问题就能够找到创业机会，这需要一个从发现问题、描述问题、分析问题到评估问题、解决问题再到需求评估、机会挖掘的系统过程。

创业者也可以通过对市场上已有产品的缺陷分析，针对其存在的功能上的不完善、结构上的不合理等，采用创新方法和手段进行改进、完善，打造升级版产品，获得创业良机。

(四)通过资源网络

创业者还可以通过自己拥有的人脉资源、技术资源、渠道资源等方面的优势，合理整合，充分利用，寻找适合自己的创业机会。

创业故事

技术创新寻得创业机会，绘制精彩人生

朱炳华，南京信息职业技术学院软件技术专业2010届毕业生。2009年12月，他凭借“华创自助打印系统”项目参加学校举办的第二届创业计划大赛，荣获一等奖，并成功入驻大学生创业教育中心。2011年11月，“顺捷图文”正式注册，主营自助打印。

2007年，入学第一年，朱炳华就利用业余时间打工，自力更生。他和7名同学利用打工积攒的一万元购买设备，在学校创业园开了一家打印店。因为学校对创业学生实施零租金优惠并给予创业指导，他的生意经营得不错。

“传统打印机效率太低，又不能24小时服务。能不能研制一台自助式打印机，让消费者刷卡自助消费?”他的创业团队利用所学知识先做软件研制，所在学院也将此列为课题攻关项目。在众人的共同努力下，功能化产品样机被研制出来了。但到市场上寻找合作伙伴时，他们却遇到一系列麻烦。因为是学生上门推销，商家自然爱答不理。坐了一圈冷板凳后，有一家公司被他们的诚意打动，帮忙研制出“总控盒”，加上其他硬件，自助式打印机终于诞生。这款打印机填补了市场空白，效果比大家最初想象的要好很多。但毕竟是第一代产品，技术不够成熟；加上为了节约成本，有些关键部件不得不使用替代品，自助式打印机的运作并不理想。而此时，朱炳华也陷入困境，10多万元的投入已使他们倾其所有。此外，毕业在即，8人团队大部分都不陪他“玩”了。这让他很纠结，很动摇：究竟是该坚持下去搞出市场认可的自助式打印机，还是先解决吃饭的问题?

朱炳华的自助打印机有一定的技术含量，研制者对技术类产品应有专利意识和知识产权保护意识。专利产品的研制者拥有多种市场化推广法，如寻找合作者，包括资金合作、股份合作、销售合作等；也可以转让第一代产品，获得资金后再去构思升级产品。知识产权转让是个复杂的技术活，很“耗”时间。毕业生在面临找工作还是继续研制这个“两难”问题时，应兼顾长与短的关系，根据自己的实际做出选择。

朱炳华选择了坚持。他的项目在"成业栖霞"青年创业挑战赛上取得季军，获得东南大学及企业专家直接进行创业辅导的机会。在政府、学校、企业的共同帮助下，2010 年 1 月"华创自助打印复印系统"研发成功，并委托南京某公司制作了第一台样机投入使用。学校为该项目安排了创业实践基地，自助打印系统开始了实验性运营。在试运营阶段，朱炳华的团队发现了许多问题，进一步完善了系统功能，提升了系统的稳定性，并最终实现了自己建设服务器以及所有设备和配件的自主化生产。

知识测试

1. 创业机会的核心要素是什么？

2. 一个好的创意就是一个好的创业机会吗？二者之间有何联系与区别？

3. 在校大学生如何发挥自身优势，识别创业机会？

能力训练

1. 头脑风暴：以小组为单位，针对以下两个主题进行头脑风暴，并在组间分享。

(1)砖头的用途有哪些？

(2)看到"苹果"你能联想到什么？

2. 以头脑风暴的形式，讨论未来的前景趋势和可能会出现的新兴产品或服务，并以小组为单位，完成前景趋势和所对应的新兴产品(服务)列表。

3. 请通过市场调研，寻找现实中存在的痛点问题，并经过分析拟出创意方案，同时为该方案所对准的消费者进行客户模拟画像。

任务二 评估和筛选创业机会

> 抓住时机并快速决策是现代企业成功的关键。
>
> ——艾森·哈特

创业者识别和发现潜在的创业机会后，需结合内外部因素和环境进行进一步的评估，通过详细的市场调查和分析对潜在项目的目标市场、可行性、成长性等做全面的了解，筛选出切实可行的创业机会。

一、 市场调查和分析

市场调查，即调查市场状况、周边环境和消费者需求，包括通过搜集、整理、分析各方面的信息，了解评估创业项目所需要的客观因素(如市场、行业、政策、法规等)和主观因素(如用户需求、竞争对手、自身优势等)。详尽的市场调查有助于创业者进行科学决策，降低创业风险。

（一）市场调查的主要内容

1. 市场需求调查

所谓市场需求调查，即调查现有市场的购买需求和趋势。购买需求包括购买力、购买动机、需求量和需求的影响因素。购买趋势是基于购买需求的趋向和走势。例如，若打算经营一家小超市，那么应当调查附近居民对小超市的需求程度，了解他们平时是喜欢就近购物还是倾向于种类齐全的大超市，需求量大不大，周边提供同样服务项目的超市有几家，这些超市被认同的程度和生存状况如何，有哪些优势且前景如何等。

2. 宏观环境调查

宏观环境指影响企业的各种宏观力量，包括经济环境(社会经济结构、经济发展水平、经济体制和政策、当前经济状态)，社会和文化环境(人口因素、社会流动性和各阶层对企业的期待、消费者心理、文化传统和价值观)，政治法律环境(政治局势、政府行为、法律法规、路线方针等)。

宏观环境调查通过对上述宏观影响因素的具体层面进行分析，为企业决策提供依据。例如，政治法律调查就是要了解和调查一个国家或地区的政治制度、政治氛围、政治局势、国际关系、政策导向和与企业经营相关的法律法规等。税收政策、信贷政策、行业规范的变化会在一定程度上影响企业的发展，因此有必要对政策法规展开详尽调查。在所有有关政治法律的调查中，与企业经营活动相关的经济法律法规的调查尤为重要。任何一个创业者在创业之前都必须深入地了解相关的法律法规，包括经济法、公司法、税法、商标法、知识产权法等，以便在经营过程中做到有的放矢。

3. 行业环境调查

行业环境调查，即调查经营项目所属行业的历史、现状、趋向、结构、行规和管理。

若想做物流，那么有必要调研物流这一服务性行业在国内的发展现状和未来趋势，了解该行业的行规、制度以及相应的管理措施，弄清有没有市场壁垒。

4. 竞争对手调查

竞争对手调查是关于竞争环境、竞争对手和竞争策略的调查研究。竞争对手调查的目的是通过各种渠道搜集信息，查清竞争对手的状况，包括产品及价格策略、渠道策略、营销策略、竞争策略、研发策略、财务状况和人力资源等，了解其竞争优势和弱势，从而知己知彼，百战不殆。

调查竞争对手时，创业者一要了解竞争对手的数量与规模，如果既有行业已经高手如云，不妨另辟蹊径；二要了解竞争对手的分布与构成，假如你的实力足够雄厚，可以直接在竞争者旁边选址；三要了解竞争对手的经营策略与销售方案，可以模仿成效好的套路，也可以在这些营销之外探寻更加有效的方法以吸引消费者。如此，才能采取相应的竞争策略。不做竞争对手调查，盲目跟进，多半会失败。

（二）信息搜集的主要方法

1. 询问法

询问法在市场调研中最常用，是最基本的调查方法。询问法通常是由调查员准备好调查表或提纲，向被调查者了解情况，获取信息。

(1)人员访问

人员访问，即调查者通过与被调查者面对面交谈来获取市场信息的一种调查方法。询问方式分为两种：按既定提纲询问或自由交谈。活动空间也分为两种：街头或入户。调查员要讲究一定的技巧，简单问题简单做，复杂现象则要灵活委婉、逐层深入。这种调查方法有很强的现场感，调查员可以有效控制时间，也能知晓被调查者的态度，因而能极大提高所获资料和信息的准确性和真实性。调查成本高，周期长，拒访率高，是人员访问调查法的不足。

(2)电话访问

电话访问，顾名思义，是通过打电话的方式向被调查者搜集信息。这种调查方法方便快捷，节省人力物力，覆盖面广，但不如面对面交流那样直接和深入。

(3)问卷调查

按照问卷的媒介，问卷调查法又分为信函问卷、传真问卷、网络问卷、报刊问卷和实地问卷等常见形式。

信函问卷是将问卷寄给被调查者，被调查者按照设计的题目作答完毕之后再将问卷寄回。这种问卷方式以郑重、高标准的设计引发被调查者的兴趣，因而回收率高，所获信息的准确度也高。传真问卷和信函问卷近似，只不过采取传真机这种现代化的工作手段，比信函问卷快，也比电话调查省力。网络问卷是指利用电子邮箱或设计好的平台搜集信息的调查方法。这种调查方法及时迅捷，但受被调查者的文化水平、经济条件、生活习惯、认知能力等因素的制约。报刊问卷是利用报纸、杂志等的某一页作为载体，刊登问卷的内容，以期读者回应的问卷调查方法。受众狭窄、回应率低是其明显的缺点。实地问卷是指调查者在商场、游乐场等人流量大且集中的地段或其他公共场所随机选择过往行人，就地进行问卷调查。这对于目标市场比较明晰的创业项目比较合适，但行人的总体配合程度和配合后的认真程度并不高。

问卷内容设计是实施问卷调查的关键。问卷的主体内容以问题和备选项的形式呈现，其中问题要围绕调查目的展开，备选项要考虑全面，同时措辞要精准，层次要分明。

(4)小组座谈

小组座谈是从目标市场中抽取一群人，一般以6～10人为宜，来探讨相关话题的一种调查方式。与问卷调查相比，小组座谈在了解消费者内心想法上更有效。因此，它在调研产品概念、产品测试、顾客满意度、用户购买行为等方面应用率极高。座谈的主持人为专业调研员。在座谈过程中，主持人一方面提出话题，引起人们讨论，另一方面控制座谈节奏，调节座谈气氛，激发被调查者的积极性和想象力，从而获取信息。由于这种调查法一般有一个讨论焦点，因此也被称为“焦点访谈法”。通常情况下，组织者要提前宣传，许诺赠送礼品等以吸引被调查者，增强访谈效果。

2. 观察法

观察法也是一种直接的极具现场感的调查方法。调查者到某个现场对调查对象进行实地观察，依据市场调查目标，系统地记录调查对象的行为方式。依据场地不同，观察法又细分为生产现场观察法、包装现场观察法、使用现场观察法、销售现场观察法等。无论哪种观察，大都是边看边记，最后整理分析，得出结论。为了将现场悉收眼底，调查者往往会借助现代技术，如摄像机、照相机来记录现场状况。这种调查方法能搜集到客观翔实的资料和信息，但只知其一不知其二，不能触及内里，尤其不能发现消费者真正的消费动机。

为了尽量避免调查偏差，调查者在采用观察法搜集资料时应当注意以下几点。

第一，调查者要努力不带偏见地进行调查。

第二，调查者应注意选择具有代表性的调查对象和合适的调查时间与地点，尽量避免只观察到表面现象。

第三，在观察过程中，调查者应随时记录，所记录内容应尽量翔实。

第四，除了在实验室等特定的环境下和借助各种仪器进行观察时，调查者应尽量使调查环境保持自然平常的状态，同时注意保护被调查者的隐私。

3. 实验法

实验法是实验先行，证明可行后方大规模推广的一种市场调查方法。在所有的市场调查方法中，实验法最科学也最具科技含量。它要求先设定一个实验环境，预设各种影响因素或条件，通过实验对比，对市场需求、市场环境或营销过程中的某些变量之间的关系及其变化进行理性分析。

此外，还有数据法、试销法等市场调查方法。

当资料在手、数据在握后，创业者要对其进行整理和分析。此时的资料原始而散乱，只有经过去伪存真、去粗取精、查漏补缺，才真正具备参考价值和利用价值。调查者可以先对这些资料分别从价值大小、适用领域等角度进行分类，以方便取用，接着可以进行全面检查，多余的先删除，遗漏的再填补，然后进行资料分析，并把分析结果以统计图表的样式展示出来。

撰写调查报告是阶段性市场调查的最后步骤。调查报告是对消费需求、行业状况、技术可行性、商业潜力等调查内容所做的书面报告。它既是市场调查的一部分，又是促进项目管理水平、提升创业竞争力的必要活动。

（三）市场分析的主要方法

市场分析是创业者对创业机会或项目进行行业规模、市场情况、用户需求的深入研究，有助于创业者正确评估创业机会，科学细分目标市场，客观认识优势与挑战。市场分析的具体方法有很多种，初创企业常用的方法有 PEST 分析法、波特五力模型和 SWOT 分析法。

1. PEST 分析法

PEST 分析法主要用于分析影响行业发展的外部因素，针对政治环境(Politics)、经济环境(Economy)、社会环境(Society)、技术环境(Technology)这四大因素进行分析，把握创业企业和项目所处宏观环境的现状及变化的趋势。

(1)政治环境

政治环境是指一个国家或地区的政治制度、体制、方针政策、法律法规等因素。这些因素常常影响着企业的经营行为，尤其对企业长期的投资行为有着较大影响。

具体的影响因素包括国家出台的政策、相关法律法规、产业相关政策、投资政策、政府补贴等。

(2)经济环境

经济环境是指企业在制订战略过程中必须考虑的经济制度、经济结构、产业布局、资源状况、经济发展水平以及未来的经济走势等多种因素。

从创业者的角度而言，需要关注的因素主要有利率水平、通货膨胀程度及趋势、能源供给成本、居民可支配收入水平、居民消费倾向和消费模式、收入差距等。

(3)社会环境

社会环境是指一个国家或地区的文化传统、价值观念、宗教信仰、教育水平以及风俗习惯等因素。构成社会环境的要素包括人口规模、年龄结构、收入分布、消费结构和水平、人口流动性等。

(4)技术环境

技术环境是指企业业务所涉及国家和地区的技术水平、技术政策、新产品开发能力以及技术发展的动态等。技术要素不仅包括那些引起革命性变化的发明，还包括与企业生产有关的新技术、新工艺、新材料的出现和发展趋势及其应用前景。

2. 波特五力模型

波特五力模型是迈克尔·波特(Michael Porter)于20世纪80年代初提出的，用于分析一个行业的基本竞争态势和市场吸引力程度。“五力”是指行业中存在的决定竞争规模和程度的五种力量，这五种力量综合起来会影响产业的吸引力以及现有企业的竞争战略。

(1)同行业内现有竞争者的竞争能力

企业竞争战略的目标在于使本企业获得相对于竞争对手的优势，所以，在实施竞争战略时必然会产生冲突与对抗现象，这些冲突与对抗就构成了现有企业之间的竞争。现有企业之间的竞争常常表现在价格、广告、产品介绍、售后服务等方面，而竞争强度与许多因素有关。

(2)潜在竞争者进入的能力

潜在进入者在给行业带来新生产能力、新资源的同时，希望在已被现有企业瓜分完毕的市场中赢得一席之地，这就有可能与现有企业发生原材料与市场份额的竞争，最终导致行业中现有企业盈利水平降低。竞争性进入威胁的严重程度取决于两方面，即进入新领域的障碍大小与预期现有企业对于进入者的反应。

(3)替代品的替代能力

两个处于同行业或不同行业的企业，可能会由于所生产的产品可互为替代，从而产生竞争。这种源自替代品的竞争会以各种形式影响行业中现有企业的竞争战略。

(4)供应商的讨价还价能力

供应商主要通过其提高投入要素价格与降低单位价值质量的能力，来影响行业中现有企业的盈利能力与产品竞争力。

(5)购买者的讨价还价能力

购买者主要通过其压价与要求提供较高的产品或服务质量的能力，来影响行业中现有企业的盈利能力。

3. SWOT 分析法

SWOT 分析法是一种项目可行性分析工具，就是将与研究对象相关的优势、劣势、机遇、挑战四方面的因素列举出来，然后通过系统分析的方法，把各种因素有机结合起来加以分析，并得出结论。

在 SWOT 分析的四种因素中，优势和劣势是内部因素，可以通过努力去改变；机遇和挑战是外部因素、环境因素，一般难以通过努力去改变。

(1)优　势

①擅长做什么。

②拥有什么新技术。

③和别人有何不同。

④能做什么别人做不到的。

⑤什么因素让我可以获得订单。

(2)劣　势

①不擅长做什么。

②缺乏什么技术。

③别人有什么是比我好的。

④不能满足何种顾客。

⑤什么因素会让我失去订单。

(3)机　遇

①相关行业领域出现了哪些政策变化。

②人们的生活方式出现了哪些改变。

③市场中出现了什么合适的机会。

④可以学到什么技术。

⑤可以提供什么新的服务。

⑥可以吸引哪些新的顾客。

(4)挑　战

①市场最近出现了什么变化。

②竞争者最近有何动向。

③顾客需求出现了哪些变化。

④政策环境的变化是否影响到业务发展。

⑤所涉及的产品和服务标准是否有改变。

二、 筛选创业机会和项目的原则与方法

创业者在创业初始对机会和项目的识别筛选极为关键。据研究，80%的创业者在创业前期都感到确定创业项目“十分头疼”或“很难抉择”；在创业失败的案例中，接近60%的人觉得“创业项目不对”或“创业项目选择失误”；在成功创业人群中，70%的人认为是“好的创业机会和项目成就了事业”。

创业故事

巧选创业机会，收获创业成果

张寒寒，南京信息职业技术学院通信技术专业2013届毕业生，在2011年学校第四届创业计划大赛中获得一等奖，并成功入驻创业教育中心，经营舞台演出服装租赁生意。2013年1月，张寒寒开始筹备南京“城市蜗客公寓”项目，并于同年5月顺利营业。在2013年11月16日“赢在南京”青年大学生创业大赛决赛中，张寒寒一举夺魁，获得了一等奖，拿到了50万元的无偿资助和3万元的个人奖励。

年轻的张寒寒为何会选择做公寓项目呢？契机是她因在2012年暑期做兼职，需要在校外寻找合适的临时租所。那时，她体会到了找房人的艰辛——必须在鱼龙混杂的房源中做出选择。同时，她还了解到，很多在暑期打工和刚毕业的同学都遇到了同样的问题。向年轻人群提供比较集中的中低价位的居住场所，这应该是个商机。就这个想法，她与学长和教师及时进行沟通，并得到了热情回应。她在搜集相关公寓资料时，了解到政府对大学生创业有一些扶持政策，于是决定创办一个专门为刚毕业的年轻人群服务的公寓项目。她联系了几个志同道合的朋友，一起成立了公寓项目创业团队，用一个月的时间对整个南京市场公寓类项目进行考察，完成了对公寓项目服务对象和价格的定位。同时，他们多方筹措启动资金并同步找房，最终将目标锁定为秦淮区光华路上的一处毛坯房。他们的创业项目"城市蜗客公寓"由此启航。

城市蜗客公寓配置了席梦思、液晶电视、写字台、衣柜、洗面台、坐便器、淋浴等日常生活设施，共60个房间，其中8～12平方米中低价房45间，占房间总数的75%；有一个80平方米的多功能茶餐厅，配置座位50个，茶餐桌12个；有一个20平方米的公共厨房，配置三套烹饪设备；有一个50平方米的洗衣房，配置全自动洗衣机10台，熨烫机2台；有一间20平方米的生活品超市，配置冰柜和收银系统。公寓安装了新风循环系统，实现了高速无线AP网络全覆盖，并在公共空间安装了视频监控系统，与公安部门实现了安全系统联动。

在公寓项目启动之初，团队有针对性地制订了多渠道的个性化营销策略，推出了多种优惠预租政策。他们在各大校园论坛及房产类网站进行信息发布，提出对提前预订并付足租金的个人提供专属的个性化装修服务，同时也在各大学校园的宿舍区内进行推广。

公寓自2013年5月投入营运，8月进入全面资本回收阶段，2014年年底基本完成资金的回收。团队规划顺势启动城市蜗客公寓连锁工作，全力打造300～500套的大型公寓项目。

张寒寒的团队推出的城市蜗客公寓项目之所以能在短期内取得强烈的市场反响，说明该创业机会能满足现时社会年轻人的生活需求。

（一）创业机会的筛选原则

一个好的创业机会，必须存在于独立的、有一定创新的产品或服务中，该产品或服务必须能切实满足用户需求，而且具有较好的技术可行性和商业可行性，具有一定的利润空间。具体而言，好的创业机会主要包括以下方面。

第一，创业机会所针对的痛点具有持续性，在以后相当长一段时间内，都会有用户对该产品(服务)抱有期许和渴望。

第二，该产品(服务)与问题解决方案有很高的匹配度，切实解决了用户的痛点问题。

第三，该产品(服务)是有一定的创新性的，不是单纯的模仿和复制，并且在技术上是可以实现的。

第四，该产品(服务)的成本结构合理且持续可控，具有良好的商业可行性。

第五，该产品(服务)的市场容量很大，成长率高且持续时间长。

第六，所属行业正处于成长期，并且发展前景良好。

第七，该产品(服务)的目标客户群体清晰，有明确的细分市场。

第八，在现有竞争者中有明显的竞争优势，并能构建起竞争壁垒。

第九，利润空间大，潜在价值高，能在较短时间内实现盈亏平衡。

第十，风险可识可控，容易退出。

（二）大学生选择创业项目的基本方法

由于大学生创业者群体的特殊性，大学生在筛选创业项目时要尽量发挥自身优势，优先考虑以下方面。

1. 优先考虑政策优惠的项目

为了鼓励大学生创业，各级政府和行政主管部门都出台了一系列优惠政策，其中有一些是针对具体行业的。大学生创业者可以根据自身的实际情况，在这些可享受优惠的项目中寻找适合自己的创业机会。

2. 优先考虑技术可行性高的项目

大学生创业者应尽量避免一开始创业就进入不太熟悉的高新科技行业。高科技行业需投入大量的研发资金，对于资金较少的创业者来说门槛很高。大学生创业者可以选择技术可行性高的行业，在积累了一定的资金和技术资源后，再考虑转入高新科技行业。

3. 优先考虑处于成长期的项目

大学生创业者在创业时往往会选择毫无市场基础的项目，这样做会有很大的风险。只有当一个项目处于市场已经开发，但是现有的供应能力不足的时候，才宜及时介入。这样的话，成功的概率会大很多。选择这些处于成长期的项目，不仅能有效降低风险，而且可以获得较大的利润空间。

4. 优先考虑有特色的项目

别人没有的、与别人不同的、先于别人发现的、比别人强的项目都可以被归类为有特色的项目。特色项目除了可以避免陷入与同类型的竞争者同质化竞争的困境，还可以提升产品的辨识度和认知度，拥有更高的定价空间。

5. 优先考虑初始投入资金较少、资金周转期短的项目

大学生在刚开始创业时，应尽量选择初期投入少、资金周转快的项目，这样才能有充足的流动现金维持企业的正常经营。投资大、成本高、获利时间长、库存量大、周转慢的项目容易使现金流出现问题，是大学生创业者尤其需要注意的创业陷阱。

6. 优先考虑雇佣人力较少的项目

大学生创业者普遍缺少实际的管理经验，如果一上手就管理很多员工，往往会出现内部管理混乱。没有人力资源管理经验的大学生，适合先选择创建不超过 5 个人的小微企业，随着企业的发展壮大不断积累管理经验，这样在需要管理更多员工时自然游刃有余。

知识测试

1. 对创业机会开展市场调查一般需从哪些方面进行？

2. PEST 分析法、波特五力模型和 SWOT 分析法均可用于市场分析。这三种方法的侧重点有何不同？

3. 你认为什么样的创业机会才称得上好的创业机会？

能力训练

1. 小组为单位，选择不同类型的三家企业的主流产品，讨论和分析：

(1)这些产品分别解决了用户的哪些痛点问题？

(2)市场上有没有同类型产品？这些产品之间的差异有哪些？

(3)同类型产品中，哪种产品更受用户欢迎？原因是什么？

2. 在本项目任务一的“能力训练”中，同学们已经通过市场调研，寻找现实中存在的痛点问题，拟出创意方案。请以此为基础，逐步完成下列工作：

(1)选定一种创意方案作为模拟创业机会，运用所学知识制作产品(服务)创意可行性调查问卷。

(2)开展市场调查并运用至少一种分析工具进行市场分析。

(3)撰写一份市场调查报告。

3. 根据创业机会筛选的原则，小组合作完成“创业机会快筛评价表”的设计(条目不限，可自行扩展)，并利用该表对上题中已做过市场调查的模拟创业机会进行评估，给出评估结果。

任务三 识别创业风险

不要控制失败的风险，而应控制失败的成本。

——罗伯特·A. 库伯

创业风险是指新创企业内外部多种原因造成创业活动失败的可能性。对于创业者而言，创业是一个充满风险、艰辛与坎坷的过程。如何才能规避和防范可能出现的创业风险，是每一位创业者都十分关注的问题。

案例展示

不断倒下的共享单车

2017年，失败的企业当中，共享单车是重灾区。

一年前，共享单车以迅猛之势崛起，随后开始野蛮生长。一年后，风口上的共享单车开始出现倒闭潮，先后有多家共享单车企业被曝押金无法退还。在这期间，共享单车经历了什么？一切要从两年前说起。

2015年6月，ofo收到了第一辆学生共享出来的单车，这标志着共享经济正式到来。随后，伴随摩拜的入场，共享单车作为新的商业物种引得媒体轮番报道。资本追捧刺激着其他创业企业跃跃欲试，一时间，大街上出现了赤橙黄绿青蓝紫等各色共享单车，竞争激烈。2017年下半年，腾讯及阿里的加入使整个行业梯队分化得更加明显，在摩拜、ofo双寡头之下，留给其他平台的机会越来越少。

于是，倒闭潮开始来袭。2017年6月，3Vbike发布公告称，由于大量单车被盗，即日起停运。此时距离其上线运营不过4个月。2017年8月，町町单车因非法集资、资金链断裂，被栖霞区工商局纳入异常企业经营名录。从“富二代”到“负二代”，前后不过8个月。2017年9月底，酷骑单车曝出资金链断裂、押金难退，多地运营单位与工商局失去联系，部分地区开始对酷骑单车进行清理。2017年11月，供应商和用户围堵了小蓝单车北京办公点要账、要押金，其中还有公司调度维修员等追讨工资。这距离其上线运营也不足一年。

反思：创业不能跟风。

共享单车的价值不仅仅是盈利租金，还涉及大数据、线下交易入口、出行服务等领域。因此，共享单车市场不会出现小而精的企业。这要求企业必须用户规模大，扩张速度快，必须是赛道前几名。行业本身就只允许少数几家存活，投资人也只看赛道前几名，导致很多跟风小企业融资困难，不得不倒闭。

（亿欧：《2017十大失败案例：那些结局惨淡的创业者留给了我们什么？》，https：//www.sohu.com/a/221018318_115035）

一、 创业风险的特征

创业风险贯穿于整个创业过程，具备一些共同的特征。

（一）客观性

创业就是一个识别风险和应付风险的过程。在创业的过程中，由于内外事务发展的不确定性是客观存在的，因而创业风险也必然是客观存在的。客观性要求创业者采取正确的态度承认和正视创业风险，并积极对待创业风险。当然，客观性并不否认创业风险也有主观的一面。

（二）不确定性

创业的过程往往是将创业者的某个“奇思妙想”或创新技术变为现实的产品或服务的过

程。在这一过程中，创业者面临各种各样的不确定因素，如可能受到已有市场竞争对手的排斥，进入新市场面临需求的不确定，新技术难以转化为生产力等。此外，创业阶段所需投入较大，而且往往只有投入没有产出，可能出现资金不足，从而导致创业失败。也就是说，影响创业的各种因素是不断变化、难以预知的，这种难以预知就造成了创业风险的不确定性。

（三）双重性

创业有着成功或失败两种可能性，创业风险便具有盈利或亏损的双重性。如果能正确认识并且充分利用创业风险，反而会使收益有较大幅度的增加。

（四）可变性

随着创业因素的变化和内外部环境的变化，创业风险的大小、性质和程度也会发生变化。

（五）可识别性

根据创业风险的特征和性质，创业风险是可以被识别和区分的，而且可以通过定性或定量的方法被估计。

（六）相关性

创业者面临的风险与其创业行为及决策是紧密相连的。同一风险事件对不同的创业者会产生不同的风险，同一创业者由于决策的不同会面临不同的风险。

二、 创业风险的类型

虽然风险客观存在，但对于创业风险的规避并非无章可循。对于新创企业而言，其所面临的诸多风险中，最主要和影响最大的三类是客户风险、创新风险和法律风险。

（一）客户风险

客户风险是指新创企业并不确定自己的创新产品是否有市场。这是当前我国大多数创业公司面临的最主要的风险。虽然中国已经成为全球创业活动十分活跃的国家，但受多种因素的影响，目前，中国创业者大多还是选择对现有技术进行“二次创业”，集中表现在网络产品和服务开发，并利用互联网渠道进行销售。这实际上并不是完全的发明创造或颠覆性的技术创新，而是属于“微创新”。因此，这类企业面临的真正风险不是来自技术，而是此产品或服务是否存在真正的客户和市场。换言之，即客户和市场对新创公司的产品和服务是否“买账”。

客户风险的存在，一方面固然源于市场的不确定性，另一方面还由于新创公司易于犯错，即照搬成熟公司的新产品管理模式。创业者对商业机会进行识别，从一个概念开始进行产品开发、测试，最终生产出具有实用价值的产品。新产品的开发过程实际上蕴含着巨大的客户风险。具体说来，客户风险可以从三个方面进行识别。

1. 创业者不能清晰地定义目标客户群体

新创企业最初都没有客户，这是创业者必须面对的事实。对于仅有的少量客户，还要注意防范“大客户陷阱”。因此，新创企业必须承认自己的新产品或新服务还停留在“实验”阶段，无论是客户群体还是自己的解决方案都建立在“设想”之上，仅仅是一种“可能”而不是“现实”。能否真正找到客户和市场都还是问题，有待检验。

2. 创业者不能清晰地定义商业模式

新创企业就是要打破既有的商业模式，因此对新创企业来说，并不存在现成的商业模式。新的商业模式实际上来自创业者的假设，其可行性要不断接受市场检验，但在实践中，创始人往往认为自己已经找到了可行的商业模式，从而将重点放在“执行力”上。的确，大量的商学院创业教育课程都告诫创业者执行力是第一位的，但是在强调执行力之前，创业者必须清晰了解，只有通过不断实验才能定义市场，否则市场风险极难规避。

3. 创业者不能清晰地定义产品特征

即便新创企业能够清晰地定义目标客户群体，也无法预先知道客户会青睐什么样的产品。实际上，我们事后会发现，取得成功的新产品开发极少提供全面的产品功能，更加普遍的情形是新产品或解决方案往往在某一方面“单点突破”，提供完美的价值。因此，重要的并不是创业者所设想的完美产品，而是在某一方面超越传统产品的客户体验。在与客户直接沟通之前，新创企业对此无从知晓。在现实中，创始人通常都对新产品具有什么样的特征有非常清晰的想法，只是他们往往忘记了这是创业者自己的想法，而不是顾客的。产品特征是否符合顾客的要求，只能通过市场来检验。

（二）创新风险

创新风险指的是新创企业在将技术成果商品化的过程中技术创新失败的可能。创新风险的特点是研发周期长、投资成本高、产品性能不确定性大、投资成功回报率高。具体说来，创新风险包括三类风险。一是技术自身的风险，如技术能否被成功开发、实际效果如何、是否有技术副作用等都难以确定。二是相关技术不匹配的风险。三是技术环境风险，包括发展前景及替代技术的出现等。

中国新创企业往往依赖成熟技术，这侧面反映出创新风险比较高。应该指出的是，当前中国大多数创业公司所面临的创新风险并非来自颠覆式的技术变革，而主要是技术改进。对于少数真正进行先进技术研发的技术型创业公司而言，创新风险除了来自技术研发本身，还应关注创新的外部环境风险，其中主要包括国家政策的变动。例如，医药、信息安全等领域的技术研发，常常涉及政府审批，且与国家政策与资金支持紧密相关。

（三）法律风险

新创企业普遍缺乏法律咨询意识和法律风险防范机制，这与重视社会关系而轻视法律法规的创业环境有关。加上新创企业财力有限，规模尚小，更是难以顾及法律规范和法律咨询。实际上，法律风险是新创企业面临的最为隐秘的风险。新创企业本质上就是要打破常规，因此其所面对的不确定性要远远高于成熟的企业。

首先，新创企业在确定经营领域、获取经营资格和市场准入、争取政府扶持与优惠政策等过程中会与政府部门形成联系。部分创业者往往在此过程中只重视“关系”，轻视法律界限，诱发大量法律风险。

其次，新创企业进行技术研发，实施品牌战略，申请、购买或使用专利成果等过程涉及大量知识产权问题。创业者往往不具备专业的法律知识，易陷入法律纠纷。

再次，新创企业在进行决策权力行使、产权和收益分配、公司建章建制、引入天使投资或风险投资、进行并购或上市等诸多环节都涉及大量法律合同，没有律师的专业咨询和指导难以做出科学决策。

最后，新创企业的市场风险可以与法律风险彼此叠加，此时后果更加严重。尤其是在融资过程中，新创企业往往缺乏金融和投资领域的专家，风险评估和议价能力有限，对融资陷阱缺乏有效识别，甚至会由于无知而触犯法律。在现实中，极少有新创企业事前对上述可能的风险进行防范和明确约定，运营过程中因陷入法律纠纷而分崩离析的企业也不在少数。

法律风险一旦发生就无法补救，不容许企业进行“试错”。客户风险和创新风险则大多可以进行补救，最糟糕的结果不过是宣告破产，创业者在多次失败之后仍可以从头再来，这种失败本身也是经验的积累过程，创业者会获得“越挫越勇”的历练。但企业一旦陷入法律纠纷，其不良影响及后果是全面性的，不单要面对商誉受损、经营惨败、财产损失等，在最糟糕的情形下，创业者可能因触犯法律而受到制裁。经历了如此打击的创业者很可能一蹶不振，再次创业难上加难。

三、创业风险的识别方法

识别创业风险的常用方法主要有三种。

（一）环境分析法

企业环境的构成极其复杂。自然、经济、政治、社会、技术等环境构成宏观环境，微观环境主要包括投资者、消费者、供应商、政府部门和竞争者等。环境分析法是指通过对环境的分析，明确机遇与挑战，发现企业的优势和劣势，找出这些环境可能引发的风险和损失。环境分析法重在分析环境的不确定性及变动趋势。例如，市场是否有新的竞争对手介入？竞争对手的发展趋势是什么？市场需求因素对企业产品销售将产生什么影响？这些不确定因素往往使企业的经营难以预料。同时，还要分析环境中的变动因素及其相互作用对企业的制约和影响。此外，应从整体角度分析外部环境与内部环境的相互作用及其影响程度。

（二）财务报表分析法

财务报表分析法以企业的资产负债表、利润表及财务状况等资料为依据，对企业的固定资产、流动资产等情况进行风险分析，以便从财务角度发现企业面临的潜在风险。财务报表便于管理人员掌握资料，提高风险识别效率。报表能集中反映企业财务状况和经营成果，因此报表分析可以为发现风险因素提供线索。这种方法是识别创业风险的有力手段。

（三）专家调查法

专家调查法也是一种重要的风险识别方法，指利用专家的经验、知识和能力，发挥专家的特长，对风险的可能性及其后果做出估计。

一般来说，运用专家调查法的基本步骤如下。

第一，选择主要的风险项目，选聘相关领域的专家。

第二，专家对各类可能出现的风险进行评估、打分。

第三，回收专家意见并整理分析，将结果反馈给专家。

第四，汇总专家的新一轮意见，直到比较满意为止。

知识测试

1. 新创企业需要注意和规避的主要风险有哪些？创业者如何识别创业风险？

2. 除了客户风险、创新风险和法律风险外，大学生在创业过程中还有可能遇到哪些风险？

能力训练

以小组为单位，对已通过评估和筛选的创业项目展开讨论，综合分析这些项目可能存在哪些风险，逐条制订防范和应对措施，梳理并记录下来。

MODULE 2

模块二
创业知识与实务

项目八　创业者与创业团队

目标引领

知识 1. 认识创业者应具备的素质和能力

2. 了解创业团队的特点

3. 认识创业团队的重要性

4. 了解团队组建时人员构成的基本要素

能力 1. 掌握组建创业团队的方法

2. 掌握管理创业团队的技巧

素养 1. 培养洞察力，提高责任心，能吃苦耐劳、公平诚信

2. 培养领袖意识

学习导航

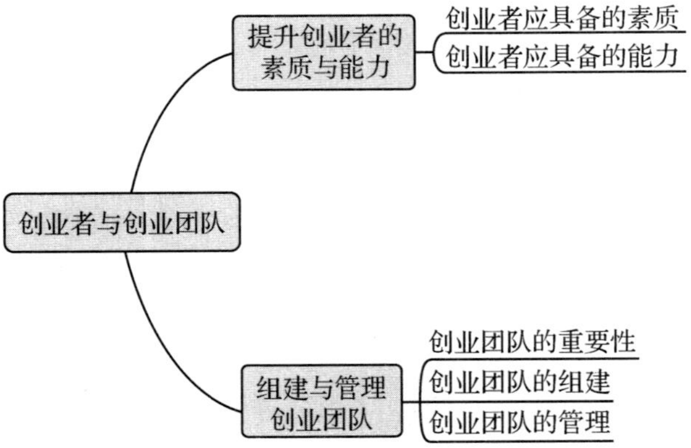

任务一 提升创业者的素质与能力

任何成功，勤奋和努力都是必要条件。如果没有最低 6×12 小时的勤奋和努力，为什么你会成功呢？如果你想干 5×8 小时就成功，别人比你工作时间长 50%，聪明程度一样，那人家就比你努力一倍。这就应了中国的古话：天道酬勤。

——雷军

一、创业者应具备的素质

（一）创业者素质的概念

素质是一个人活动的主观条件和内在根据，是其完成一定活动与任务而应具备的基本条件和特点，是行为的基础和根本因素，包括生理素质和心理素质两大方面。素质对一个人的身心发展、工作潜力和工作成就起着决定性作用。

创业者素质是指成功的创业者所具有的独特品质和能力。按照生理和心理两方面的构成来看，创业者素质包括创业者的身体素质和心理素质。其中创业者心理素质是关键，又包括智能素质(知识、智力、技能和才能等)，品德素质(思想品质、创新意识和道德品质等)，文化素质(文化广度、深度和社会工作经验等)，心理健康素质等。

有研究者对学习创业学课程的 800 多名大学生进行调查，对 20 种素质按重要程度排序，排在前 10 位的创业者素质是成就欲、冒险精神、自信心、创造力、执着精神、洞察力、责任心、诚信、勤奋吃苦、公道宽容。

杰弗里·蒂蒙斯在其创业模型中强调，成功创业者的核心素质包括责任感和决心、领导力、执着于商机、对风险与不确定性的容忍、创造性与自立及适应能力、超越别人的动机这六项。

《青年就业指南》一书更是明确指出，创业素质是可以培养的，其中有 12 种素质是创业者必须具备的。

适应能力——应付新情况的能力，并能创造性地找到解决问题的方法。

竞争性——愿意与其他人相互竞争，具有竞争意识。

自信——相信自己能做计划中的事。

纪律——专职并坚持计划原则的能力。

动力——有努力工作实现个人目标的渴望。

诚实——讲实话并以诚待人。

组织——有能力安排好自己的生活，并使任务和信息条理化。

毅力——拒绝放弃，愿意明确目标并努力实现，哪怕有障碍也能坚决克服。

说服力——劝服别人明白你的观点并使他们对你的观点感兴趣。

冒险——敢于挑战别人不敢挑战的事情，有勇气面对失败。

理解——具备倾听别人的声音并准确明白别人观点的能力。

视野——能够在努力工作实现目标时看清最终目标，并知道努力方向。

1. 个人品质与成功创业

究竟具有哪些品质的人适合创业呢？一般认为，下列品质有助于创业。

第一，眼光长远，追求自我发展，并且坚持不懈地努力。

第二，乐于承担风险，迎接挑战，具有较强的挫折承受能力。

第三，吃苦耐劳，勤奋忘我，不容易被困难打倒，能做好吃苦的准备。

第四，头脑灵活，关心政治，有能力解读国家的大政方针，能利用政策方针为企业谋利。

第五，有领导能力，通晓人情，善于团结，能激励部属、重用能人，具有超前的战略眼光。

第六，自信执着，不轻言放弃，坚信失败乃成功之母，持之以恒。

第七，脚踏实地，雷厉风行，决策不拖泥带水，做事实事求是，靠实力打拼天下。

第八，坚守商业伦理，注重社会责任。

2. 不利于创业的品质

以下品质不利于创业：缺少职业意识；优越感过强；唯上是从；懒惰；片面和傲慢；僵化死板；容易感情用事；固执己见；胆小怕事，毫无主见；患得患失却又容易自满自足；情绪不稳定，常大起大落。

（二）创业素质测评

创业者的素质不像人的外貌那样能一目了然。很多时候，一个人并不能深刻了解自己或看清自己具备哪些创业素质。我们就可以通过几种客观的方法对自身素质进行评估，从而为创业提供初步的参考。

1. 创业倾向评估

①你的父母、近亲、好友中有没有创业成功的人？

②在你成长的过程中，家人有没有做买卖的经历或经验？

③你有没有自食其力的经历，如靠打工、摆摊赚钱？

④你在校的成绩是否出色？

⑤你在学校里是否合群？

⑥你在学校是否常因行为不合规范受到批评？

⑦你是否会对长期做同一工作感到乏味？

⑧你是否认为如果有机会，自己会比上司干得好？

⑨你是否更喜欢打球而不是看球？

⑩你看书是否对非小说类更感兴趣？

⑪你是否有被解雇或辞退的经历？

⑫你是否倾向于说干就干而不是再三盘算后再做？

⑬你是否常为工作或个人问题失眠？

⑭你是否认为自己是个有决断、较实际的人？

⑮你是否积极参加集体活动？

以上问题，答“是”得 1 分，答“否”得 0 分。假如分数是 12 分或以上并且现在还没有创业的话，那么你的创业倾向不明显。假如分数低于 12 分并且已经创立了自己的事业的话，你的创业倾向比较明显。

2. 创业专业素质评估

①你知道哪些因素影响着市场吗？具体地说，你对经济指标有多少了解？

②你做计划和预算的能力怎么样？

③你对财务管理及控制有何了解？

④你能否亲自进行日常管理工作？

⑤你对进货和存货的控制了解程度如何？

⑥你对市场分析、预测是否在行？

⑦你认为自己对市场需要哪些产品(或服务)有没有敏锐的感觉？

⑧你对促销术、广告的了解怎样？

⑨你对使员工建立良好互助关系有没有把握？

⑩你对定价有多少把握？（需要对客户需求、进料价格、竞争状况有较全面的考虑）

在上述回答中，如果完全不懂得 1 分，有点了解得 2 分，一般了解得 3 分，很了解得 4 分，非常清楚地了解得 5 分。

如果你的自我评价在 45 分或以上，说明你已有充分准备，可以放手一搏；如果是 35～44 分，你可以尝试进行创业；假如在 34 分或以下，你最好再加一把劲，如找一些相关的书自学，针对自己的不足在他人公司工作一段时间，或选修一些专门课程等。

二、 创业者应具备的能力

能力素质是综合素质的表现，而创业能力是一种特殊的能力。这种特殊能力往往影响创业活动的效率与成功率。大学生创业能力的培养可以从决策能力、认知能力、经营管理能力、专业技术能力、创业方法能力、承受挫折能力、环境适应能力、社交公关能力与学习能力等方面着手。

创业故事

胆大心细，敢想敢做

彭丽，南京信息职业技术学院电子信息工程技术专业毕业生。2012 年，她参加了学校第五届创业计划大赛，凭借参赛项目“VIVI 租吧”荣获大赛一等奖，并成功入驻大学生创业教育中心，主营演出服装租赁业务。

三年前，彭丽立志要让她的足迹遍布校园的每个角落。在她心中，最幸福的事，就是在该疯狂的年纪有着能让自己疯狂到骄傲的事情。三年后，她做到了，在母校留下了浓重的一笔。彭丽深深地爱着培养了自己三年的母校。因为它，她懂得了什么是梦想，什么是追求。因为有了梦想，所以懂得了追求；因为懂得追求，所以才知道要不断提升自己。

2012 年 6 月，在了解大学生创业成功案例时，彭丽意外发现高校服装租赁拥有广阔的市场。热爱挑战的她，决定挑战一下。虽然她内心很澎湃，但因为是第一次尝试，所以不免担心自己做不好。她心里就像压着块大石头，生怕第一次尝试以失败而告终。同时她也深知，人生有太多的第一次，只有迈出第一步，才会离梦想更近一步。只要尝试了，哪怕失败也无悔。于是，她做了市场调查，根据多方了解，发现高校对正装的需求越来越多。刚毕业的学生希望有性价比更高的衣服，而现在的商家提供的衣服，价格与质量都很难满足学生的需求。所以，彭丽决定开辟一个市场缺口，租赁更合适的正装。这样一来，既可以解决学生的燃眉之急，又可以解决学生用一次之后就闲置的尴尬。

俗话说，机会总是降临到有准备的人身上。为了拓宽市场，彭丽又在校内进行了市场调研，并主动与各部门教师联系沟通。经过详细了解，她发现，学校开展活动需要大量的服装，但是市场提供的租赁价格都太过昂贵，常常让学生望而却步。所以，她又购进民族舞服、现代舞服、肚皮舞服等系列服装，既方便了大家，又拓宽了业务市场。在慢慢的摸索中，彭丽发现，服装租赁是大学生创业很容易入手的项目，操作简单，市场前景大。

探索成功的道路总是充满坎坷和荆棘，但成功果实却也十分甜美。2012 年 11 月，"VIVI 租吧"成功承接南京信息职业技术学院信息服务学院的活动，这让彭丽的创业之路变得宽敞起来。天道酬勤，2012 年 12 月学院举办创业大赛，在与其他创业项目一较高下之后，彭丽获得了评委的一致认可和大力支持，并且在学校的帮助下成功入驻大学生创业教育中心。当然，她也没有让大家失望，继续做出了一系列喜人成绩。2013 年 3—5 月，成功承接南京师范大学、南京理工大学等高校的业务；2013 年 5 月，成功承接学校"模特大赛"的服装租赁业务；2013 年 6 月，成功承接学校毕业生欢送会的服装及化妆业务；2013 年 10 月，成功承接南京圣经学院 10 周年校庆活动；2013 年 10 月，成功承接学校 60 周年校庆晚会服装配饰业务，为学校迎新、评优、欢送晚会等活动提供了强大的物资和人力支持。随着承接活动数量和规模的增大，彭丽更加坚定了当初的选择，坚信只要坚持走下去，这条创业路将会越走越宽，越走越长。

有了前期打下的坚实基础，她决定为自己搭建更广阔的舞台。2013 年 11 月，她经过一番思想斗争，决定投资仙林大学城中心商铺大成名店，创办自己的饰品店。目前，她的店已经成功发展上千名会员。一路的艰辛，一路的拼搏，同在这条创业路上的人一定可以产生共鸣。

（一）决策能力

决策能力是创业者根据主客观条件，因地制宜，正确地确定创业的发展方向、目标、战略以及具体选择实施方案的能力。一个创业者首先要成为一个决策者。创业者的决策能力通常包括自我决策能力、分析问题能力、判断能力和创新能力等。自我决策能力是一个人独立思考、果断处事和独立完成某项工作的能力。例如，毕业后要走向社会的大学生面临求职择业，别人的意见各种各样，最终要靠自己做出决定。这就是对自我决策能力的一次检验。大学生要创业，首先要从众多的创业目标以及方向中进行分析比较，选择最适合发挥个人特长与优势的创业方向、途径和方法。在创业的过程中，创业者要能从错综复杂的现象中发现事物的本质，找出真正的问题，分析原因，从而正确处理问题。这就要求创业者具有良好的分析问题能力。判断能力是从客观事物的发展变化中找出因果关系，并善于从中把握事物的发展方向。分析是判断的前提，判断是分析的目的，良好的决策能力源于良好的分析能力与判断能力。创业实际上是充满创新的事业，所以创业者也必须具备创新能力，有创新思维，无思维定式，不墨守成规，能根据客观情况的变化及时提出新目标、新方案，不断开拓新局面，走出新路子。

（二）认知能力

认知能力是指接收、加工和应用信息的能力，是人们成功完成某项活动最重要的心理条件。知觉、记忆、注意、思维和想象的能力都属于认知能力。美国心理学家罗伯特·加涅(Robert M. Gagné)提出三种认知能力：语言信息(回答世界是什么的能力)；智慧技能(回答为什么和怎么办的能力)；认知策略(有意识地调节与监控自己的认知加工过程的能力)。认知能力具有一定的差异性，被称为“差异化认知能力”，指的是在一般认知能力基础上会形成学习者对信息加工方式的某种偏爱。它具体表现为学习者对学科的偏好，对学习内容难易程度的偏好，对环境的偏好，对感觉通道的偏好等。差异化认知能力培养历来受到重视。早在春秋时期，孔子就提出“因材施教”；在西方，布卢姆(B. S. Bloom)提出的“掌握学习”、斯金纳(B. F. Skinner)提出的“程序教学”等，都是对差异化认知能力培养的积极思考和实践。

伴随着经济发展的多元化，中国呈现出科技发展高速化、社会需求多样化、人才素质差异化的态势。在这种态势下，高等院校应该发展不同学生的长项，培养不同类型、不同层次的优秀人才，推进个性化教育，重视学生的差异化认知能力培养，使学生在学习基础、知识结构、能力培养等方面有不同的侧重，能根据自己的特点来发展自己，保持差异化的竞争资本。

当代大学生在知识结构、逻辑思维、吸纳知识能力以及生存和发展目标选择上，都表现出明显的差异化。面对人生、面对学习生活、面对社会，大学生有着各自的体验和选择倾向。党的十六届六中全会通过的《中共中央关于构建社会主义和谐社会若干重大问题的决定》指出，要注重增强大学生的实践能力、创造能力、就业能力和创业能力。大学生“四种能力”增强的过程既是一个融合个人差异化认知能力的过程，也是一个反映差异化认知能力的过程。差异化认知能力是当代大学生核心竞争力的体现，提高差异化认知能力的作用表现在如下方面。

1. 增强大学生实践能力的关键在于提高差异化认知能力

实践能力是大学生智能结构中的重要组成部分，是大学生在学习过程中将理论知识、书本知识与实践工作相结合的动手动脑能力。在大学生的实践能力培育中，差异化分辨能力的具备是前提，差异化理解能力的提高是根本。

差异化分辨能力使实践活动具有针对性。实践是实际工作的操作问题，大学生在进行实践之前必须对实践工作的各种元素进行分辨。这种分辨一般表现为对具体工作情景中的各种因素的认识和分辨，但更重要的是对潜在因素的认识和分辨。例如，大学生在实践中需要识别存在哪些不良因素、潜伏着哪些不可控的因素。这种识别能力既是一种意识状态，包括对实践中的不良因素的警觉、自我保护意识等，又是一种理论认识，包括实践价值的判定、实践结果的辨析等，同时还是一种个人能力，包括接受社会信息的能力、判断分析信息的能力，对不同类型的社会信息或吸纳或拒绝的能力等。

差异化理解能力使实践活动具有实效性。从思维学意义上说，理解能力在个人的思维活动中意义重大。它可以使人抓住事物的主要矛盾和矛盾的主要方面，把握具体事物运动的客观规律。理论知识的正确与否，最终需要实践的检验。大学生在实践活动中需要借助定性分析、定量分析、因果分析、过程分析等方法对所学知识进行实地性、具体性分析，真正将其转化为实效性知识，而这种分析离不开理解能力。

2. 增强大学生创造能力的先导在于提高差异化认知能力

大学生创造能力是大学生开展积极能动的思维活动并产生具有社会价值的新观点、新理论、新产品、新工艺的能力，是大学生思维功能和社会实践能力的综合体现。培养大学生的创造能力，需要大学生具备差异化识别能力与差异化思维能力。

差异化识别能力使创造能力的实现具备可能性。差异化识别能力是差异化认知能力的综合体现，包括敏锐的观察力、持久的记忆力、果断的判断力和准确的表达力。差异化识别能力能够促使大学生敏锐发现有价值的问题，明确难易适中的问题，拓展思路，集思广益，判断和确定答案，勇于付诸行动，从而真正使创造能力发挥出效力。

差异化思维能力使创造能力的实现得到保障。所谓差异化思维能力，是指个人发明或发现一种区别于常规的方式用以处理某种事物或事情的思维过程。它具备四方面的特征：积极的求异性、创造性的想象、独特的知识结构以及活跃的灵感。差异化思维能力能够促使大学生遇到问题深入思考，打破常规，力求从其他角度解决问题；能够启迪大学生逆向思维，反方向寻找解决问题的办法；能够激发大学生运用多种思维方法，寻求更多的解决问题的空间与途径。

3. 增强大学生就业能力的基点在于提高差异化认知能力

所谓就业能力，是指个人从事具有市场和社会价值工作的能力，是个人基础性能力、专业性能力的基础体现。在当前大学生就业形势日益严峻的情况下，增强大学生就业能力的基点在于差异化次序理解能力与差异化认识能力。

具备差异化次序理解能力，能够使大学生做好个人职业生涯规划。差异化次序理解能力可以使大学生根据自己的长远目标，从时间序列方面理解并做好不同阶段的行动计划。

具备差异化认识能力，能够使大学生在就业过程中正确认识自我。差异化认识能力可以帮助大学生正确认识当前的人才需求大幅下降、高校毕业生人数大幅上涨的严峻形势，使大学生树立就业危机感，改变“精英就业”观念，形成“人职匹配”的大众化就业观，从而避免就业过程中“眼高手低”，盲目追求高层次、高薪酬的错误做法。

4. 增强大学生创业能力的核心在于提高差异化认知能力

创业能力是个人所具备的创业和发展一项或多项事业的主观条件。在大学生创业能力的培养中，创业理性、创业激情是两项关键性因素。在创业理性与创业激情的形成过程中，差异化认知能力发挥着核心作用。

创业理性的形成需要差异化认知能力。差异化认知能力能够使个人在理性认识问题、理性自我定位的基础上开展行动，这是创业理性所必需的。创业理性的基本要求就是准确地自我了解、自我定位和合理的预期。大学生创业必须还原自己而不是拔高或贬低自己，必须清醒地知道自己是否具有强烈的挑战精神，是否有足够的应变能力、动手能力、耐挫能力，是否意志坚定、做事果断，是否具有必要的亲和力和领导能力。

创业意识的提高依赖差异化认知能力。创业意识是激发人们进行创业实践活动的欲望，是一种内在的动力机制。创业意识的形成源于个人的强烈的创业需求。这种需求形成一种认识，即创业是个人自我生存、发展和价值实现的重要途径；形成创业动机，激发个人的炽热情感和坚强意志，使创业意识得以升华。在此基础上，大学生可融入自己的判断，综合分析，对未来生涯进行合理规划，确定创业方向。

（三）经营管理能力

经营管理能力是指对人员、资金、项目以及创办公司的组织与管理能力。它涉及人员的选择、使用、组合和优化；也涉及资金聚集、核算、分配、使用和流动。经营管理能力是一种较高层次的综合能力，是运筹性能力。经营管理能力的形成要从以下几个方面去努力。

1. 领导能力

领导能力就是“指导和统率的能力”。“从21世纪国际竞争日趋激烈的大环境看，我们搞现代化建设，必须到国际市场的大海中去游泳，并且要奋力地去游，力争上游，不断提高我们搏击风浪的本领。”在创业过程中，创业者的领导能力通常体现在如下方面。

第一，活力，即有巨大的个人能量，对于行动有强烈的偏爱，干劲十足，不屈服于逆境，不惧怕变化，不断学习，积极挑战新事物的能力。

第二，鼓动力，即激励和激发员工的能力，能够活跃周围的人，善于表达和沟通自己的构想与主意。

第三，锐力，即具备竞争精神、自发的驱动力、坚定的信念和勇敢的主张，具备坚定的意志与注意力，以及清除那些碍手碍脚的人的勇气。

第四，实施力，即可以提交结果，能够将构想和结果联系起来，不是口头说说就算了，而是将构想变成切实可行的行动计划并能够直接参与和领导计划的实施。

2. 管理能力

管理能力是创业者必备的重要能力。企业者要在工作中不断地培养和提升自己的管理能力。管理能力主要包括激励能力、控制情绪的能力、幽默的能力、演讲的能力、倾听的能力等。创业者不仅要善于激励团队，还要善于自我激励。要让团队充分发挥自己的才能努力工作，就要把员工的“要我去做”变成“我要去做”。实现这种转变的最佳方法就是对员工进行激励。优秀的创业者都有很好的演讲能力，特别是那些著名的创业者、企业家，无一例外都是演讲的高手。演讲的作用在于让他人明白自己的观点，并鼓动他人认同这些观点。从这点出发，任何一名创业者都应该学习利用演讲表达自己。管理不仅是对自身的管理和约束，更是对创业团队的管理。

第一，要学会经营。创业者一旦确定了创业目标，就要组织实施。为了在激烈的市场竞争中取得优势，创业者必须学会经营。

第二，要学会质量管理，始终坚持质量第一的原则。质量不仅是生产物质产品的生命，也是从事服务业和其他工作的生命，创业者必须树立牢固的质量观。

第三，要学会效益管理，始终坚持效益最佳原则。效益最佳是创业的终极目标。可以说，无效益的管理是失败的管理。要做到效益最佳，就要在人、物、资金、场地、时间的使用上选择最佳运作方案，做到不闲人员和资金、不空设备和场地、不浪费原料和材料，保证创业活动的正常运转。

第四，要敢于负责。创业者应该对企业、员工、消费者以及整个社会抱有高度的责任感。

3. 组织协调能力

创业者起步的关键是创建团队的能力，而一个团队需要组织与协调。组织是创造价值的源泉。组织协调能力是指创业者为了组织的利益和实现组织的目标，运用一定的方法和技巧，把来自不同地区、不同系统、不同职业、不同文化背景以及民族、性别、年龄等不同的人组织在一个团结向上的集体之中，使大家朝着一个共同的目标去努力、去奋斗。组织协调能力包括三个层级：个人能力、团队能力、组织能力。组织能力是公司竞争力的综合体现，包括核心流程能力、战略管理能力、组织文化能力。企业只有建立基于能力的管理，不断增强个人、团队、组织的能力，通过实现组织目标的能力管理，形成核心竞争优势，才能从众多竞争中脱颖而出。

4. 创新能力

创新是对未知世界、未知领域的探索性活动。创新是推动人类社会快速发展的动力。中科院院士朱清时把创新人才的素质归结为六点。

第一，广博的多学科交叉的视野。

第二，好奇心和兴趣。

第三，直觉或洞察能力。

第四，勤奋刻苦。

第五，集中注意力。

第六，被社会接受的素质(包括诚信、责任感和自信心)。

不论是知识创新、技术创新还是管理创新，创新的主体都是人，创新的成果都要靠人来完成。可见，创新能力是创业人才的核心能力。在创业者的创业过程中，无论是发现新的创意、捕捉新的机遇、寻找新的市场，还是撰写一份有潜质的创业计划，乃至创业融资等，都包含着创新的内容。所以，创业者必须具备市场、技术、管理和控制的创新能力。

创新能力又源于创造性思维。一个成功的创业者一定具有独立性、求异性、想象性、新颖性、灵感性、敏锐性等人格特质。

5. 识人用人能力

一个成功的创业者，肯定是一个会识人用人的人。他不但能对雇员进行选择、使用和优化组合，而且能运用群体目标建立群体规范和价值观，形成群体的内聚力。市场经济的竞争是人才的竞争，谁拥有人才，谁就拥有市场、拥有顾客。一所学校没有优秀的教师，这所学校必然办不好；一个企业没有优秀的管理人才、技术人才，这个企业就不会有理想的经济效益和社会效益；一个创业者不吸纳德才兼备、志同道合的人共创事业，创业就难以成功。因此，创业者必须学会用人，要善于吸纳比自己强或有某种专长的人共同创业。

6. 创业胜任力

大学生创业胜任力可以分为八个方面，即创新意识与创业精神、专业知识结构、团队合作意识、资源整合能力、人际沟通能力、市场洞察与营销能力、管理技能、判断能力。创业胜任能力的养成是一个系统工程，不仅要有理论，还需要有实践。大学生所处的创业阶段多数还处在孕育期或者孵化期，其创业胜任力的养成具有提前性，是为将来向创业者、创业家身份转变做准备。大学生创业胜任力养成的目标，是通过学习、培养、锻炼，激发大学生的创业意识，培养大学生的创业品质，促使大学生主动获得并增强成功创业所需的综合知识与能力。

（四）专业技术能力

专业技术能力是创业的前提能力，是企业中与经营方向密切相关的主要岗位或岗位群所要求的能力。创业者在首次创业时，应该从自己熟悉的行业选择项目。当然，也可借助他人特别是雇员的知识技能来创业，但如果能从自己熟知的领域入手，就能避免许多“外行领导内行”的尴尬局面，大大提高创业的成功率。创业者应具备的专业技术能力体现在以下三方面。

第一，所创办企业中主要职业岗位的必备从业能力。

第二，接受和理解与所创办企业经营方向有关的新技术的能力。

第三，把环保、能源、质量、安全、经济、劳动等方面知识、法律、法规运用于本行业实际的能力。

创业故事

将专业知识转化为社会生产力

李维清，南京信息职业技术学院视觉传达艺术设计专业学生。2012年4月，李维清正式注册了自己的公司，主营标志设计、vi系统设计、产品包装设计、标识设计、海报设计、书籍杂志版式设计、宣传画册设计、会议环境设计、标牌与喷画制作、文印装订和其他特定业务。来自农村的李维清从小喜欢绘画，但是在大学前从来没有接触过电脑。大学的一堂公开课上，一位老教授说过的一句话让他对未来有了憧憬："专业知识最终要转化为社会生产力。"除了认真学好老师课上教的知识外，他还利用业余时间在校外打工。这不仅让他把在学校学到的知识用于实践，也使他在实践中不断提高着自己的能力。

大三时，李维清没有直接选择创业，他的认真、稳重、诚恳及出色的设计作品得到了一些公司的认可。2006年10月，有传播公司留用他从事平面设计工作。李维清非常珍惜这个机会，不但刻苦认真，而且非常谦虚好学，不断从公司前辈的身上学习设计理念和先进的技术。这使他的个人技术能力得到了大幅度提升，公司的大客户逐渐交由他负责。

李维清工作两年多，从前期到后期，从设计到制作，积累了丰富的经验。他凭借过硬的专业知识，重新确定了自己的奋斗目标，辞去工作，开始了创业的历程。2008年6月，他组建了自己的团队，成立了一家视觉设计工作室。经过努力学习和不断开拓，李维清成功地为许多客户提供了设计，其中不乏知名企业。

2009年3月，李维清的创业项目入驻学校大学生创业教育中心，从事平面设计与展览展示设计，服务众多品牌。

2012年4月，李维清注册成立自己的公司，配备了先进的广告喷画生产、高速图文输出快印设备。他结合自身专业的创意设计优势，有针对性地提供综合性大型客户体验服务(如大型晚会、高端会议、展览展示、舞美工程等)。

李维清的愿望是通过不断努力，建立集平面创意设计、大型喷画工厂生产和创意设计教学实训为一体的创业示范中心。

（五）创业方法能力

创业方法能力是创业的基础能力，指创业者在创业过程中所需要的方法能力。创业者应具备的方法能力主要体现在以下八个方面。

1. 信息的接收和处理能力

搜集信息、加工信息和运用信息的能力是创业者不可缺少的能力。创业者不但应具备在一般媒体上搜集信息的能力，随着科技的进步和网络技术的普及，还应该具备从网络中获取信息的能力。

2. 捕捉市场机遇的能力

善于发现机会、把握机会、利用机会、创造机会，是成功企业家的主要特征。

3. 分析与策划能力

在激烈的市场竞争中，在公众中树立良好的企业形象是创业成功的主要条件。创业者应善于借助各种渠道，宣传自己的企业，提高企业知名度。创业者可以通过消费者需求分析、市场定位分析、自我实力分析等，根据自己的财力、关系网、业务范围，依据“最适合自己的市场机会是最好的市场机会”的原则进行分析与策划，以便在创业时做出正确决策，实现创业目标。

4. 联想、迁移和创造能力

成功的创业者善于从别人的企业中得到启发，通过联想、迁移和创造，使自己的企业别具特色，并通过这种特色使自己的企业在同行业市场中占有理想份额。

5. 申办企业的能力

知晓创办一个企业需要做好哪些物质准备，提供什么证明材料，到哪些部门办哪些手续，怎样办等，均为创业者应具备的能力。

6. 确定创业布局的能力

怎样选择创业的地理位置，怎样安排创业内部布局，怎样考虑自己创办的企业的性质等，都是创业过程中不可回避的问题。

7. 理财能力

理财能力不仅包括创业实践中的奖金筹措、分配、使用、流动、增值等环节，还涉及采购能力、推销能力等。

8. 控制和调节能力

成功的创业者要对规划、决策、实施、管理、评估、反馈所组成的企业管理的全过程具有控制力和运筹能力。

（六）承受挫折能力

创业过程中有一连串的矛盾、问题、麻烦，如资金匮乏、人才流失、产品出现质量问题、竞争对手出招、市场环境突变等，有时使人近乎崩溃。经不起挫折打磨的人会在创业路上半途而废。很多企业家在真正创业成功前，都经过了数次失败。因此有人说，在创业的路上，“折腾是检验人才的唯一标准”。没有一次次商海中的起起落落，就不会有逐步提高的对市场的把握和认知能力，也就不会有后来的成功。创业是一个摸索的过程，只有那些能够忍受屈辱、不屈不挠的人才能走到成功的终点。当别人都放弃的时候依然能够坚持，当四面楚歌的时候能咬牙再往前走一步，胜利就会出现在山穷水尽后的柳暗花明中，此即“剩者为王”。创业经营过程中有赔有赚，有成有败，创业者必须具有承受失败和挫折的能力，具有能忍受局部、暂时的损失而获取全局、长期收益的战略胸怀。

（七）环境适应能力

要想在竞争激烈、变化多端的市场中立足并发展，创业者必须具有适应变化、利用变化、驾驭变化的能力。大学生创业者同样必须具有较强的环境适应能力。在人与环境的互动过程中，个体要能以前瞻性的思维与眼光做出预测与判断，并及时调整自己的人生目标和行动方案，保持与变化着的环境协调统一，而不是消极被动地等待和忍耐。特别是在知识经济和市场经济时代，知识技术的不断更新、职业岗位的不断转换、人际关系的不断变化，使得人们几乎始终处在陌生的社会环境中，这就尤其需要具备良好的自我调适能力，做到与时俱进。对社会、对环境的适应是主动、积极地适应，不是消极地等待，更不是对消极现象的认同。大学生只有具备较强的适应能力，走向社会后才能尽可能地缩短适应期，充分地发挥自己的聪明才智。

（八）社交公关能力

社交公关能力实际上就是与他人相处的能力，是指创业过程中所需要的行为能力，与情商有许多共同之处，是创业成功的重要保证。创业者不但要与合作者、雇员合作，也要与各种和企业发展有关的机构合作，还要与同行的竞争者合作。创业者要善于站在对方的角度理解对方，善于与他人合作共事、和睦相处。在创业过程中，能否正确有效地处理、协调好工作和生活中人与人的各种关系，不仅影响一个人对环境的适应状况，而且影响其工作效率、心理健康、生活的愉快和事业的成就。因此，大学生创业者要自觉地培养良好的社交公关能力。这种能力实际上是善于获得和利用社会支持的能力，而这种支持的重要性有时甚至超过经济上的支持。这就是为什么许多招聘单位特别看重应聘者的社会活动能力。善于与别人进行互惠互利的合作，实际上也是社交公关能力强的表现。

（九）学习能力

学会学习也是一种素质。学习能力即获取知识和信息的能力，是大学生必备的能力之一，也是成功创业者的重要能力之一。创业需要具备一定的技能，如市场调查能力、风险控制能力、工商法学知识等。善于学习、坚持学习是创业的灵魂和赢得竞争优势的关键。国际 21 世纪教育委员会向联合国教科文组织提交的经典报告《学习——内在的财富》指出：21 世纪教育应围绕始终学习加以安排，即学会求知(学习)——掌握认知世界的工具；学会做事——学会在一定的环境中工作；学会共处——培养在人类活动中参与和合作精神；学会做人——适应和改变环境。

创业故事

不断学习，拍摄属于自己的人生

袁栋栋，南京信息职业技术学院影视多媒体专业 2011 届毕业生。2010 年 12 月，他凭借“青春·纪念册”项目参加学院举办的第三届创业计划大赛荣获一等奖，并成功入驻大学生创业教育中心。2012 年 10 月，袁栋栋的影视工作室正式注册，主营摄影、摄像、视频。

袁栋栋来自农村。农村历来就有考大学才能有出路的观念，读书也是他那个时候唯一能做的事情。他从小性格比较要强，大一第一年在学校宣传部工作，积极创办社团。

当发现自己需要更大的平台与舞台来实现梦想的时候，他不断地寻找学习机会，因为他明白，跟着 98％的人走他们走过的路，结果也将是这 98％的人的结果，甚至更差。他发现环境特别重要。身边有一群有不良习惯的朋友，你也会养成不良习惯；如果身边都是积极在做事的人，那你也会是积极做事的人。这就是环境。这是他在成功学家拿破仑·希尔的一本书中学到的。所以他在寻找中开始了自己的创业之路。

从刚开始的手足无措、社会经验全无，遭人非议和利用，到与人合作，再到自己独立谈业务，拥有固定客户，袁栋栋始终保持着热血，坚持不懈地走自己选择的路。

人生是一个不断学习、不断进步的过程。学无止境，对于创业者来说更是这样。只有不断学习、不断进步，才能时刻走在别人前面。读书并不是唯一的出路，当今社会比的不是学历，而是学习力，比的是思维和前瞻的眼光。希望有更多人找到适合自己的领域，以最大的热量发挥自己，让自己发光、发热。创业者的人生注定不平凡，不管创业成败与否，这段经历都将铭记于心，成为人生中精彩的一笔。

学习能力包括对知识的接受、转换和应用，对信息的获取、筛选和利用。学会学习是大学时代的基本任务。郝贵生在《大学学习学》中将现代学习观念归纳为如下八点。

1. 终身学习

当今和未来的社会是学习型社会。学习不仅仅是在校学生的事情，而且应该成为每个人贯彻一生的事情。只有树立“终身学习”的观念，才能适应未来社会的急剧变化。

2. 自主学习

教育者不仅把学生当作客体，也应该把学生当作主体；学习者更应该把自己看成主体，在学习过程中始终以积极主动的态度对待学习。学习应当是学习者发自内心的渴望和需要。

3. 素质学习

学习者要把“学习”和“做人”联系起来，与自身素质和能力的提高联系起来。

4. 责任学习

一种高层次的学习价值观，就是要求学习者把自身的学习活动和社会的发展紧密地联系在一起。

5. 学会学习

学习者在学习实践中自觉地摸索和研究，在吸收他人成功经验的基础上，最终形成自身科学有效的学习方法。

6. 社会学习

学习不只是个人的事情，也是团体的事情、社会组织的事情。任何一个社会组织或团体，在知识经济和学习化的时代中，都应该是一个学习型的组织，而每一个身处其中的成员，都应该并能够学会从中学习。

7. 实践学习

具体而言，此即“理论联系实际”的学习观念。

8. 创新学习

学习具有创新品质，只有在学习中树立创新学习的观念，具备创新学习的能力，才能在工作中具备创新素质，取得创新成果。

以上八种现代学习观念不是彼此对立和割裂的，而是相辅相成的。它们有的是目标，有的是动力，有的是方式方法。

大学生的学习是综合的学习，不仅要学知识，更要学做人。学会做人，受益终身。国际 21 世纪教育委员会在报告《学会生存》中指出，学会做人是教育和学习的根本目标。对学会做人的重要性，有人曾这样描述：“一切彻底的成功都是做人的成功，一切彻底的失败都是做人的失败。”对于成功的强烈渴望是当代大学生的特征之一。要取得成功，学会做人就成为首要条件。历史和实践证明，真正的大师都是做人与做事完美结合的人。并不是每个人都会成为大师，但是日常生活中那些工作出色、在自己的领域内做出成绩、受人尊敬的人，必然是做人成功的人。

提高学习能力，必须有科学的学习方法。我们不仅要向书本学习，还应向他人学习。应牢记《礼记·学记》中的名句：“独学而无友，则孤陋而寡闻。”冯·卡门也说过，与人交流讨论，会丰富自己的思想，开阔自己的视野，纠正自己的失误，收获总会大于输出。所以要重视结交学友，在讨论和交流中提高自己。此外，对于大学生创业者来说，也要注重在实践中学习。

总之，创业者的智商能力和情商能力的培养都不容忽视。智商主要反映人的认知、思维、语言、观察、计算等能力，主要表现为人的理性的能力。情商主要反映一个人感受、理解、运用、表达、控制和调节自己情感的能力，以及处理自己与他人之间的情感关系的能力。情商表现出个体把握与处理情感问题的能力。就人类的行为而言，他的所有行为都是在人群里完成的。也就是说，人的行为必须通过人与人的交流才能产生结果。从人类普遍行为来说，情商能力更重要，它在人与人的交往行为中起着主导作用。

知识测试

1. 创业者应具备哪些素质？

2. 创业者应具备的经营管理能力具体包括哪些方面？

3. 哪些品质有助于创业者走向成功？

4.“企业家是造就出来的，而并非生来就是。”你同意这个说法吗？为什么？

能力训练

1. 通过网络和图书馆搜集资料，分析小米公司创始人雷军具有哪些成功创业者的特质。

2. 在5分钟内列举出你未来5年想要实现的目标和70岁之前想要完成的目标。

3. 完成个人创业战略设计训练，填写下表。

(1)概括过去 分析对你影响最大的两次经历(这些经历给了你最大的满足、乐趣和能量)。	(2)描述现在 对自己的态度、行为和技能进行评价并打分。
(3)获取反馈 对照创业者所应具备的素质和能力，请熟悉你的人给你的创业素质进行评价并打分。	(4)设定目标 写出你最想实现的三个人生目标。

任务二 组建与管理创业团队

没有团队的企业也许并不注定会失败，但要建立一个没有团队而具有高潜力的企业却是极其困难的。

——杰弗里·蒂蒙斯

一、 创业团队的重要性

美国马凯特大学企业家精神研究中心对2000家企业进行调研，发现94%的高成长企业都是由合伙人共同创建的，其中超过70%的企业有三位以上的创建者。显而易见，一个好的创业团队是创业成功的重要因素。

（一）创业团队的内涵和要素

1. 创业团队的内涵

团队通常是指一些为了实现某一目标而相互协作的个体所组成的工作群体。现代管理学之父彼得·德鲁克则给出了更加通俗的解释：团队就是一群平凡的人做不平凡的事。

可以从狭义和广义两个方面来理解创业团队。狭义的创业团队是指一群有着共同目标、共享创业收益、共担创业风险的经营新成立的营利性组织的人，他们提供新的产品或服务，为社会提供新增价值。广义的创业团队不仅包含狭义创业团队，还包括与创业过程有关的各种利益相关者，如风险投资商、供应商、专家咨询群体等。

2. 创业团队的要素

创业团队需具备五个重要的组成要素。

(1)目标(Purpose)

创业团队应该有一个既定的共同目标，为团队成员导航，使团队成员知道要去向何处。没有目标，这个团队就没有存在的价值。

(2)人(People)

人构成创业团队最核心的力量。三个及三个以上的人就会形成一个群体，群体有了共同奋斗的目标就会形成团队。在一个创业团队中，人力资源是所有创业资源中最活跃、最重要的资源。应充分调动创业者的各种资源和能力，将人力资源进一步转化为人力资本。

(3)定位(Place)

定位要素包括创业团队在企业中处于什么位置，由谁选择和决定团队的成员；创业团队最终对谁负责，应采取什么方式激励下属等。

(4)权限(Power)

创业团队中领导人的权力与团队的发展阶段和创业实体所在行业相关。

(5)计划(Plan)

目标最终的实现需要一系列具体的行动方案，这样可以把计划理解为达成目标的具体程序。只有进行有计划的操作，创业团队才会一步一步地贴近目标，最终实现目标。

创业团队的五个组成要素相辅相成，缺一不可。这包含以下四个方面的含义：一是有共同的目标，二是有互补的技能，三是有相互的责任，四是有积极的配合。

（二）创业团队的类型

创业团队通常可以分为星状创业团队、网状创业团队和虚拟星状创业团队三种类型。

1. 星状创业团队

团队中一般有一个核心人物，充当领队的角色。在团队形成之前，通常是核心人物有了创业的想法，然后根据自己的设想组织团队。因此，在团队形成之前，核心人物已经就团队组成进行过仔细思考，选择相应人员加入团队。这些加入创业团队的成员也许是核心人物熟悉的人，也有可能是不熟悉的人，他们更多时候扮演着支持者的角色。

2. 网状创业团队

这种创业团队的成员在创业之前都有密切的关系，在同学、亲友、同事、朋友等。在交往过程中，他们共同认可某一创业想法，并就创业达成了共识，开始共同创业。这类团队在组建时没有明确的核心人物，大家根据各自的特点自发进行角色定位。因此，在企业初创时期，各位成员基本上扮演的是协作者或者伙伴角色。

3. 虚拟星状创业团队

这种创业团队由网状团队演化而来，基本上是前两种团队的中间形态。虚拟星状创业团队中有一个核心成员，其地位的确立是团队成员协商的结果。核心成员从某种意义上说是整个团队的代言人，而不是主导型人物，他在团队中的行为必须充分考虑其他团队成员的意见，不如星状创业团队中的核心主导人物那样有权威。

（三）创业团队的重要性

现代管理越来越注重团队的观念。20 世纪 90 年代以来，学者纷纷以团队模式展开工作，实践也证明，团队模式的绩效明显优于其他工作方式。以创业团队形式抱团存在的人力资源在创业过程中也具有重要意义。美国有一项研究表明，83.3％的高成长企业是由团队建立的，团队创业型企业的成长性明显优于独自创业型企业。

创业团队的基本作用包括制订商业计划、募集关键人力资源、筹措创业资本、创办公司、构建商业平台等。一个好的创业团队对于新创企业的成功具有举足轻重的作用。创业团队的整体素质和实力直接决定了新创企业的发展潜力，进而决定了新创企业能否成功。可以说，创业团队在整个创业过程中具有不可替代的作用，具体表现如下。

1. 有利于成功把握商机

创业团队能用比个人更迅速、更有效的方式扩大组织的社会关系网络，具有更强的资源整合能力，能同时从多个融资渠道获取创业资金等资源，有利于企业及时准确地把握市场变化，成功捕捉和利用商机。

2. 有利于促进多元化思考，碰撞出创意的火花

创业团队通常提倡合作、平等、民主的气氛。在这种氛围之下，面对同一问题，团队成员会从不同的视角展开思索，进行多元化的思考。在有效的沟通下展开互动，团队往往能碰撞出更有创意的、更高效的解决方案。

3. 有利于进行科学决策，提高创业成功的可能性

创业团队是由具有不同背景和经历的多个成员组成的，每个成员都会给团队增加更多的信息、经验和能力。因此，创业团队具有的决策能力远远超过了个人所能拥有的，从而保证企业能在更广的范围内应付多方面的挑战，并最终取得创业成功。

4. 有利于分散风险和压力

共同创业有利于分散创业失败的风险，通过团队成员之间的技能互补可提高驾驭环境不确定性的能力，降低新创企业经营失败的风险。此外，在创业的过程中，创业者经常面临着孤独、紧张和来自各方面的压力，找到合适的合伙人有助于减轻这些压力。

创业故事

团队支持是创业的坚强后盾

刘凯琦，南京信息职业技术学院通信工程专业2012届毕业生，后在南京大学学习工商管理获得本科学历。刘凯琦在校期间担任院学生会主席，大学时期即开始创业实践，曾在鱼市街经营手机店、在南京中医药大学经营校园联通营业厅。2012年年初，刘凯琦成功注册了自己的餐饮公司，2013年9月又注册了一家信息科技公司。

谈起创业，刘凯琦笑言，自己在大学时就是个不“安分”的人。他的创业从“练摊”开始。每当夜幕降临，在校园周围摆摊的大学生就成为一道风景。刚上大一的刘凯琦发现，路边的寿司摊很受欢迎，不仅种类多、口感好，而且做法简单。刘凯琦开始琢磨：课余时间充足的自己为什么不来摆摊呢？为了学习寿司的做法，他决定帮一些老道的商贩免费打工。由于待人真诚，时间一长，商贩们就把刘凯琦当成了小兄弟，都愿意教他。学到本领后，刘凯琦得到了五位同学的支持，一起轮流摆摊。就这样，他们合伙投资了400元，一辆寿司小推车开启了这群年轻人的创业之路。经过了一段时间的口味改进与磨合，刘凯琦的“事业”开始小有起色。为了扩大产品范围，提升寿司口感，刘凯琦利用大二的暑假踏上了北上的火车，希望能在北京这座大城市寻找到资源。功夫不负有心人，经一位老寿司师傅指点，他只身辗转到日本北海道学习做寿司，并且买到了配方。有了正宗的配方，刘凯琦带领他的小团队进行地段考察，2010年在学校周围租了一间小小的门面房，开了一家名叫“俯川寿司”的自主品牌店。

有了自己的店面，如何管理创新并进一步扩大经营范围成为新的难题。由于经验不足，期望值太高，这群年轻人在一个月内相继开了4家直营店面，导致资金链断裂，无法正常运营。“那段时间是我的最低谷，员工2个月发不出工资，自己也吃了2个月的泡面。”让刘凯琦感动的是团队的支持。“他们对我说暂时不发工资也没关系，并且一直安慰鼓励我。”

后来，刘凯琦关停了一家店面，又在朋友资金的帮助下渡过了难关。“我的团队就是支撑我的动力。”刘凯琦的眼角不禁有些湿润，“这一事件也给了我警示。想要做好自己的品牌，一定要向大的餐饮企业学习。”于是，刘凯琦陆续到味千、海底捞等知名餐饮企业打工学习，制订了稳中求进的策略，一步步扩大经营规模。目前，他的寿司店已覆盖南京、无锡、徐州等地。2012年年初，刘凯琦成功注册了自己的餐饮公司。“一开始，因为不了解南京扶持大学生创业的政策，税务工商等烦琐的注册流程也让我们傻了眼。”在学校大学生就业创业指导站教师的建议下，刘凯琦找到专业的财务公司搞定了注册事宜，自己则把时间和精力专注到经营上。

2013年，刘凯琦将餐饮公司交给团队负责，同年9月注册了一家信息科技公司，继续带领新的团队开拓新业务：针对电动车续航时间短、在电梯等狭小空间搬运不便、中国的电动车质量检验标准与德国的质检标准不一致导致电动车出口退货等问题进行创新，为中小型电动车生产商提供新型整车设计、锂电池电路设计，为出口电动车厂商做基于德国质量标准的质量检测。

刘凯琦认为：“虽然年轻人经验不足，但有更加灵活的头脑和较强的学习能力。我们要勇敢地尝试去做一些事情而不是空想。当能把一件事情做好的时候，我们同样也可以做好其他事情。我相信我的新团队能够披荆斩棘，共创美好未来。”

（四）创业团队的成员角色

被业界誉为“团队角色理论之父”的英国团队管理专家梅雷迪思·贝尔宾在观察与分析

成功团队时发现，一个结构合理的团队应该由三大类、九种不同的角色组成(表 8-1)。依据成员所表现出来的个性及行为进行划分，这九种角色分别是完成者、执行者、塑造者、协调者、资源调查者、协作者、创新者、专家、监控评估者。他们分别负责行动导向(执行团队任务)、人际导向(协调内外部人际关系)、谋略导向(发现创意)三类任务。这就是著名的贝尔宾团队角色理论。

世界上没有完美的个人，但是有完美的团队。贝尔宾的理论可以帮助创业者在建构团队时，确保每个职位的逻辑性与完整性，并帮助团队成员正确分析自我能力与特质，找准自己在团队中的定位，同时不断优化自己的能力，形成优势互补，从而实现“1＋1＞2”的效果，塑造出完美的创业团队。

事实上，创业团队通常不会有这么多人，何况一个完美团队的形成不可能一蹴而就。但是，这个理论框架至少提供了一个重要的信息，那就是角色之间应是能力互补的。我们可以参考这种成功团队的组合结构，尽量按照这样的标准去组建自己的团队，规划和寻找合适的成员。创业初期，一个人完全可以兼任不同的角色，成员之间也可以轮换角色，这同样会取得较好的团队成效。等队伍壮大、时机成熟，一支结构更合理、成员更多元、运行更高效的完美团队也就自然形成了。

表 8-1 角色分类详细释义

类型	角色	角色描述及个性特征
行动导向	完成者	为团队带来严谨和担当。勤勤恳恳、尽职尽责、积极投入、找出差错、准时完成任务
	执行者	为团队带来稳健和信誉。执行力强、纪律性强、办事高效利索、值得信赖、保守稳健
	塑造者	为团队带来动力和韧性。极强的成就导向，充满活力激发人心，有克服困难的动力和勇气
人际导向	协调者	为团队带来成熟，起到掌舵、支柱的作用。成熟自信，能够阐明目标，促使决策，合理分工，促进成员信任与认同，典型的人际导向型团队领袖
	资源调查者	为团队带来热情和发展方向。外向、热情、健谈，善于发掘机会和谈判，构建关系网络并获取外部资源
	协作者	为团队带来高效合作和凝聚力。善于倾听，性格温和，感觉敏锐，能够防止摩擦，平息事端，趋利避害，促使团队融洽，保持振奋向上的团队精神

续表

类型	角色	角色描述及个性特征
谋略导向	创新者	为团队带来创新和变革力。高智商，有创造力和想象力，不墨守成规，敢想敢干，能够解决难题
	专家	为团队带来特殊技能、专业性。目标专一，提供专业的知识和技能，同时表现为高度内向，自我鞭策，甘于奉献
	监控评估者	为团队带来客观评判、明智决策。明智、谨慎、聪明，遇事沉稳、冷静，具有战略眼光与远见卓识，在重大决策上往往能够做出正确的评估与判断

二、 创业团队的组建

（一）组建创业团队的基本条件

1. 团队要统一意志

志同才能道合。一个统一的团队必须有共同的愿景，有共同的意志、共同的目标以及共同的价值观。有了统一的意志，团队才可能形成团结战斗的集体。共同的创业理念是组建团队的首要准则。

2. 成员要分工明确

分工是为了协作，明确的分工就是要让团队中的每个成员都清楚自己的职责和任务。科学合理的分工是调动成员积极性和创造性的基础，要做到人尽其才。

3. 团队要有章可循

没有规矩不成方圆。实践证明，以人治的方式进行团队的管理是必定要失败的。虽然团队领军的个人魅力起着重要作用，但以制度管人、以制度管事才是明智的选择。

4. 成员要沟通协作

创业团队的沟通与协作是团队内部进行信息交流和信息资源共享的有效方式，同时也是交流感情、统一意志和坚定信心的有效途径。良好的沟通与协作不仅可以消除误会，还可以使团队更加团结，充满朝气，增强战斗力。

5. 团队成员性格、知识、能力要互补

成功的创业者只有寻找到合适的人才，才能形成与建立一个基于机会需要的团队。团队成员如果能弥补并平衡核心创业者的能力不足，这对新创企业而言无疑非常有意义。

（二）组建创业团队的基本步骤

一个创业团队的建立，可以通过下面五个步骤来进行。

1. 确立战略目标与重点

明确自己事业的方向与工作重点至关重要。这对于选择创业合作者，以及后期整个团队章程的拟定等都起着决定性作用。

2. 创业者自我评估

这主要指就创业者的各项能力、素质以及现有的资源进行自我测评，明确自己的优势与劣势，为后期寻找相似或者互补的团队成员(创业合作者)、寻找补充性的资源提供重要参考依据。

3. 选择创业合作者

选择创业合作者，要注重两个核心问题。

(1)注重互补性技能组合

在挑选团队成员时，要努力保证所找的对象有助于形成互补性的技能组合。值得注意的是，不仅要寻找那些目前拥有未来团队所需要技能的人员，也要寻找那些具备技能开发潜质的人员。通常的技能组合包括解决问题的能力、决策能力、人际关系能力、专业技能、团队技能等。

(2)注重人员规模

创业团队的人数初期一般不宜过多，以便于股权的分配、内部统一集中管理、达成一致以及高效率的执行。当然，具体规模应该根据战略目标与重点确定。

4. 确定组织结构、职责与权利

进行初期内部的组织结构设计，简单、高效、便于沟通交流与操作执行即可。同时，要明确团队成员各自的职责与权利，具体包括组织赋予的职责与权利范围以及团队成员的授权范围。

实施过程中应注意：职责的安排不应该是一成不变的。可以在某一时间进行职责轮换，也可以指定几名成员在整个创业过程中共同承担某些职责。

5. 拟定组织目标与章程

拟定组织目标与章程时，要突出初期现实可行的目标，主要目的是统一创业团队的努力方向、价值取向以及行为规范，使得创业团队的方向、文化和行为达成一致，确保创业发展不偏离轨道。章程的具体内容主要包括以下几点。

其一，使命与目标。

其二，团队文化。

其三，团队行动纲领。

其四，职责与分工。

其五，绩效考核方法。

其六，与利益相关者的沟通及关系处理。

其七，团队成功的度量标准。

案例展示

携程创业团队的组建

梁建章、季琦、沈南鹏、范敏四人被称为“携程四君子”。

季琦和梁建章早前由于工作关系成为好友，经常在一起聊互联网创业，于是便有了一起做一个向大众提供旅游服务的电子商务网站的想法。两人意识到要成就一番大事业，只有他俩是不够的，还应该找一个能融到钱的伙伴。这时候，他们注意到了与季琦同为上海交大校友的沈南鹏。当时的沈南鹏在投资界已经做得风生水起。季琦和梁建章很快找到沈南鹏，详细介绍了这个创业项目。一番畅谈之后，沈南鹏对这个项目产生了浓厚的兴趣，再加上同为校友，沈南鹏毫不犹豫地加入了团队。三人合伙成立了公司，沈南鹏出资 60 万，梁建章和季琦各出资 20 万。

不久后，三个人发现他们都不懂旅游业，要想让项目顺利实施，还需要一位旅游行业资深人士的加盟。三人到处接触各个旅游公司的高管，但当时，没人会对这个刚刚成立的小公司感兴趣。正在一筹莫展之际，季琦偶然听说了一个人——上海旅行社的总经理范敏，并且范敏也是上海交大的校友。于是，三人很快约到了范敏见面。起初，范敏对这个项目毫无兴趣。就在大家想放弃的时候，季琦认定范敏的确是团队需要的人，于是一次又一次找到范敏，和他聊交大的回忆，聊创业的梦想。终于在季琦的坚持下，范敏同意加入团队放手一搏。

携程这个典型的技能互补型创业团队由此正式成立。“技术顶梁柱”梁建章任首席执行官，负责网站技术；有丰富创业经历的季琦任总裁，负责开拓市场；投资家沈南鹏任首席财务官，负责融资和财务管理；旅游业行家范敏任执行副总裁，负责产品管理。四人携手在短短四年时间里将携程打造成为在线旅游业的第一家上市公司，成为中国优秀合伙人的典范。

（三）组建创业团队的技巧

创业者在组建团队时可根据具体情况合理运用以下技巧。

1. 彼此互补

这一点非常重要，团队角色理论的立足点就是九种角色的优势互补。因此，成员应该具备不同的技能，以便形成互补性技能组合。

2. 彼此相似

彼此的相似性是指创业团队成员之间应该具有相似的价值观、兴趣爱好、背景等。因此，选择创业团队成员时，应该尽量找寻与自己具有相似性的人。

3. 创造价值

创造价值是指找寻创业合作者时，应该重点考虑对方是否能够帮助你解决眼前的棘手问题，或者未来是否可以为实现团队目标创造巨大价值。这些人通常在某些专业领域具有特殊的才能。

4. 经验成熟

候选人是否具有团队工作经验也非常重要。如果你找寻的创业合作者具有类似领域、类似合作方式的团队工作经验，那么后期的团队磨合工作就会轻松很多，工作效率也会很高。

5. 身边找人

身边找人是指向身边的朋友或者同事解释自己的战略目标，请他们推荐可靠的人选，这样可以增强彼此的信任感、认同度，并节约后期考察对方、彼此磨合的时间成本。

6. 取得共识

“道不同不相为谋。”取得共识是创业团队高效运作、快速成长、走向成功的根本前提。因此，如果候选人并不认同团队的价值观、战略目标、商业计划等，应该考虑换人。

三、 创业团队的管理

我更喜欢拥有二流创意的一流创业者和团队，而不是拥有一流创意的二流创业团队。

——乔治·多里特

（一）团队管理的注意事项

一个优秀的团队拥有无限的潜力，而一个好的团队管理者能够让羊群释放出群狮的战斗力，这就是团队管理的重要性。一个团队的建设与管理，需要在以下几个方面引起注意。

1. 明确共同的目标

共同的目标是团队存在的基础，是团队凝聚力的源泉，同时也是团队成功与否的关键。在集体层面和个人层面建立可以接受的目标，有利于促进每一个成员共同为实现过程目标而努力。“同志”即源于大家有一个共同的目标，从而走在一起。

2. 有控制地授权和信息共享

有控制地给予成员授权，使其在职责范围内具有相对的自主决定和处理的权力，有利于激发其积极性。加强信息共享，有利于成员准确掌握信息的沟通。过程的所有者要定期就过程的效率和效果与相关人员进行沟通，让团队成员了解过程状态和本职工作对过程的影响，了解过程改进方向，强化对过程目标工作的热情。

3. 设立有效的绩效评估

要采取适当的激励手段，为促进合作和共同提高提供推动力。人是需要激励的，平均主义是制约团队激情的重要障碍。当然，激励并不仅仅是金钱，有许多诱因，我们可以自行把握。好的薪酬制度需要针对创业目标和如何保持大家的长期敬业精神来达到目标这两个方面来拟定，需要反映差异化，挂钩业绩，充分体现灵活性。

4. 营造积极的改进氛围

员工对“风气”的感受始终强于管理者，且容易受到风气的影响。因此，团队要注意营造持续改进和良好合作的氛围。好的氛围会为团队成员提供积极的合作理念。这种氛围不仅是文化的范畴，也是情绪受到影响所形成的结果。

5. 拟定适宜的团队制度

制度与规范构成了团队的标准的行为。这种行为久之就成为习惯。无论你承认与否，拟不拟定文件，一个团队中都存在着自己的规则与习惯。与其让一些潜规则存在，不如正式订立一些规则。

（二）目标管理

为了在高度竞争的环境中生存，企业需要员工保持高绩效。许多企业采用的是结果导向型计划和控制系统的形式。目标管理是一个致力于达到所希望绩效的循环过程，通常包括以下四个步骤。

1. 目标设定

目标设定是指在整体目标和资源督导下，管理者与员工共同确定员工未来合适的绩效水平。这些目标通常是为下一年度设定的。

2. 行动计划

行动计划是指员工参与或独立制订达到目标的计划。为员工提供一定的自主性是很有价值的，这样员工更能发挥自己的聪明才智，并且更加关注计划的成功。

3. 阶段复查

阶段复查是指管理者和员工共同评估目标完成情况。这种复查是非正式的，有时是自发的。

4. 年度考核

年度考核是一种正式的对员工完成年度目标情况的评估，并伴随着新一轮的计划。有些目标管理系统还通过绩效考核将员工报酬与实际绩效水平联系起来。

案例展示

小米公司的轻量级 KPI

KPI 绩效考核又称“关键业绩指标考核法”，是企业绩效考核的常用方法之一。这种方法的优点是标准比较鲜明，易于做出评估。

小米公司的创新之处在于淡化了 KPI 绩效考核制度，却有 KPI 指标：小米用户的体验满意度就是小米公司的内部 KPI。公司不会关心员工完成了多少业绩，而是关心用户对产品的满意度，考察员工为提升用户体验做了多少贡献。也就是说，小米将用户体验之后的反馈当成员工考核的重点。

（三）团队士气

团队士气是团队精神的一个重要方面。拿破仑说过：“一支军队的实力四分之三靠的是士气。”将这句话的含义延伸到现代企业管理，我们需要意识到，为团队目标而奋斗的精神状态对团队的业绩非常重要。因此，在管理企业和团队时，要始终关注员工士气的高低，以提高工作效率。

一是要采取措施让员工的行为与团队的目标一致。如果赞同、拥护团队目标，并认为自己的要求和愿望在目标中有所体现，员工的士气就会高涨。

二是利益分配要合理。每位员工进行工作都与利益有关系——无论是物质的还是精神的，只有在公平、合理、同工同酬和多劳多得的情形下，人们的积极性才会提高，士气才会高昂。

三是要充分发挥员工的特长，让员工对工作产生兴趣。员工热爱工作、充满工作兴趣，士气自然就高。因此，团队的管理者应该根据员工的智力、能力、才能、兴趣以及技术特长来安排工作，把适当的人员安排在适当的位置上。

四是实行民主管理。团队内部的管理方式，特别是团队的管理层的领导方式对员工的积极性影响很大。管理层作风民主、广开言路、乐于接纳意见、办事公道、遇事能与大家商量、善于体谅和关怀下属，士气就会高昂。独断专行、压抑成员的想法和意见的管理者则会降低团队成员的士气。

五是营造和谐的内部环境。团队内人际关系和谐，互相赞许、认同、信任、体谅，凝聚力就会很强。

六是要进行良好的沟通。管理层和下属之间、同事之间的沟通如果受阻，就会使员工或团队成员出现不满的情绪。要处理好团队内部的人际关系，因为良好的人际关系是团队运作的润滑剂。有人说："管理者事业的成功，15%由专业技术决定，85%与个人人际关系和处理技巧相关联。"人际关系的主要特点就在于它具有明显的情绪体验色彩，是以自己的感情为基础来建立的。不同的人际关系带来的情感体验不一样，亲密的关系会使人愉快，对抗的关系则会让人烦恼。为了较好地改善人际关系，我们可参照以下几点。其一，理出与他人关系相对紧张的团队成员的名单。其二，具体分析与谁的关系最紧张。其三，从利人利己的观念出发，找出存在的障碍。其四，对于个人可以解决的问题，要在自己的范围内设法解决；不能解决的，借助组织的力量，找准时机寻求解决。

知识测试

1. 为什么说团队在创业过程中很重要？

2. 你认为什么样的人是理想的创业伙伴？

3. 携程创业团队的案例对你有何启发？

4. 如果你正管理着一个创业团队，将如何建立管理制度，如何提高团队意识？

能力训练

1. 你认为自己适合独立完成一项工作，还是适合在一个团队中合作完成？请找3位与你在同一团队共事过的伙伴，向他们征询关于你的团队意识和建设能力的反馈意见。

2. 由7个人组成的团队，每个人都是平等的，每个人都有自己的私利。他们想通过制度创新来解决每天的吃饭问题——要在粥的总量不是很充足而且没有称量工具的情况下分食一锅粥。怎么分才最有效？现在有四种方法可供选择。

方法一：指定一个人负责。

方法二：大家轮流负责。

方法三：选出德高望重者分粥。

方法四：成立分粥委员会和监督委员会。

你认为上述四种方法各有什么弊端？可以找到更好的分粥方法吗？

3. 邀请一位创业校友，通过访谈，了解其创业团队是如何组建和管理的，并整理出一份访谈录。

MODULE 2

模块二
创业知识与实务

项目九　整合创业资源

目标引领

知识 1. 认识创业资源在创业过程中的作用

2. 掌握创业资源的内涵

3. 了解创业资源的种类

4. 掌握创业资源的获取途径和整合方法

5. 了解融资渠道，掌握融资方法

能力 1. 能够按需获取创业资源，并对创业资源进行有效整合

2. 能够科学测算创业所需启动资金

3. 有融资需求时，能够开拓融资渠道，解决资金缺口问题

素养 1. 在获取创业资源时遵纪守法，诚实守信

2. 能高效使用创业资源，以尽量少的资源做尽量多的事情

学习导航

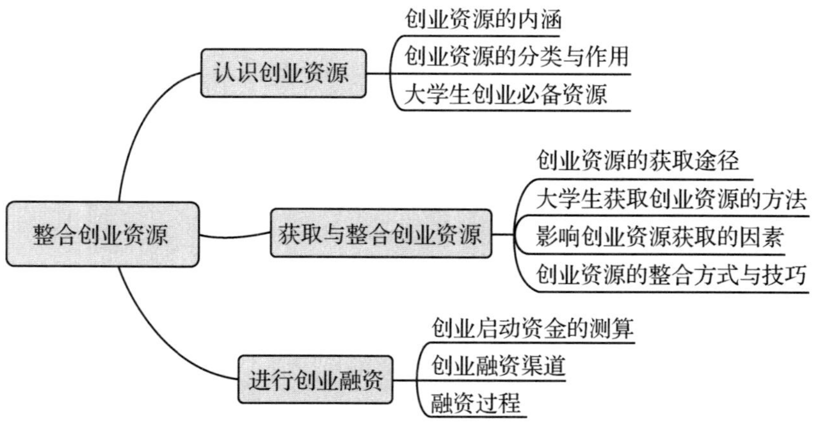

任务一 认识创业资源

创业者在企业成长的各个阶段都会努力争取用尽量少的资源来推进企业的发展。他们需要的不是拥有资源，而是控制这些资源。

——霍华德·史蒂文森

蒂蒙斯明确指出，资源是创业三大要素之一，强调创业者要认识并合理配置资源，不要被资源牵着鼻子走。可见，资源是创业过程的必备要素，有效整合资源是创业者的必备能力。

一、创业资源的内涵

创业资源是指新创企业在创造价值的过程中需要的特定资产，包括有形与无形的资产。创业资源是新创企业创立和运营的必要条件，主要表现形式有创业人才、创业资本、创业机会、创业技术和创业管理等。

从广义上，即从创业企业的外部条件来看，创业资源包括创业者、人才、技术、资本、信息、市场、关系、营销网络；从狭义上，即从创业企业的内部条件来看，创业资源包括人力资源、财力资源、技术资源、信息资源。无论从广义还是狭义来看，创业资源都是创业成功的基本保证。

有学者认为，创业过程本身就是一种资源重新整合的过程。某种程度上，创业就是不断地投入人力、物力、财力等资源以生产满足市场需求的产品或提供服务，从而实现价值增值的过程。企业在盈利的同时，也为社会创造了价值。

二、创业资源的分类与作用

（一）创业资源的分类

按照对企业成长的作用可以将创业资源分为两大类：一类是要素资源，即直接参与企业日常生产、经营活动的资源；另一类是环境资源，即未直接参与企业生产，但可以极大地提高企业运营有效性的资源。

1. 要素资源

(1)资金资源

充足的资金有助于加速新创企业的发展。开发新的产品、产品的营销以及市场推广活动都离不开资金的支持，并需要完备的财务预算。在创业之初，几乎所有企业都面临着资金匮乏这个难题，新创企业资产不足，缺乏抵押能力，很难保证从银行获得足够的贷款。因此，是否有足够的启动资金、所持资金能否支撑创业初期的亏损、如何有效获取资金资源是每位创业者都极为关注的问题。

(2)人才资源

人才资源包括创业者及其团队的知识、技能、素质、工作经验、社会关系等。在知识经济时代，高素质人才的获取和开发是企业可持续发展的关键。人才资源既可以通过外部招募获得，也可以通过内部的筛选与培养获得。在现代企业可持续发展中，高素质人才是企业核心竞争力的有力保障。对于技术含量高的新兴产业或高科技的创业企业来说，知识与技术在竞争中起着决定性作用，因此人才资源往往更为重要。

(3)场地资源

任何企业都需要有生产和经营的场所，这是企业存在的首要条件之一。场地资源包括场地内部的基础设施、稳定的通信系统、良好的物业管理、便捷的交通条件、周边配套的生活设施等。

(4)管理资源

管理资源指企业中实存的组织运行机制、管理制度以及创业者或管理者所拥有的经验、知识和管理能力。企业如何运转？各部门之间能否高效配合？如何发掘客户？如何应对市场变化？如何保持创业方向不偏离预设轨道？解决这些问题的关键都在于管理。

建立完整高效的管理体系是新创企业的宝贵资源，也是企业的核心竞争力。大学生接触社会较少，在校偏重于专业知识的学习，在运营管理方面经验较为缺乏。创业之后，如果不能及时转换角色，在管理企业的过程中会表现得过于理想化。这是大学生在创业过程中需要注意的问题。

(5)技术资源

技术资源是指企业具有商业价值的科技成果、生产工艺等，也包括与解决实际问题有关的专业知识。对于新创企业来说，可以通过技术创新，积极开发拥有自主知识产权的科技产品，或者主动引进具有商业价值的科技成果，转化为专业化产品，从而构建企业的技术壁垒。大学生思维活跃，有较强的成就动机，有专业的学科背景，在技术创新方面具有较强的优势。

创业故事

人际关系是第一生产力

陈烨是南京信息职业技术学院通信3G技术与基站工程专业2013届毕业生。2011年9月，陈烨创办了自己的传媒公司；2013年8月，他又创立了一家传播公司。一个学通信的学生，为什么会去搞传媒呢？“进入大学以来，我参加了不少学校和同学们组织的活动和比赛，每次活动的宣传费用和舞台费用都是很大一笔开销。加上学校给我们开设了专门的创业课程，我就想，与其请商家来做活动，不如自己创业自己赚钱。”陈烨说。他说干就干，怀揣着梦想，筹备资金、注册、购买设备……大二时，他的公司就成立了。

创业之初，为节约经费，很多装潢的活都是他带着两个同学独立完成的。“5米高的背景是我们自己踩着梯子上去挂的。下着大雨，材料到了，都是自己搬。”他介绍，公司运营初期做的是“图文”。“但是‘图文’既烦琐又耗时间，加上仙林区的价格战，我们一点优势都没有。”经过调研，他毅然放弃了“图文”，转移到舞美策划上。

一般公司的舞美策划也就帮着调调灯光，调调音响。陈烨没有把自己的工作局限在这块儿。他购买了灯具音响等舞台设备，学习如何安装，希望在承接的活动中做到最好。渐渐地，公司的业务越来越多。“不仅仙林大学城很多大学的活动都由我们帮着做，很多品牌公司也都找到了我们。”公司成立1年，就还清了50万元的贷款。为了进一步提升，他还到一些大公司实习，学习他人的经验。

对于现在大学生的创业资源短缺问题，陈烨提出了自己的看法：“首先，一开始再困难再辛苦，大家都要学会忍耐坚持，要以积累资源、学习经验为主。其次，学会看清自己。不管在学校担任过什么样的学生干部、有多大的能力，那些只能代表过去，要学会低调，做事勤快。最后，也是最重要的一点，就是杨林川老师赠予我的一句话，‘人际关系是第一生产力’。”

2. 环境资源

(1)政策资源

在“大众创业、万众创新”的双创时代背景下，创业者需要充分关注和合理利用创业扶持政策，获得更多的国内外高素质人才、贷款和投资、具有明确产权关系的科技成果、各种服务和帮助以及场地优惠等。

(2)信息资源

企业管理者需要依靠信息资源进行决策。信息资源包括咨询机构和行业报告提供的可靠信息、展销会的宣传推介信息、来自合作伙伴的信息以及良好的采购和销售渠道信息等。

(3)文化资源

文化资源包括具有地方特色的文化习俗和风土人情等，如非遗的传承、文旅 IP 的打造、文创衍生品的开发等。另外，企业内部和企业之间相互学习和交流、相互合作和支持、相互追赶和超越的创业氛围也是新创企业宝贵的文化资源。

(4)品牌资源

新创企业可以借助科技园或孵化器的品牌以及有影响力的人士对企业的认可等帮助企业建立品牌资源，提高品牌认知度和推广度。

（二）创业资源的作用

创业者获取创业资源的最终目的是利用这些资源追逐并实现创业机会，提高创业绩效，获得创业的成功。无论是要素资源还是环境资源，它们都会对创业绩效产生积极的影响。其中，要素资源可以直接促进新创企业的成长；环境资源可以影响要素资源，间接促进新创企业的成长。

三、 大学生创业必备资源

根据大学生创业的特点以及资源在企业初创过程中所发挥的作用，大学生在创业初期的必备资源包括资金、技术、人才。其中，资金是创业物质基础的保障；技术是大学生创业的独特优势，也是应有的核心竞争力；人才是新创企业可持续发展的关键。

大学生在校期间与社会的联系较少，社会关系网络相对简单，社会资源较为匮乏，因此在创业之初主要依靠学校的支持和亲朋好友的帮助。在这种情况下，大学生创业需要根据自身特点，充分发挥在知识积累和创造能力方面的优势，取长补短，这样才能“创”出一片真正适合自己的新天地。

(一)储备创业知识

由于日常学习和生活主要是在校园里，对社会缺乏了解，特别是在市场开拓、企业运营上经验匮乏，因此眼高手低、纸上谈兵是大学生很容易陷入的误区。大学生创业前要做充分的创业知识准备：一方面，通过社会兼职或者企业实习来积累相关的管理和营销经验；另一方面，通过学习创业课程、参加创业培训、接受专业指导来积累创业的知识，提高创业的技能，培养“会创”的能力，提高创业成功率。

(二)准备创业资金

大学生创业遇到的主要障碍之一就是资金匮乏。没有资金支持，再好的创意也难以转化为现实产品。因此，有创业想法的大学生在校期间就应该把自己想做的项目写下来，整理成创业计划书，积极参加各种创业大赛，通过比赛路演来推广自己的项目，吸引风险投资人的注意力。当然，在获取创业资金前，大学生创业者首先得搞清楚自己需要多少启动资金、资金的来源渠道如何、是选择债权融资还是选择股权融资、能给投资人什么样的回报等问题，因为这些正是投资人特别关注的问题。大学生要拓展思路，多渠道融资，除了自筹资金、银行贷款等传统途径外，还可以充分利用风险投资、创业基金等融资渠道。为了鼓励创业，政府出台了一系列创业支持计划，各地也设置了各类创业扶持基金，能切实帮助很大一部分大学生实现自己的创业梦。

(三)注重技术创新

用智力换资本，这是大学生创业的特色之路。一些风险投资家往往就因为看中大学生所掌握的专业知识和先进技术而愿意资助其创业计划。因此，打算在高科技领域创业的大学生一定要注重技术创新，开发具有自主知识产权的产品，吸引投资人。

创业故事

科技创新改变未来

熊太征，南京信息职业技术学院2013届信息工程专业的毕业生，2013年创办了自己的电子科技公司，主营业务为电子产品维修、电子产品的销售及电子产品软硬件开发。

熊太征知道创业的路并不平坦，必然要历经坎坷。然而，他坚信每次的失败都会为以后的成功奠定基础。他一直在寻找通向成功的道路，也在不断纠正在这条路上所犯的错误。

熊太征出生在一个普通家庭，父母靠打工挣钱养家，供他上到大学很不容易。他也很体谅父母。在校期间，他勤工俭学，生活和学习的压力触发了他创业的念头。随着这个念头不断萌发和成长，他开始利用自己的专业特长帮人做一些项目，从中积累经验，提高自身的专业技能。

就这样日复一日、年复一年，熊太征从研发中不断地积累经验，不断地积累人脉。他买了很多关于维修的书籍，一股脑儿地扎了进去，经过不断摸索，终于学会了各种电子产品常见问题的维修方法。与此同时，他参加学校举办的创业大赛，在校园里申请到了免租的店铺和免息的贷款。之后，他有了成立公司的意愿，2013年下半年注册了公司。

现在公司维修人员大多是本校电子信息学院科技协会的学生。通过不断地培养和实践，同学们都能熟练地维修各种电子产品，通过以老带新的模式发扬科协电子精神。吃水不忘挖井人，熊太征还成立了电子制作工作室，为热爱发明创造的学生提供平台，让他们做自己喜欢做的事。要把自己受到的恩惠播撒给他人，这是熊太征做人的信条。

知识测试

1. 创业要素资源包括哪些？这些资源在创业过程中分别起到什么作用？

2. 大学生创业的必备资源有哪些？

3. 大学生在校期间如何积累创业资源？

能力训练

1. 蒂蒙斯认为：“依靠自有资源是创业公司的一种生存方式，而且会创造出极大的竞争优势。”假如你打算开始创业，请描述如何创造性地运用自有资源，完成依靠自有资源创业的战略设计。

2. 以“校园 App 开发”为模拟创业项目，用表单形式梳理并列举该项目所需要素资源和环境资源。

任务二　获取与整合创业资源

> 未经历风雨的创业者普遍有一个错误概念：为了使企业成功，首先必须让所有的资源都到位，尤其是资金必须到位。首先考虑钱就是一个很大的错误……成功的创业者一般都为合理利用和控制资源设计了创意精巧、用资谨慎的战略。
>
> ——杰弗里·蒂蒙斯

一、创业资源的获取途径

创业资源的获取途径较为多样，简列如下。

（一）技术资源的获取途径

创业者应随时关注和留意高校、科研院所等机构发布的最新科研成果，定期查阅专利信息，及时关注科技信息，注意浏览科技报道，努力从中挖掘具有商业潜力和市场前景的新成果、新技术、新工艺、新方法。获取技术资源的途径主要有四。

第一，吸引技术持有者加入创业团队。

第二，购买他人的成熟技术，并进行可行性分析。

第三，购买他人具有发展潜力和前景的技术，并完善开发，达到商业化要求。

第四，自主研发技术。

（二）人力资源的获取途径

这里的人力资源不是指新创企业成立之后需要招募的员工，而是指创业者及其团队所拥有的知识、技能、经验、社会关系、商务网络等。创业者在准备创业时，可以考虑先进入一家企业工作，了解企业运营的要素、市场营销的策略、企业管理的方法，积累和提高自身的创业能力。在校大学生可以积极参加学校组织的模拟创业实践和校园创业大赛等活动，或利用假期时间做兼职，通过多实践、多接触社会来积累经验、拓展人脉。

（三）外部资金的获取途径

创业者在制订创业计划时应该合理测算创业所需资金。除自筹资金外，一般可以通过以下途径来获取外部资金。

第一，向亲戚朋友筹集资金，双方形成债权债务关系。

第二，抵押、银行贷款或者企业贷款。

第三，争取政府某个计划的资金支持。

第四，所有权融资。

（四）信息资源的获取途径

获取市场与政策等信息资源的途径主要包括：咨询政府机构、大学研究机构、专业信息机构；查阅相关行业和市场研究报告；参加相关会议；通过互联网、媒体、图书馆进行信息检索等。对于所获取的信息，需结合自身实际情况梳理提炼、去伪存真，保证信息的可靠性和有效性。

二、 大学生获取创业资源的方法

（一）通过大学生的特殊身份获取资源

近年来，政府和高校出台了一系列创业优惠措施鼓励大学生创业。相对于一般的中小型企业，大学生创业者申请小额创业贷款更加容易，还可通过参加大学生创业大赛获得创业基金的资助支持。大学生在校期间应积极参与学校开展的创业活动以及创业教育课程的学习，通过理论学习与模拟实战，培养自己的创业精神和能力。另外，通过社会实践、在班级社团担任干部等方式，大学生既可以锻炼组织管理能力，又可以积累人脉，有利于积累人才资源与管理资源。不仅如此，受教育程度也是大学生创业者的优势。大学生创业者具有良好的分析和总结问题的能力，在对创业资源进行分析和辨认时会较一般创业者更清晰、更理性。

（二）通过积极开拓社会关系获取资源

社会资源的形式多样，包括亲友、合作伙伴、创业联盟、代理、导师等。初创企业由于规模过小等问题，在很大程度上无法获得发展所需的资源或需要付出较高的成本。社会资本在某种程度上为创业者提供了较为廉价的资源获取途径。如果创业者具有良好的个人信誉并且企业已经初步取得成就，拥有丰富社会资源的创业者容易获得更多有价值的创业资源。不过，大学生的社会资源比较简单，人脉资源主要是在校学生，几乎没有政府关系、商业关系。因此，大学生在创业之初主要依靠的是亲人、朋友等个人关系。在创业过程中如果能不断开拓社会资本，这对获取创业资源有积极的促进作用。大学生要通过培养良好的商业思维与捕捉机会的能力，不断增强已有的优势并获得社会认同，以便获得更多资源。

（三）有效整合利用已有资源

资源获取不应局限在单纯的量的积累上，通过对各类已有的创业资源进行细致化与丰富化处理，也可以获取新的竞争优势。资源的整合贯穿资源的识别、资源的获取以及资源的利用整个过程。对于初始资源匮乏的大学生创业者来说，有效地整合与利用资金尤为重要。有限的资源并不能维持企业的正常运转，大学生创业者必须利用自身资源整合能力，将已有的初始资源作为工具来撬动更多的外部资源，并组合利用外部资源与已获取的内部初始资源，提升创业绩效，尽量保证企业长期的生存与发展。此外，资源管理和整合的过程也是大学生创业者能力不断提升，并逐渐成长为成熟的创业型人才的过程。

创业故事

在工作中积累创业资源

蔡晓墨，南京信息职业技术学院音效设计专业2011届毕业生。大学期间，他担任多个学生组织的干部并积极参加学校的文化活动。也正是因为所学的专业和大学校园文化活动的锻炼，他对创业有了新的认识：要创业，并将创业建立在自己的兴趣和专业上。2013年，蔡晓墨的传媒公司成立，主营企业年会、新闻发布会、公司庆典、招待会、社区活动、各种主题晚会活动策划以及企业宣传片、主题曲、个人音影专辑制作等音影制作。

2011年大学毕业后，蔡晓墨没有急着去创业，而是到西藏、内蒙古、黑龙江等地背包旅行近两个月，后成为苏州某公司东北片区销售主管，负责东北片区业务推广工作。他配合副总用三个月时间组建团队，拟定管理制度及市场营销计划，完成了公司覆盖全国网络的初步建设。虽然工资不是很高，但是他坚持做了两年，平时与各行各业的客户交流沟通甚至要账。空闲时间，他会背上包，带着相机行走多个城市，记录大好河山。这些经历不仅开阔了他的眼界，更是影响了他的心态。他的心胸变得宽广了，考虑问题也全面了。读万卷书，不如行万里路；行万里路，不如阅人无数。这些经历在蔡晓墨创业前期奠定了无形的基础！

2013年，蔡晓墨回到南京开始自己的创业之旅。从找办公地点到注册公司再到第一笔业务，他用了两个月的时间。虽然在别人看起来很是顺利，但未知的困难还在后面。现在，他渐渐有了稳定的客户源。从学校各类文艺活动开始，到与电视台合作，再到策划商业广场开街典礼、独立策划执行独立音乐人的巡演，他相信未来会有更多业绩。

蔡晓墨说："做文化传媒，确实需要很大竞争力，可以说很难，大学城就有很多家。但是我们不是单纯的设备租赁商，不是买几个音箱、几组灯光挂在舞台上就完事的。我们要做他们的上家，要那些靠设备生存的传媒公司依附我们。这就要求我们的专业水平必须高，要求我们创意创新、服务创新、用户体验创新！"

三、 影响创业资源获取的因素

（一）创业导向

创业导向是创业者在经营、实践和决策的过程中所采取的创新、承担风险、抢先行动、主动竞争和追求机会的态度或意愿。创业导向强调如何行动，是创业精神的表现过程。例如，创业导向的企业能自主行动，具备创新和风险承担的态度，面对竞争对手时积极应战，面临市场机会时超前行动。

（二）创业者资源禀赋

创业者资源禀赋是指创业者所具有的与创业相关的自身素质和外在关系的总和，主要包括创业者的经济资本、社会资本和人力资本。它们能够为创业行为和新创企业生存与成长提供有价值的资源。大量的文献都强调了企业家资源禀赋在创业过程中的重要作用，认为企业家资源禀赋是创业行为过程的关键资源，甚至在一定程度上决定新创企业的资源构成特征。

（三）创业者资源整合能力

新创企业资源整合能力是指在创业过程中，以人为载体，在资源整合过程中所表现出的对资源的识别、获取、配置和利用的主体能力。创业资源在未整合之前大多是零散的、一般性的商业资源，要发挥其最大的效用，使其具备竞争优势，并为企业创造新的价值，就需要新创企业运用科学方法将不同来源、不同效用的资源进行优化配置，使有价值的资源充分整合起来，发挥"1＋1＞2"的放大效应。

资源整合能力在创业的各个阶段发挥着极为重要的作用。在创业起步阶段，资源整合能力影响并决定着创业者对创业机会的评估、识别与开发，同时帮助创业者摆脱资源约束，取得所需资源。在生存与成长阶段，新创企业需要筹措更多的资源来满足自身的发展，创业者资源整合能力会对新创企业的战略决策与运营能力产生重要影响，资源整合的深度与广度会影响组织运作的持续性，进而影响创业绩效。

（四）创业团队

把创意变成产品/服务，再把产品/服务市场化、产业化是一个艰苦的过程，因此必须组建好富有凝聚力和创新精神的创业团队，这是获取各项创业资源的重要前提，也是创业成功的基本保障。团队可能带来创业所需要的各种知识和经验，如顾客经验、产品经验、市场经验和创业经验等。同时，通过团队，人脉关系网络可以放得更大，能够有效地增进创业者社会资本，提高创业成功的概率。可见，创业团队本身就是极为重要的创业资源。

（五）外部环境

决定创业活跃程度的一个重要因素是创业的外部环境。创业环境与创业活跃程度呈很强的正相关关系。这种关系的核心是创业企业资源的需求和创业环境资源的供给之间的有机联系。创业水平和创业资源受到外部环境因素的影响极大，尤其政府的法规政策。创业环境好的地方一般会呈现较高的创业活动水平，而政府创业政策作为创业环境的重要内容会直接影响一个国家和地区的创业活动的水平。

四、 创业资源的整合方式与技巧

（一）不同创业阶段的资源整合方式

要使有限的资源发挥出最大效用，需要对创业资源进行科学的整合。在不同的创业阶段，应该选用不同的资源整合方式。

1. 寻找式资源整合

这主要是创业初期的资源整合方法，包括结合自身创业团队的资源情况，分析资源储备存在的不足，提出整合外界资源的方案，积极寻找，整合所有能利用的创业资源。

2. 累积式资源整合

这主要是创业中期的资源整合方法，包括在初创企业的发展过程中，进一步了解创业资源的特征，对已有的资源进行准确的分析定位，并在此基础上进行进一步的整合，发挥资源的最大效能。

3. 开拓式资源整合

这主要是企业取得初步发展之后的资源整合方法，包括把创新式思维注入其中，用创新的视角寻找具有创新点的创业资源。特别是继续寻找企业新的增长点，在新的增长点上充分开拓和整合资源。这一点对创业基础较为薄弱的大学生创业者来说尤为重要。

案例展示

巧妙整合资源，达成多方共赢

赵志文是重点大学的大三学生，很渴望自己创业，但由于能力、经验所限，尝试很多次都失败了。

一次偶然的机会，赵志文注意到学校新建的食堂四楼有一块空旷的大厅。大厅旁边是隶属于学校的高档餐厅，餐厅的生意一直很一般。目前，这个大厅还闲置着，赵志文想低价把这块场地拿下来。他认为，学校有几万学生，虽说这是在食堂四楼，但如果宣传得当，还是有学生愿意来的。

赵志文找到创业已经小有成就的学长谈起了这件事。

学长问赵志文："你最擅长什么?"

"英语，我还是学校英语俱乐部的干部。"

"那就从事你最擅长的英语。"

"我该怎么做？难道搞英语培训？凭我的资源，搞英语培训有很大难度。"

"你要通过杠杆借力，把这个困难克服了。"

"你的意思是，我先把场地谈下来，再找人投资？借别人的钱，找教师，再招生培训?"

"不是，借钱或找人投资是很初级的借力方式。"

"那我该怎么做?"赵志文迫切地问道。

学长给出了如下建设。

第一，去跟后勤主任说，有办法帮忙把学生领到四楼来吃饭，保证每个月带来2万的营业额。条件是免费使用闲置的场地。

第二，这个场地用来干什么呢？不用于任何商业行为，只是带领学生晨读英语。

第三，去找著名的英语培训机构合作。可以跟他们说：我想帮你们招生，至少一个学校帮你们招100个学生。条件是你们提供培训资料的视频与教师。例如，培训机构提供一个教师，过来带领同学们晨读。同时晚上在这个教室里播放培训视频，为招生做宣传。

第四，再去找英语俱乐部的会长，告诉会长给俱乐部找了一个定点读英语及开会、做活动的地方。说明你的希望是动用俱乐部的力量帮忙招晨读学生。俱乐部里的人可以免费参加，只需交纳 3.5 元的营养早餐费，非协会的学生缴纳 6 元(含 3.5 元营养早餐费)。

第五，准备工作做得差不多了，开始通过英语俱乐部向学生宣传。“×××培训机构教师带领你晨读！帮你摆脱哑巴英语。”

就这样，赵志文参照了学长的建议，通过对学生、英语俱乐部、学校食堂、培训机构多方资源的整合，达成了多方获利的效果。

其一，学生每个月花 105 元(营养早餐钱 3.5 元，3.5×30＝105)，就可以有培训机构的专业教师带领晨读，晚上还可以看相关的培训资料。

其二，英语俱乐部获得了办公室与活动场所，提升了形象。

其三，后勤集团每个月多收入 3 万元(与食堂约定的营养早餐价格是 2.5 元，2.5×400×30＝30000)。同时带动了四楼的餐厅生意。

其四，培训机构通过晨读与晚上的视频学习，在一个月内招到 46 名学生，一个学期招了近 200 名。这等于该培训机构免费拥有了一个学生试听试读的场所，不需要再多花力气宣传组织学生来听。

赵志文通过英语俱乐部招到学生 400 人左右。定价为每个学生一个早晨 6 元(含 3.5 元营养早餐)，按月收取费用。每个学生毛利约 3.5 元。一个月毛收入为 42000 元(400×3.5×30＝42000)，一个学期下来近 20 万元。

（二）创业资源的整合技巧

优秀的创业者在创业过程中体现出的卓越创业技能之一，就是能创造性地整合和运用资源，尤其是那种能够创造竞争优势并带来持续竞争优势的战略资源。整合创业资源的技巧主要有以下几种。

1. 学会拼凑，优化组合

很多创业者都是拼凑高手，即用一些新元素与已有的元素重新组合，形成在资源利用方面的创新行为，进而获得意想不到的惊喜。创业者通常利用身边能够找到的一切资源进行创业活动。有些资源对他人来说也许是无用的、废弃的，但创业者可以通过独有的经验和技巧，加以整合创造。例如，很多高新技术企业的创业者并不是专业科班出身，可能是出于兴趣或其他原因，对某个领域的技术略知一二，却凭借这个略知的“一二”敏锐地发现了机会，迅速实现了对相关资源的整合。整合已有的资源，快速应对新情况，是创业的利器之一。拼凑者善于用发现的眼光，洞悉身边各种资源的属性，将它们创造性地整合起来。这种整合很多时候甚至不是事前仔细计划好的，而是具体情况具体分析、“摸着石头过河”的产物。这也正体现了创业的不确定性。

2. 遵循规律，步步为营

创业者分多个阶段投入资源并在每个阶段投入最有限的资源，这种做法就是在遵循规律的前提下，步步为营。步步为营的策略首先表现为节俭，设法降低资源的使用量，降低管理成本。但过分强调降低成本会影响产品和服务质量，甚至制约企业的发展，所以，需要“有原则地保持节俭”。步步为营策略还表现为自力更生，减少对外部资源的依赖，目的是降低经营风险，加强对所创事业的控制。很多时候，步步为营不仅是一种做事最经济的方法，也是创业者在资源受限的情况下寻找实现企业理想目的和目标的途径，更是在有限资源的约束下获取满意收益的方法。习惯于步步为营的创业者会形成审慎控制和管理的价值理念，这对创业型企业的成长与向稳健成熟发展期的过渡尤为重要。

3. 充分发挥杠杆效应

尽管存在资源约束，但创业者并不会被当前控制或支配的资源限制。成功的创业者善于利用关键资源的杠杆效应，利用他人或者别的企业的资源来实现创业。可以用一种资源补足另一种资源，产生更高的复合价值；或者利用一种资源撬动和获得其他资源。其实，大公司不只是一味地积累资源，它们更擅长资源互换，进行资源结构更新和调整，积累战略性资源。这是创业者需要学习的经验。

对创业者来说，容易产生杠杆效应的资源主要包括人力资本和社会资本等非物质资源。创业者的人力资本由一般人力资本与特殊人力资本构成。一般人力资本包括受教育背景、工作经验及个性品质特征等。特殊人力资本包括产业人力资本(与特定产业相关的知识、技能和经验)与创业人力资本(如先前的创业经验或创业背景)。调查显示，特殊人力资本会直接作用于资源获取，如有产业相关经验和先前创业经验的创业者能够更快地整合资源，更快地实施市场交易行为。一般人力资本使创业者具有知识、技能、资格认证、名誉等资源，也提供了同窗、校友、教师以及其他连带的社会资本。相比之下，社会资本有别于物质资本、人力资本，是社会成员从各种不同的社会结构中获得的利益，是一种根植于社会关系网络的优势。在个体分析层面，社会资本是嵌入、来自并浮现在个体关系网络之中的真实或潜在资源的总和，它有助于个体开展目的性行动，并为个体带来行为优势。外部联系人之间社会交往频繁的创业者所获取的相关商业信息更加丰裕，有助于提升创业者对特定商业活动的深入认识，使创业者更容易识别出常规商业活动中难以被其他人发现的顾客需求，进而更容易获得财务和物质资源。这正是其杠杆作用所在。

4. 设置合理利益机制

资源通常与利益相关，创业者之所以能够从家庭成员那里获得支持，就因为家庭成员之间不仅是利益相关者，更是利益整体。既然资源与利益相关，创业者在整合资源时，就一定要设计好有助于资源整合的利益机制，借助利益机制把包括潜在的和非直接的资源提供者整合起来，借力发展。因此，整合资源需要关注有利益关系的组织或个人，要尽可能多地找到利益相关者。同时，要分析清楚这些组织或个体和自己以及自己想做的事情的利益关系。利益关系越强、越直接，整合到资源的可能性就越大，这是资源整合的基本前提。

（三）创业资源的科学管理

无论是在创业初期还是在企业成长过程中，创业资源的科学管理都是必不可少的。对创业资源的管理过程，实际上也是对创业资源的优化配置过程，主要包括资源优化组合和查漏补缺。首先，对现有创业资源进行优化配置，就需要创业者对创业资源进行分类排序。当然，这不是说某种资源比其他资源更重要，而是指当企业处于某一特定的阶段时，要了解在这一阶段起主导作用的资源是什么、起辅助作用的资源是什么，从而确保在资源配置时做到重点突出。其次，要考虑“木桶效应”，进行查漏补缺。在对重点资源进行优化配置时，还要考虑企业未来发展中可能缺少的资源，对潜在的资源枯竭问题进行预判，充分做好资源储备“预算”管理方案，这样才能使各种创业资源在不同的阶段实现最佳的配置。

创业资源是效益的基础，效益是创业资源投入后的结果。效益包括创业资源整合和管理本身得到的直接效益和由此带来的间接效益。直接效益是看得见、摸得着的，如企业利润、企业发展速度、规模。间接效益则潜藏在表象之后，包括创业资源投入与产出的比率、创业资源可利用的预期限制和替换周期。在创业资源整合与管理中，创业者既要考虑直接效益，又要考虑间接效益，要充分考虑目前的资源使用效率对企业未来发展的制约性。只有把直接效益与间接效益结合起来共同考虑，才能取得资源整合与管理的最大效益。

知识测试

1. 创业资源与商业资源是同一个概念吗？二者有何区别？

2. 结合自身实际情况，谈一谈大学生在校期间如何为实现创业梦想积累创业资源。

3. 你是如何理解“资源在于整合而不在于拥有”这句话的？

能力训练

每五人组成一个小组，完成“以物换物”游戏。

游戏规则：

每组领取一根棒棒糖，从这根棒棒糖开始，在校园内换取其他物品。在2小时时间里换到的物品价值最高的组获胜。

具体要求：

(1)在以物换物的时间内，不得擅自增加其他物品用于置换，不得用钱买物品，不得弄虚作假。

(2)各组需群策群力，积小成大，步步为营。

任务三　进行创业融资

任何事情都是相对的。创业者容易拿到基金的过程对他是更大的挑战，因为这意味着他的竞争对手也有更大的机会拿到投资，大家是在同一个平台上进行竞争。最好的时代也是最坏的时代。现在这一段时间对于创业者来讲未必是非常好的时间，面临的竞争会更加剧烈，拿到资金往往只是刚刚开始，并不是像过去那样已经到了一个新的台阶。

——计越

融资是指通过一定的渠道，采用一定的方法，以一定的经济利益付出为代价，从资金持有者手中筹集资金，满足资金使用者在经济活动中的资金需求的一种经济行为。创业者确定了创业项目，组建好创业团队后，就应该认真考虑创业资金的问题了，这也是在制订创业计划时需要详细阐述的部分。

具体来说，创业者需要梳理以下问题，并给出明确的答案。

第一，有多少自有资金？能否满足初创资金需求？

第二，还需要再筹措多少资金？

第三，是通过银行贷款还是向风投融资？

第四，能否预测现金流量的发展趋势？

第五，预计什么时候能盈亏平衡？

一、 创业启动资金的测算

在融资前，创业者首先要弄清楚创业需要多少钱。创业者准确衡量需要多少启动资金是成功的关键，资金需要测算到创业公司盈利的平衡点。如果低估了初创资金需求，创业者在盈利之前可能就用光了所有资金；如果过高估计了初创资金需求，创业者可能永远都筹集不完所需资金来启动创业。

创业启动资金主要用于场地费、办公家具和设备、机器、原材料、广告费、促销费、工资、水电费、营业执照和许可证办理等。

创业启动资金需从创业综合成本进行估算，还需为企业后续发展预留一定的空间。具体而言，它主要涉及三大块资金的测算。

（一）固定资产投资测算

固定资产投资主要用于为企业购置价值较高、使用寿命较长的实物，如场地、建筑、设备等。

一是用于场地或建筑投资，如买地建房、买二手厂房、租房或在家开业。租房或在家开业能显著降低固定资产投资费用。大学生可充分利用众创空间、创客工场、大学生创业园等场所提供的优惠条件。

二是用于设备投资，尤其是制造业和服务业对设备的需求较大。在测算时要分清哪些才是必需的，可通过租赁或购买二手设备来减少资金投入。

（二）流动资金测算

流动资金是指企业日常运转需要支出的资金，用于原材料和商品库存、租金、工资、促销费用、保险等。新创企业产生现金流入需要 3～6 个月，因此至少需准备 3 个月的流动资金。

1. 购买原材料和商品库存费的测算

在测算支付购买原材料和商品库存费用时，制造型企业需预测维持正常生产的原材料库存，服务型企业需预测在顾客付款之前提供服务所需的材料库存。

2. 促销费用的测算

促销费用包括广告、买送活动、有奖销售、展销推广等所产生的费用。对于促销费用的估算需根据制订好的营销方案进行。

3. 工资、租金及其他费用的测算

支付工资额：月工资总额×还没有达到收支平衡的月数。

支付租金：月租金总额×还没有达到收支平衡的月数。

其他费用包括日常开支，如水电费、交通费、电话费、差旅费、税金等，还需预留出一部分应对不可预见状况的应急费用。

（三）开办费用测算

开办费用主要是指筹建新创企业期间所产生的费用支出，包括市场调查费、咨询费、技术资料费、注册登记费、印刷费、差旅费、加盟费等。

创业启动资金测算的具体操作可通过表 9-1 进行。

表 9-1　创业启动资金测算表

<table>
<tr><th>项目</th><th>具体内容</th><th>测算金额(元)</th></tr>
<tr><td rowspan="2">固定资产投资</td><td>场地费用</td><td></td></tr>
<tr><td>设备费用</td><td></td></tr>
<tr><td rowspan="7">流动资金</td><td>购买原材料和商品存货</td><td></td></tr>
<tr><td>促销费用</td><td></td></tr>
<tr><td>支付工资</td><td></td></tr>
<tr><td>支付租金</td><td></td></tr>
<tr><td>保险费用</td><td></td></tr>
<tr><td>其他费用</td><td></td></tr>
<tr><td>应急费用</td><td></td></tr>
<tr><td>开办费用</td><td>筹建期间所产生的费用</td><td></td></tr>
<tr><td>总计(元)</td><td colspan="2"></td></tr>
</table>

二、 创业融资渠道

创业融资渠道是指取得创业资金的来源。常见的融资渠道有以下几种。

(一)自有资金

自我筹集资金是大多数创业者的首选筹资渠道。处于创业初期的企业缺少经营记录，很难利用其他渠道融资，只能通过创业者和团队自筹资金。这不仅是因为自有资金筹集最快捷，而且也是创业者吸引来自其他渠道投资本项目的基础。作为创业项目的所有者，我们自己首先要对项目有资金的投入，以证明相信项目能够成功，愿意为之付出的决心。

(二)亲友融资

向亲朋好友融资也是创业初期较为常见的融资渠道，并且融资成功率比较高。亲友融资建立在亲情和友情的基础上，不需要过多的信誉担保，出资方也不是单纯为了高额的回报。需要注意的是，在向亲友融资时，创业者需遵守现代市场经济的游戏规则，树立正确的契约精神和法律意识，保障投融资双方的合法利益，避免不必要的经济纠纷。

(三)银行贷款

银行贷款被誉为创业融资的“蓄水池”，优势是银行财力雄厚，但办理过程手续比较烦琐，任何一个环节都不能出问题。银行贷款属于债权融资，以质押抵押或者信用担保为条件。如果可供银行认可的抵押资产或信用都不足，可申请第三方担保。

从目前的情况看，银行贷款有四种方式。

第一，抵押贷款，指借款人向银行提供一定的抵押物品作为保证的贷款方式。抵押物品通常包括有价证券、国债券、各种股票、房地产、货物的提单及其他各种证明物品所有权的单据。

第二，信用贷款，指银行仅凭对借款人资信的信任而发放的贷款。借款人无须向银行提供抵押物品。

第三，担保贷款，指由借款人或第三方依法提供担保而发放的，并在必要时由第三人承担连带还款责任的贷款。

第四，贴现贷款，指银行以持票人持有未到期票据为对象发放的贷款。

银行贷款这类融资为债权性融资。投资方不参与企业管理，不承担企业风险，不拥有企业股权。

案例展示

阿里巴巴成立初期的融资

1999年年初，创业团队自筹50万元，创立阿里巴巴。

第一轮融资，天使投资500万美元：通过CFO蔡崇信的投行关系，高盛领投500万美元。

第二轮融资，风险投资2000万美元：2000年10月，软银孙正义投资2000万美元。

第三轮融资，风险投资8200万美元：2004年2月，软银、富达创投等四家风投机构出资8200万美元。

（四）天使投资

天使投资是自由投资者或非正式风险投资机构，对具有发展潜力的创业项目或小型初创企业进行的一次性的前期投资。

天使投资属于风险投资的一种形式，一般在项目的种子期或企业的初创期就可以介入。投资操作程序较为简单，融资速度快，门槛较低。只要能处理好股权分配关系，这种融资方法还是比较适合大学生创业项目的。

（五）风险投资

风险投资简称“风投”，也被称为“创业投资”，主要是指风险投资者向创业企业提供资金支持并取得该公司股份的一种融资方式。创业者通过出售公司的一部分股权给风险投资者来获取资金，用于发展企业、开拓市场。风投机构的资金大多用于投资新创企业或未上市企业，尤其是高新技术企业，并不以经营被投资公司为目的，仅是提供资金及专业上的知识与经验，帮助所投资的公司尽快成熟，获取更大的利润，从而实现资本增值。这是一种追求长期利润的高风险高回报性质的投资。

（六）融资租赁

对于刚刚创办的企业来说，进行生产需要投入固定资产创业资金。尤其是高科技企业，固定资产设备往往昂贵，创业者没有足够的资金购买固定资产，租赁几乎是最佳的选择。即使在资金充裕的条件下，出于优化财务结构方面考虑，也可能采用租赁方式。融资租赁是一种以融资为直接目的的信用方式，表面上看是借物，实质上是借资，以租金的方式分期偿还。这种融资方式的优势是：不占用创业企业的银行信用额度，创业者支付第一笔租金后即可使用设备，而不必在购买设备上大量投资，可将有限的资金调往最急需用钱的地方。

(七)政府扶持基金

在国家“大众创业、万众创新”的号召下，各省市出台了一些政策，设置了政府扶持基金。科技含量高的产业或优势产业可以申请政府扶持基金，若创立的是科技型中小企业，还可以申请地方政府的创新基金。

(八)高校创业基金

高校在大学生创业期间能起到鼓励和促进的作用，大多数高校都设立了创业基金鼓励学生进行创业实践。相对于大学生创业群体而言，通过这种途径融资是有独特优势的，但高校创业基金资金规模不大，面向的对象有限，融资者面临的竞争也相当激烈。

三、 融资过程

一般来说，融资主要包括以下步骤。

(一)创业者准备商业计划书， 寻找投资人， 进行初步接洽

商业计划书通常是投资人了解产品的第一渠道或首选材料。初创企业和创业团队准备好商业计划书后，通过自我推荐、熟人介绍或者参加创业大赛和融资路演等方式，获得投资人的关注，双方进行初步接洽。创业者根据投资人的意见和建议，进一步优化和完善商业计划书。

(二)进一步沟通， 签署投资意向书

初创公司、创业团队通过各种渠道联系不同的投资者，最终找到对其产品和团队感兴趣的投资者，进行进一步沟通。在深入分析初创公司产品(或服务)及其模型、方向和前景后，投资者将确定投资意向，并与初创公司团队讨论，计划签署投资意向书。

投资意向书规定了投资的主要条款和条件，如公司的估值、投资金额、权益比率、投资者的优先权等，是起草下一份投资文件的基础和依据，明确了投资者与公司创始人之间的权利和义务。创业者要重视和厘清投资意向书中的条款内容，必要时咨询专业人士或聘请律师参与确认。一旦条款清单签署，初创企业的创始人及团队将处于排他期。在此期间，创业者不能再与其他投资方讨论融资问题，也不能接受其他投资方的投资要求。

(三)投资方对初创企业就业务、 财务、 法务等方面进行尽职调查

签署投资意向书后，投资方将对企业从商业、财务、技术和法律等方面进行全面而详细的尽职调查。

（四）签署投资交易协议

商业模式、财务、技术和法律的调查结果若令投资者满意，投资者将与初创企业签署正式的投资交易文件。为了节省时间，投资交易文件的起草和谈判通常与尽职调查工作同时进行。

（五）投资方打款

签署了正式投资交易文件，初创企业完成交付投资文件的前提条件，交付条件全部达到要求后，投资人将所投资金汇给初创企业。一旦资金到位，融资过程就完成了。此时，投资人也就转变为企业的合作伙伴。

案例展示

分众传媒成功融资案例分析

数字媒体公司分众传媒，继成功获得日本软银等公司的首轮私募股权投资后，又成功完成以鼎晖投资基金为首的国际基金的第二轮私募股权融资。在不到两年的时间里，分众传媒成功运作了前后三次私募股权融资，并引进了几家国际顶级的机构投资人，无疑是近年来中国本土公司私募股权融资一个不可多得的经典案例。

粗略分析分众传媒成功融资的原因，不难看出三大成功要素。

（一）合理估值，准确定位

如何给融资公司估值，是所有参与者首要面对的难题。是偏高了还是偏低了？以何公司作为参照物？以何财务数据作为参数？而公司投资前估值又与公司的融资额以及增发新股的比例紧密相连。

对于类似分众传媒这样成立历史短、商业模式具有创新性且发展快速的年轻公司来说，如果公司已有一定的财务数据(如已有半年或一年的财务记录)，可考虑用12个月(财政年度或日历年)的财务数据，根据美国公认会计原则(GAAP)或国际会计准则(IAS)重新计算净利润，进行评估。这样就合理地把公司未来可预期亦较能实现的增长空间，反映在公司的投资前估值里；同时也应考虑采用为国际资本市场所接受的私募股权市盈率，创造一个可让公司和投资方共赢的局面。

（二）把握大局，因势利导

融资活动一般分为四个阶段。首先，公司与投资咨询公司等“财务顾问”确定合作关系，并由“财务顾问”完成中、英文商业计划书和公司简介，以及公司的财务预测和募集资金用途说明。其次，由“财务顾问”介绍公司与潜在投资人见面，并由潜在投资人做初步尽职调查。若双方都愿意再往下走，投、融资双方在“财务顾问”的参与下，磋商商业条款并最终签订投资主要条款。再次，由“财务顾问”主持并经律师、会计师等人的配合，进入投资协议起草、商议和定稿程序，在投资方完成尽职调查后，各方即可签署投资法律文件。最后，在文件签署后的一至四周内，投资方将投资资金汇入公司账户，公司则增发新股予以投资人。至此，整个交易完成。

在上述四个阶段中，投融资双方或多方会就许多问题，提出不同的想法和意见，尤其是在公司估值、投资比例、投资人优先保护条款、公司治理和管理权归属等重大问题上争论不休。因此，“财务顾问”的作用举足轻重。一方面，“财务顾问”可以就上述问题为公司提供专业的意见，使公司利益最大化。另一方面，“财务顾问”可以发挥第三方的有利位置，斡旋、协调谈判双方或多方，控制谈判节奏，成为谈判对手之间的一道缓冲，保证艰难而紧张的谈判得以顺畅进行，大大提高谈判的成功率。

分众传媒的CEO和创始人在与投资方会谈中，能把握大局，因势利导，并充分发挥“财务顾问”的作用，小事上能让则让，大事上坚持原则性与灵活性并重，把投资方的积极性恰到好处地引发了出来。国际投资基金的全力配合，及各基金之间微妙的互动压力，也使分众传媒第二轮私募融资得以在不到四个月的短时间内就顺利完成，并出现机构投资人超额认购的局面。

（三）创新业务，成熟团队

诚如其名所喻，分众广告媒体业是一个融户外媒体、数字娱乐、IT技术等于一体的新型广告媒体产业，在国外并无成型的商业模式可资参考。分众传媒的创始人及其团队，凭借经营广告代理近十年的行业经验，独辟蹊径地开创出一条适合中国国情、符合自身发展的商业模式和盈利模式。

在错综复杂的投融资商业谈判中，分众传媒公司的年轻团队表现出果敢、干练和沉着的品质。他们热情洋溢的陈述，始终让潜在投资人感受到创业的激情。优秀的团队及领导人，始终是投融资成功的第一要素。

（钱学锋、龚豪东：《分众传媒成功融资经典案例分析》，载《科技创业》2004年第12期）

知识测试

1. 大学生在获取和整合创业资源时具有哪些优势？需要注意什么？

2. 试比较债权融资和股权融资的优缺点。

3. 以“校园App开发”为模拟创业项目，通过小组讨论，评估该项目是否需要融资，融资金额大约是多少。

能力训练

1. 选择5位天使投资界的大咖，通过网络和图书馆，搜索他们的相关信息和投资项目，分析和归纳他们的投资特点和投资偏好。

2. 结合本小组的创业项目，以6个月为周转期，测算创业启动资金，填写创业启动资金测算表。

3. 结合本小组的创业项目，从融资项目可行性、融资渠道、融资金额、资金用途、收益及回报预测、融资风险等方面，设计并完成一份项目融资计划。

MODULE 2

模块二
创业知识与实务

项目十　制订创业计划

目标引领

知识 1. 认识创业计划

2. 了解创业计划的作用和意义

3. 熟悉创业计划的撰写原则和主要结构

能力 1. 能够撰写完整合理的创业计划

2. 能够在规定时间内完成创业计划的路演展示

素养 1. 合理分工并与团队成员良好协作

2. 在撰写和展示创业计划的过程中实事求是、诚信为本

学习导航

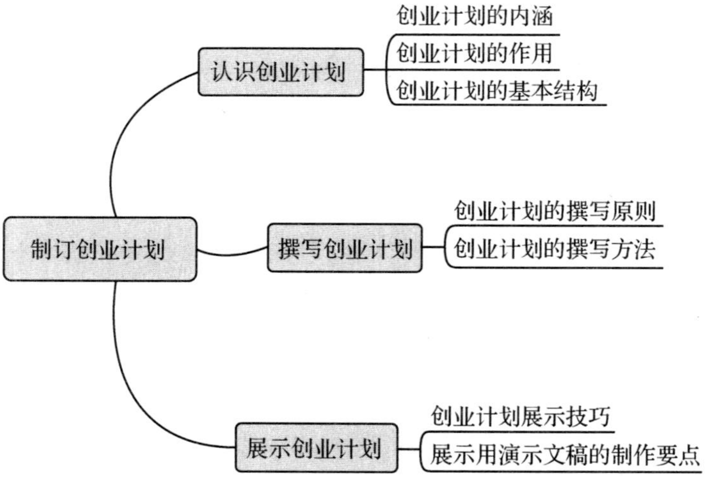

任务一 认识创业计划

> 如果你想踏踏实实地做一份工作的话，就写一份商业计划，它能迫使你进行系统的思考。有些创意可能听起来很棒，但是当你把所有的细节和数据都写下来的时候，自己就崩溃了。
>
> ——尤金·克莱纳

一份清晰完整的创业计划是初创企业向成功迈出的第一步，往往能达到事半功倍的效果。因此，构思并撰写创业计划对于创业者来说是不可或缺的。

创业故事

创业计划助推创业路

张岩，南京信息职业技术学院电子信息技术专业2012届毕业生。他2011年12月参加学院第四届创业计划大赛荣获一等奖，入驻大学生创业教育中心，2012年3月开了自己的数码店，主营电子产品和通信器械的维修和销售。

大学一年级的时候，张岩没有学习目标，学习积极性不高，一度比较迷茫。幸运的是，他参加了几次学校开设的SYB培训班，对创业产生了浓厚的兴趣，于是开始学习创业知识，搜集各种有关创业的信息，同时也对自己的专业产生了学习兴趣。2011年，他参加学校创业计划大赛，在创业指导教师的帮助下提交了一份优秀的创业计划，获得了特等奖，并且申请到一间学校免费提供的创业店铺，主营电子维修。

随着时代的发展，张岩发现单纯维修电子产品并不赚钱，便筹划开一家销售最新电子产品的商店。当时iPhone风靡全球，他的第一反应就是开一家苹果店。他不是仅仅去想想，而是努力地去完成。结合自己的市场调查和老师的指导意见，他进一步修改和完善自己的创业计划，最终在仙林大学城商业中心学则路地铁站旁开设了一家品牌手机体验店。由于大学城里学生比较多，这家店的收入相当可观，这也更加坚定了张岩当初经营电子产品的决定。之后，他创业的信心越发增强。继电子产品维修、电子产品销售之后，他又开始向餐饮行业、电信行业、物流行业进发，相继于2013年6月在仙林湾二楼开了一家奶茶加盟店，于2013年8月在学院商业中心开了一家快递物流中心，于2013年10月在珠江路开了一家电信营业厅。

随着业务面的拓展，张岩感觉自己需要学习的东西更多了。虽然现在拥有好几家店铺，但是他并不满足，想趁年轻多经历一些。他会一如既往地奋发向前，不断迎接新的挑战，努力抓住一切机遇。

一、 创业计划的内涵

创业计划是新创企业成立之初就某一项具有市场前景的产品或服务，向潜在投资者、合作伙伴等进行阐述和展示，以取得风险投资或合作支持的可行性商业报告。

它也是对构建一个企业的基本思想以及与企业创建有关的各种事项进行总体安排的文件，从企业内部的人员、制度、管理以及企业的产品、营销、市场等各个方面对即将创建的企业进行可行性分析。创业计划包含创业定位、营销计划、财务计划、组织管理等。

二、 创业计划的作用

一些创业者认为，自己并没有融资需求，因此根本没必要花那么多时间去写创业计划。其实，这样的想法是完全错误的。创业计划不仅是面向投资人的推销性文本，同时也是给创业者自己看的，有助于创业者系统严谨地考虑新创企业的各个环节和要素。具体而言，创业计划可以起到以下几个方面的重要作用。

（一）帮助创业者厘清创业思路， 理顺行动步骤

制订创业计划能促使创业者将头脑里的创业想法都落到纸面上，把抽象的创业理念转换为具体的现实问题，然后再逐条推敲和优化，最终成为实施创业活动的行动指南针和前进助推器。创业计划的撰写并不是轻描淡写的工作，而是一个长期的系统过程。在这一过程中，创业者和团队需要全身心地投入，共同发现和梳理企业发展过程中可能会涉及的关键因素，并根据实际情况不断调整和改善。这有利于帮助创业团队达成共识，团结一致，保持统一的行动方向，从而为了实现共同的创业目标而不懈努力。

（二）作为推销性文本向风险投资者介绍初创企业， 帮助获得融资

创业计划作为企业的一种推销性文本，有助于塑造初创企业和创业团队的可靠性。一

份完整的创业计划会向潜在的投资者表明创业团队已经对创业过程中的每个要素都进行过谨慎思考，并且有足够的责任心和时间精力投入创业实施中，会尽最大努力实现计划中的创业目标。通常风险投资者都是在审阅了创业计划之后，具有了初步的投资意向，才会为了进一步了解企业或项目的详细情况而与创业者洽谈。因此，创业计划是吸引融资的敲门砖，需要尽可能体现潜在投资者感兴趣的所有内容，包括产品服务、市场分析、营销策略、管理团队、财务计划、融资要求、股权结构等。一份优秀的创业计划能充分展现初创企业的吸引力，能在很大程度上帮助创业者获得宝贵融资。

三、 创业计划的基本结构

（一）目　录

（二）执行概述

执行概述是对整个创业计划的精简概要，读者可以通过阅读执行概述对创业项目有一个整体的了解。

（三）企业介绍

主要介绍企业或者将要创办企业的名称、性质、创业理念、企业现状等。

（四）产品或服务介绍

概述公司的产品或服务以及所能解决的问题；重点介绍产品或服务的新颖性、先进性、独特性以及竞争优势。

（五）行业和市场分析情况

主要就行业现状、市场结构、市场规模、增长趋势、行业竞争对手、本公司竞争优势等情况做简要概述。

（六）营销策略

主要概括企业在价格促销、建立销售网络等方面拟采取的策略及其可操作性和有效性。

（七）生产制造计划情况

简要说明生产方式、生产设备、工艺流程、质量保证、成本控制等情况。

（八）创业的管理团队介绍

简要展示负责人和核心管理团队的知识背景、创业经验、技能专长，并注明之前获得的相关成绩和荣誉。

（九）财务分析

简要分析企业的经营利润、资产回报率、期望利润率、盈利持续时间和资金转换周期等情况。

（十）融资计划

重点说明资金需求量、用途、使用计划、拟出让股份、投资者权利或退出机制等。

（十一）风险分析

主要介绍项目实施可能出现的风险及拟采取的控制措施等。

知识测试

1. 什么是创业计划？
2. 为什么要撰写创业计划？
3. 一份完整的创业计划主要包括哪些组成部分？

能力训练

1. 教师提供一份大学生创业计划，请同学们在认真阅读后，试着修改和优化该创业计划的摘要内容。

2. 针对自己想要创立的企业，尝试列一个创业计划大纲。

任务二　撰写创业计划

商业计划的准备通常是个漫长、辛苦、富于创造性和重复性的过程。这个过程可以把一个思路雏形变成一个难得的商机，就像把一条毛毛虫变成一只美丽的蝴蝶。商业计划本身就是此过程的顶点。

——杰弗里·蒂蒙斯

创业计划是创业者商业理念的书面表达，它将判明市场机会并给出创业公司的发展规划。其阐述必须建立在一系列科学假设的基础之上，并证明导致创业成功的假设是敏感和可信的。创业计划的撰写必须按照科学的逻辑顺序对许多可变因素进行系统的思考和分析，并得出相应的结论。确定好思路后，应当列一个详细且合理的提纲，最好是按照业务体系等进行规划，并以此为基础写出一份条理清晰且体系完整的创业计划。

一、 创业计划的撰写原则

（一）逻辑性原则

逻辑性原则是指创业计划的前后基本假设或预测要相互呼应，也就是说，前后逻辑要合理。要给投资者充足的理由证明投资是可行的，在解释创业及投资成功的可能性、告诉投资者项目的可盈利性和可持续性等内容时均要合乎逻辑。

（二）真实性原则

创业计划的论据、假设及内容要有理有据，务求真实，不能夸夸其谈，也不得弄虚作假。

（三）简洁性原则

创业计划的内容要简洁，不宜冗长，避免赘述。整体而言，创业计划的文本篇幅应控制在 20 页以内。

（四）完整性原则

创业计划的结构是相对固定的。结构不完整的创业计划会影响投资人对创业方案的评估，降低投资的可能性。因此，应有的内容不能无故缺乏，应保证结构和内容的完整，格式安排也要严谨周密。

（五）读者导向性原则

创业计划一定要让读者感到满意。比如，对于有融资需求的创业项目来说，项目的独特优势，市场机会与切入点分析，问题及对策，投入产出与盈利预测，如何保持可持续发展的竞争战略，风险应变策略等问题是投资人最关心的问题，应重点突出。另外，还可根据募资对象的不同，适当调整章节的编排、数据的呈现、重点的强调等，以满足不同读者的需求。

（六）平实易懂性原则

部分创业项目具有一定的专业技术含量，对项目的分析需要用到一些专业知识和专业术语，但在撰写创业计划时，尽量要做到深入浅出，用通俗易懂的文字来表达。不是每一个读到这份创业计划的人都是该项目领域的专家。一份好的创业计划应该能让即便不懂该专业技术的人也能明白这是一个好的、可行的投资项目。

（七）保密性原则

创业计划应当注意对核心技术与参数等机密信息的保密。

二、 创业计划的撰写方法

（一）目　录

读者在阅读创业计划时，不一定会从头到尾全部通读，而是会按需检索相关内容。因此，附带页码的目录能够帮助读者快速找到感兴趣的信息。

（二）概　述

1. 撰写要领

第一，这一部分不是创业计划的前言或引言，而是对整个创业计划的概括。

第二，篇幅不宜超过 3 页，依序介绍创业计划的各个部分，其中章节顺序应与计划书中的顺序一致。

第三，虽然概述出现在创业计划的第一部分，但它应该在后续内容完成后再写。

2. 主要内容

概述部分的内容包括以下方面。

第一，公司介绍。

第二，产品/服务。

第三，行业与市场分析。

第四，营销计划。

第五，生产与运营计划。

第六，管理团队。

第七，财务分析。

第八，风险控制与资本退出。

（三）公司介绍

1. 撰写要领

这一部分需对公司基本情况做初步介绍，让投资者在短时间内对公司有一个整体的了解。需要关注的重点问题有：

公司的名称、类型、地址、联系方式是什么?

公司的主要业务是什么?发展历史是怎样的?

公司的宗旨是什么?目标是什么?未来的发展规划是什么?

公司拥有的竞争优势和独特性有哪些?

主要创业者的背景、经历、经验和特长是什么?

公司拥有哪些知识产权(专利、商标、版权等)?

2. 主要内容

公司介绍部分的内容包括以下方面。

第一,简介。

第二,主要业务。

第三,企业历史。

第四,企业宗旨和目标。

第五,发展规划。

第六,竞争优势和独特性。

第七,主要创业者。

第八,知识产权情况。

(四)产品/服务

1. 撰写要领

这一部分需对公司主要产品或服务进行详细的阐述,要用通俗易懂的语言让风险投资者明白和理解,最好附上产品/服务的原型照片或者其他佐证材料。

2. 需要关注的重点问题

第一,产品/服务的概念、性能及特性介绍。

第二,产品/服务面向什么样的客户?能帮助解决什么样的痛点问题?客户能从公司的产品/服务中获得什么样的客户价值?

第三,产品/服务的市场定位是什么?与市场同类产品的竞争状况是怎么样的?

第四,公司对自己的产品/服务采取了哪些保护措施来构建进入壁垒(如拥有哪些专利、许可证、版权等)?

第五,公司的产品/服务处于哪个发展阶段?市场前景预测是怎样的?新产品/服务的开发计划有哪些?

（五）行业与市场分析

1. 撰写要领

行业与市场分析是创业公司对其所生存的外部环境的具体研究。缺少这一部分的分析，创业计划会变成不切实际的空谈。

行业和市场是两个不同的概念，需要区分开来分析。行业是指生产或提供相似产品/服务的企业群体，指公司所生存的整个行业大环境。市场是行业的一部分，是企业所追逐和吸引消费者注意的那部分目标市场。

2. 需要关注的重点问题

(1)行业分析部分

第一，行业定义。用几句话描述企业所涉及的行业是什么。

第二，行业的发展现状如何？规模多大？增长速度怎样？利润率怎样？

第三，产业结构具有什么样的特征？参与者的性质怎样？哪些因素决定和驱动着该行业的发展(可用 PEST 分析法分析影响行业发展的主要外部因素)？

第四，进入该行业的壁垒是什么？用波特五力模型分析产业内部竞争格局，包括现有企业间的竞争、潜在进入者、替代品威胁、供应商的议价能力、购买者的议价能力。

第五，行业趋势预测。①环境趋势：经济趋势、社会趋势、技术进步、政策法规变化等哪些是有利的？哪些是不利的？②商业趋势：利润率将上升还是下降？增长速度会加快还是减慢？

(2)市场分析部分

这一部分需将行业进行细分，并瞄准企业所涉及的具体细分市场，即目标市场。大多数企业并不致力于服务整个行业，而是只关注如何为行业中的某个具体市场提供更好的产品或服务。

第一，企业所涉及行业的市场细分情况是怎样的？企业的目标市场是如何选择的？目标市场的规模有多大？未来是否可以拓展新的市场？

第二，竞争者分析。最主要的竞争对手有哪些？相比较来说，企业的竞争优劣势是怎样的(可用 SWOT 分析法)？如果没有直接竞争对手，那谁是间接竞争者和最有可能的潜在竞争者？

第三，针对目标市场情况，企业未来 3～5 年的年销售额预计是多少？市场份额预计多少？

（六）营销计划

1. 撰写要领

这一部分需要阐述公司产品/服务如何从生产现场到达最终用户的营销策略，可从产品策略、价格策略、渠道策略和促销策略等多个方面进行阐述。

同时，企业营销计划的全部内容都应该明确以客户需求为导向，要确保营销活动基于营销的总体任务和对目标市场的深入了解。

2. 需要关注的重点问题

第一，企业营销计划的总体思路是什么？

第二，企业所具体追逐的目标市场和人群是什么？与竞争者的差异点在哪里？

第三，打算从哪些目标客户群着手进入市场？后期将如何扩展？

第四，对每个目标市场，希望最终的产品/服务的销售价格是多少？企业是用什么样的标准得出这一价格的？在这种定价情况下利润率预计是多少？

第五，企业希望用低价渗透市场还是从一开始就争取较高回报？

第六，阐述企业的销售流程，说明在此过程中哪些因素最终会影响客户的购买决策。

第七，企业打算通过什么样的分销方法触达目标客户？

第八，企业将利用什么方法使目标客户注意到企业的产品或服务？争取一个客户的时间和资源成本是多少？

第九，如何吸引顾客多次购买？如何维持长久的客户忠诚度？

（七）生产与运营计划

1. 撰写要领

这一部分需介绍企业如何生产产品和提供服务，多包含以下内容：企业选址、工艺流程、设备引进、生产周期、生产计划、物料需求、劳动力需求、库房管理、质量管理、售后服务等。

如果是创意服务类，由于运营的复杂性较低，这一部分可侧重于介绍企业的人力资源、位置优势、信息优势、售后等。

2. 需要关注的重点问题

第一，企业的运营模式与程序是怎样的？可用运营流程图来说明生产产品或提供服务的关键步骤。

第二，企业如何选址？采用了哪些评价指标来衡量选址问题？

第三，企业的生产过程是如何计划的？如何保证新产品进入规模化生产后的稳定性和可靠性？

第四，设备的购买、引进情况如何？供应商是谁？生产的工艺流程的设计需要考虑哪些因素和方法？

第五，物料需求计划是怎样的？公司将从供应商或第三方那里购买什么原材料、零部件或服务？

第六，描述企业产品/服务的生产周期。例如，企业什么时候支付原料投入款？生产产品将花费多长时间？顾客什么时候购买产品？企业什么时候能获得报酬？

第七，企业打算具备多大的产品生产能力和服务提供能力(产品数量或服务数量)？

第八，企业打算如何组织和安排库存问题？库存多久能周转一次？

第九，产品/服务的成本结构(固定成本和可变成本)是怎样的？

第十，企业需要什么样的人力资源？未来人力资源需求的规划是什么？

第十一，企业采用什么样的措施来保证产品的质量？

第十二，企业采取怎样的售后服务？

（八）管理团队

1. 撰写要领

这一部分需详细阐述初创企业的管理团队和企业组织结构。高素质的管理团队和良好的组织结构是企业快速发展的重要保证。

对主要管理人员需介绍他们具备的能力、经历、背景以及在公司的职务和责任。对公司的组织结构需提供公司的组织结构图，并介绍各部门的功能和职责范围、各部门负责人及主要成员、公司的报酬体系、公司的股权分配情况等。

2. 需要关注的重点问题

第一，企业管理团队的构成团队成员是怎样的？团队中每位成员的职务和责任是什么？有什么样的教育背景？以前的工作和相关经历有哪些？团队成员获得过哪些业绩或表彰？

第二，企业的股权人有哪些？股权是如何划分的？

第三，企业的组织结构图是怎样的？各部门的主要负责人和成员是谁？企业现有多少雇员？企业的报酬体系是怎样的？

第四，企业的人员缺口有哪些？企业将如何补充这些人员？

（九）财务分析

1. 撰写要领

创业计划中的财务分析是指初创企业对资金使用、经营收支及财务成果等信息进行梳理整合的书面文件。

这一部分首先需要做出企业的基本财务假定，即对销售量、销售成本和毛利润做出预期或假设；还需要制作和分析三大财务报表，即现金流量表、资产负债表和利润表；此外还需分析盈亏平衡点、资金的来源和使用情况。

2. 需要关注的重点问题

第一，产品/服务在每一周期的生产量和售出量有多少？生产费用是多少？每件(项)产品(服务)的定价是多少？预期的成本和利润是多少？

第二，企业的盈利能力有哪些分析指标？盈亏平衡点在哪里？

第三，企业现金流量的发展趋势是怎样的？预计什么时候能达到收支平衡？

第四，目前企业已有哪些资金来源？能否满足融资需求？

第五，创业者期望从风险投资者那里获得多少投资？是通过债权融资还是股权融资？如果是股权融资，会出让多少股权？企业将如何使用这些资金？

第六，投资者可以得到多少回报？什么时候以什么形式得到这些回报？

（十）风险控制与资本退出

1. 撰写要领

这一部分需详细分析初创企业可能会面对的风险种类和程度，以及企业将采取何种措施和方案降低和防范风险。创业者还需告诉风险投资者，他们的投资将以何种方式退出，预期能获得多少回报。

2. 需要关注的重点问题

第一，企业会面临哪些风险？其中哪些最影响公司生存和发展？

第二，企业会采取哪些措施防范相关风险？

第三，市场中的最大风险可能出现在哪里？如何应对？

第四，技术风险会出现在哪些方面？如何应对？

第五，是否考虑企业将来的退出方式？有哪几种退出方式？首选的退出方式是哪种？

（十一）附　录

为了保证创业计划正文内容重点突出且不影响阅读的连贯性，需要把一些非必要内容和相关支撑材料放在附录中，为正文提供客观翔实的补充材料。附录可包括以下内容。

第一，合同资料。

第二，信誉证明。

第三，相关获奖或专利。

第四，授权使用书。

第五，图片资料。

第六，市场调研分析报告。

第七，财务报表。

第八，相关政策文件。

第九，企业宣传材料。

知识测试

拓展阅读
教育行业投资项目

1. 撰写创业计划需要遵循哪些原则？
2. 概述部分一般何时完成？概述的主要内容包括哪些？
3. 行业分析和市场分析的侧重点有什么不同？
4. 企业的营销计划包括哪些方面？
5. 企业的运营计划与营销计划是同一个概念吗？如果不是，其主要区别是什么？

能力训练

1. 一句话概括创业计划各要素。

(1)一句话说明项目来源。

(2)一句话说明市场的需要。

(3)一句话说明你们提供了什么产品或服务。

(4)一句话说明还有谁提供了同质产品或服务。

(5)一句话说明你们比他们强在哪儿。

(6)一句话说明你们如何把自己的优势发挥出来。

(7)一句话说明如何将你们的产品或服务卖出去。

(8)一句话说明如何实现盈利。

(9)一句话说明如何融资，如何回报投资人。

(10)一句话介绍你们的团队。

2. 各项目小组在前期工作基础上合理分工，根据撰写要领和上述“一句话”训练环节的思维逻辑，合作撰写本组项目创业计划。

任务三 展示创业计划

没有什么比一个好故事更能打动人心。在情节叙述中加入细节可以让故事更加生动，可以用你的感情去打动听众，将商业信息嵌入故事当中，传递品牌思想、语言、信息或者结论。

——樊登

撰写创业计划是创业团队的重要准备工作，同时，如何将自己的创业计划成功地推广出去并引起风险投资人的投资兴趣也是创业者的必修课。投资人在选择投资项目时，除了评估项目本身的投资潜力外，更加关注创业者的综合能力和个人魅力。因此，创业计划的展示是创业者展示项目潜力和自身能力的重要机会，是创业者给投资人的第一印象。

案例展示

一分钟电梯演讲

银行家和基金管理人都很忙，而创业者的创业计划一般又都需要融资，这时最好的办法也许就是在他的办公室楼下等他。或许他的办公室就在写字楼的30层，你恰好在大楼门口等到了你想拜访的投资人，那么留给你的时间只有电梯上楼的1分钟。这或许是你向他面对面展示你的创业计划的最好机会。

一、创业计划展示技巧

展示创业计划的基本技巧主要有以下几点。

（一）保持激情

激情来自强大的内驱力和执着的信念。创业者在展示创业计划时需要保持真诚的态度和充沛的情感，并通过自己的感染力将发自内心的激情传递给投资人。

（二）语言精练

在介绍创业计划时需做到语言精练准确、语速平稳适中、吐字清楚连贯、语调抑扬顿挫，尽量避免使用“我估计”“差不多”“可能是”等模糊的陈述语言，这样会给风险投资人留下不真诚、不严谨的印象。

（三）图表胜千言

撰写创业计划时需进行结构性的思考，展示创业计划时需进行形象化的表达。在能够使用图表来说明时，一定要充分利用图表，如市场分析、竞争分析、财务预测等。

（四）尽量展示样机或模型

如果你的产品可以制作成样机或者模型，在展示时是最直观的。如果没有样机，也可以将产品模型或服务模式用直观的形式表示出来，这样有助于投资人了解你的产品或服务。

案例展示

加速成功的五种好习惯

第一，保持激情。只有有激情才会有动力，才能感染自己和其他人。

第二，做事专注。抓准一个点，然后做深、做透。

第三，有执行力。不仅知道，更要做到。

第四，养成学习的习惯。学习是最便宜的投资。

第五，善于反省。经常反省自己的得失，会使成功来得更快。

二、 展示用演示文稿的制作要点

据不完全统计，大多数风险投资人阅读一份创业计划的时间不会超过 5 分钟。不仅如此，各级各类的创业大赛均要求参赛者在规定时间内完成创业项目的展示。因此，创业者在展示创业计划时需要尽可能将其浓缩为一定篇幅的演示文稿，即 PPT，借助 PPT 图文排版精美、表现形式丰富的优势，把创业计划中最具吸引力的重点展示出来。PPT 的篇幅一般控制在 20 页内为宜，繁杂冗长的内容反而会适得其反。

PPT 的作用是为讲演者提示讲演的思路，因此每张内容的要点只需用关键词(句)展现出来，无须堆积大量的文字段落。讲演者需要做到的是在 PPT 的辅助下把创业计划更好地推荐给观众，帮助观众迅速把握创业计划中的要点，而绝不能对着 PPT 一字一句地照着念甚至打开 PPT 让观众自己看。

PPT 需要展示的重点内容包括以下部分。

（一）标题（1 页）

创业计划的标题是展示 PPT 的第一页。为了给观众留下先入为主的第一印象，标题页需有自己的亮点，如将拟创公司的宗旨或目标浓缩成一句话，作为副标题展现，或为公司设计一个鲜亮的 LOGO 等。

（二）产品（服务）介绍（1～2 页）

用简洁并且通俗易懂的语言讲清楚企业是做什么的。建议配上示意图或实物图，也可以配服务流程图，让观众对公司所提供的产品或服务一目了然。

（三）市场痛点分析（2～3 页）

讲清楚潜在消费者有待解决的痛点或者痒点问题，而公司的产品或服务正是在目前合适的行业背景下为潜在消费者解决了一个甚至多个痛点问题，或者是为他们提供了更好的性价比更高的服务体验。

（四）市场规模分析（1～2 页）

通过引用数据借助图表的形式直观地分析产品的市场规模，展示所属行业和细分市场的规模和潜力。

（五）竞争力分析（1～2 页）

向投资人展示团队的核心优势，包括专利技术、供应链、营销渠道等，让他们相信这个项目只有你和你的团队能做，或者你们能够做得比其他人更好。

（六）商业模式介绍（2～3 页）

讲清楚公司的商业模式，尤其是盈利模式，告诉投资人企业是如何赚钱的，包括现有投入、生产运营、营销策略、盈利途径等。这部分是投资人关心的重点之一。

（七）团队介绍（1～2 页）

投资“项目”实际上是在投资“人”，对项目团队的介绍是必不可少的。需讲清楚核心团队的构成与分工，每位核心成员的背景与专长，突出个人能力与岗位职责的匹配度，必要时可增加组织结构图或者股权分配比例等内容。

（八）财务预测与融资计划（2～3 页）

用图表形式直观分析近三年的财务状况并对未来三年进行财务预测，讲清楚自己的融资计划，如需要多少资金，准备出让多少股份，融资所得资金打算怎么使用等。

知识测试

1. 进行创业计划展示时需要注意哪些事项？
2. 你是如何理解“结构性思考、形象化表达”的？

拓展阅读
爱彼迎的创业计划

能力训练

“一分钟电梯演讲”模拟训练。

要求在一分钟之内简明扼要地告诉读者你的创业计划的核心内容。

(1)第一句话说清楚想要做的事。

(2)第二句话说明市场潜力有多大。

(3)第三句话说明需要多少融资和资金用途。

MODULE 2

模块二
创业知识与实务

项目十一　创办新企业

目标引领

知识 1. 认识企业类型

2. 了解创办企业的流程

3. 了解大学生创业扶持政策

4. 认识管理新企业需要注意的问题

能力 1. 能够正确理解和合理利用大学生创业扶持政策

2. 创业时能够选择合适的企业类型并能够科学选址

3. 创业初期能够初步运用现代企业管理方法管理新企业

素养 了解和遵守相关法律法规，养成必要的自我保护意识，确保自身和他人的合法利益不受侵害

学习导航

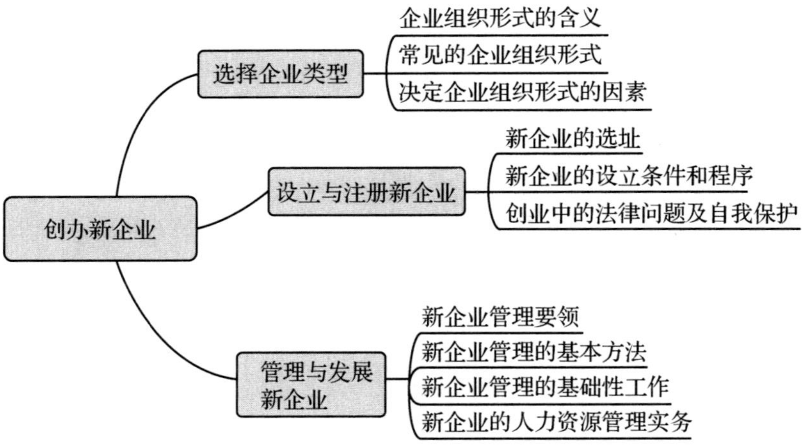

任务一 选择企业类型

人们塑造组织，而组织成型后又会开始塑造我们。

——丘吉尔

一、企业组织形式的含义

企业是指以盈利为目的，运用各种生产要素(土地、劳动力、资本、技术和企业家才能等)，向市场提供商品或服务，实行自主经营、自负盈亏、独立核算的法人或其他社会经济组织。

案例展示

瓦伦汀商店企业组织形式的选择

瓦伦汀是一位成功的汽车经销商。多年来，瓦伦汀一直坚持独资经营。由于年事已高，瓦伦汀打算退休，但希望瓦伦汀汽车经销店能延续下去，并且留给自己的儿孙。他考虑把瓦伦汀商店改为公司制，并确立了一些目标。

1. 他希望两个儿子各拥有25%的股份，五个孙子各拥有10%的股份。

2. 他希望自己的商店无论发生任何状况都不会影响其存续。

3. 虽然他希望财产的所有权归儿孙，但由于两个孙子没有经营管理能力，不宜参加管理工作，所以决定将产业交给长期服务于商店的雇员乔·汉兹来管理。

4. 他希望尽可能减少应缴的所得税，并且每年的经营所得尽可能多地分配给商店的所有人。

5. 他希望即使商店发生了损失，儿孙的财产也不受影响。

你认为瓦伦汀商店应该选择什么样的企业形式呢?

企业组织形式是指企业存在的形态和类型，反映了企业的性质、地位、作用和行为方式，规范了企业与出资人、企业与债权人、企业与政府、企业与企业、企业与职工等内外部的关系。这主要涉及三个方面：一是企业的资金来源，即企业由谁投资；二是利润如何分配，风险由谁承担；三是企业运营决策。不同组织形式的企业承担不同的法律责任，同样，企业在设立之时也需要满足相应的条件。

二、 常见的企业组织形式

（一）有限责任公司

有限责任公司又称“有限公司”，是指根据《中华人民共和国公司登记管理条例》规定登记注册，由50个以下的股东出资设立，每个股东以其所认缴的出资额对公司承担有限责任，公司以其全部资产对其债务承担责任的经济组织。有限责任公司包括国有独资公司以及其他有限责任公司。

有限责任公司是中国企业实行公司制最重要的组织形式。优点是设立程序比较简单，不必发布公告，也不必公布账目，尤其是公司的资产负债表一般不予公开，公司内部机构设置灵活。缺点是由于不能公开发行股票，筹集资金范围和规模一般都比较小，难以适应大规模生产经营活动的需要。因此，有限责任公司这种形式适合于中小企业。

（二）股份有限公司

股份有限公司是指公司资本为股份所组成的公司，股东以其认购的股份为限对公司承担责任，公司以其全部资产对公司债务承担责任。所有股份公司均须是负担有限责任的有限公司(但并非所有有限公司都是股份公司)，所以一般合称“股份有限公司”。股份有限公司具有以下特点。

第一，公司全部资本平均分为等额的股份，且采用股票的形式。

第二，股东人数不受限制。

第三，股东可以依法转让所持有的股份。

第四，股东以其出资额享受相应的权利和承担相应的义务。

第五，同股同权，同股同利。

（三）合伙企业

合伙企业是指自然人、法人和其他组织依照《中华人民共和国合伙企业法》在中国境内设立的，由两个或两个以上的自然人通过订立合伙协议，共同出资经营、共负盈亏、共担风险的企业组织形式。我国合伙组织形式仅限于私营企业。合伙企业一般无法人资格，不缴纳所得税。合伙企业可以由部分合伙人经营，其他合伙人仅出资并共负盈亏，也可以由所有合伙人共同经营。合伙企业包括普通合伙企业和有限合伙企业两种形式。

普通合伙企业由 2 人以上普通合伙人(没有上限规定)组成，合伙人对合伙企业债务承担无限连带责任。

有限合伙企业由 2 人以上 50 人以下的普通合伙人和有限合伙人组成，其中普通合伙人至少有 1 人。当有限合伙企业只剩下普通合伙人时，应当转为普通合伙企业；如果只剩下有限合伙人时，应当解散。普通合伙人对合伙企业债务承担无限连带责任，有限合伙人以其认缴的出资额为限对合伙企业债务承担责任。

（四）个人独资企业

个人独资企业即个人出资经营，归个人所有和控制，由个人承担经营风险和享有全部经营收益的企业。以独资方式经营的独资企业有无限的经济责任，破产时借方可以扣留业主的个人财产。个人独资企业是最古老、最简单的企业组织形式，盛行于零售业、手工业、农业、林业、渔业、服务业和家庭作坊等。

三、 决定企业组织形式的因素

在设立和注册企业之前，创业者需清晰了解上述几种企业组织形式的特点，并结合自身具体情况选择适合的企业形式。只有选择了合理的组织形式，才有可能充分地调动各个方面的积极性，使企业充满生机和活力。决定企业组织形式时需要考虑的因素主要包括以下几个方面。

（一）税收因素

中国对公司企业和合伙企业实行不同的纳税规定。国家对公司营业利润在企业环节上征公司税，税后利润作为股息分配给投资者。个人投资者还需要缴纳个人所得税。合伙企业则不然，营业利润不征公司税，只征收合伙人分得收益的个人所得税。一般情况下，规模较大企业应选择股份有限公司，规模不大的企业比较适合合伙企业的形式。

（二）利润和亏损的承担方式

独资企业，业主不需要和他人分享利润，但要独自承担企业的亏损。合伙企业，如果合伙协议没有特别规定，利润和亏损由合伙人按相等的份额分享和承担。有限公司和股份公司，公司的利润是按股东持有的股份比例和股份种类分享的。对公司的亏损，股东个人不承担投资额以外的责任。

（三）资本和信用的需求程度

通常，创业者有一定的个人创业资本，但还不足，又不想使企业的规模太大，或者受到客观条件的限制很难迅速扩大规模，更适宜采用合伙或有限公司的形式；如果所需资金多，并希望经营的企业规模宏大，适宜采用股份制形式；如果创业者愿意以个人信用作为企业信用的基础，且不准备扩展企业的规模，适宜采用个人独资的方式。

此外，企业的存续期限、创业者的权利转让和责任范围、企业的控制和管理方式等因素都会对创业者在选择企业组织形式时产生影响，因此必须对诸多因素进行综合分析。

知识测试

1. 企业组织形式的常见类型有哪些？
2. 不同组织形式的企业在法律责任、税费标准、组织架构方面有哪些不同？
3. 创业者如何根据实际情况选择合适的企业组织形式？
4. 有限责任公司与股份有限公司有何区别？

能力训练

1. 利用网络和图书馆等渠道，查阅创办企业会涉及的《中华人民共和国个人独资企业法》《中华人民共和国合伙企业法》《中华人民共和国公司法》《民办非企业单位登记管理暂行条例》等法律法规，了解基本内容，完成一篇3000字左右的研究报告，增加创业法律意识。

2. 认真阅读瓦伦汀商店的案例，展开小组讨论：瓦伦汀商店应该选择什么样的企业组织形式？

3. 为“项目十”完成的创业计划拟创企业选择适合的企业组织形式，并给企业起一个名字。

任务二 设立新企业

我们创立微软的时候，丝毫没有要把它发展成一个大公司的想法。是我们所看到的远景预示了它将成为一个大公司，但是我们还是用最谦卑的态度，一步一步地来。

——比尔·盖茨

一、 新企业的选址

企业的竞争力和未来发展会直接受到地理位置和周边环境的影响，新企业选址需要综合考虑政策、经济、社会、自然等众多因素。

（一）靠近目标市场

企业选址需尽量靠近企业产品和服务的目标市场，有利于接近目标客户，降低运输成本，减少分销费用，提供便捷服务。

（二）交通运输便捷

根据原材料和产品的运输量大小，尽量选择交通运输条件较好的区域。服务性质的企业还需考虑地铁、公交是否便捷，客户停车是否方便等因素。

（三）配套设施齐备

企业选址需要保证水、电、气、冷等基础能源条件的供应，尤其是生产性质的企业还需考虑废水、废气和固体废弃物的处理条件。

（四）环境保护到位

企业选址时应考虑对周边环境影响最小的区域，并且要便于污染的处理。例如，餐饮行业应该遵守卫生和环保部门的相关规定，有噪音和污染的生产性企业要远离居民住宅区。

（五）气候条件适宜

企业选址时要考虑所选位置的地理、气候等自然条件，需考虑温度、湿度、气压等因素对产品质量、物料存放等是否有不良影响。

（六）扶持政策优惠

不少地区为了发展地方经济，会鼓励企业到当地落户，并配套提供场地、租金、税收、资本等方面的优惠政策。创业者可根据自身情况综合考虑，在企业选址时充分利用这些优惠政策。

案例展示

麦当劳的选址标准

1. 针对目标消费群

麦当劳的目标消费群是年轻人、儿童和家庭成员。所以在布点上，一是选择人流量大的地方；二是在年轻人和儿童经常光顾的地方。例如，在儿童乐园附近设点，方便儿童就餐；在商场开设店中店，吸引逛商场的年轻人就餐。

2. 着眼于今天和明天

麦当劳布点的另一原则是一定就二十年不变。所以对每个点的开设，都会进行三到六个月的考察。重点考察是否与城市规划发展相符合，是否会出现市政动迁和周围人口动迁，是否会进入城市规划中的红线范围。进入红线的，坚决不碰；老化的商圈，坚决不设点。有发展前途的商街和商圈、新辟的学院区等是布点考虑的地区。纯住宅区往往不设点，因为纯住宅区居民消费的时间有限。

3. 讲究醒目

麦当劳布点都选择在一楼的店堂，透过落地玻璃橱窗，让路人感知麦当劳的餐饮文化氛围，体现其经营宗旨——方便、安全、物有所值。布点醒目便于顾客寻找，也吸引人。

4. 不急于求成

黄金地段黄金市口，房产业主往往要价也高。当要价超过投资的心理价位时，麦当劳不急于求成，而是先发展其他地方的布点。麦当劳倾向于通过别的网点的成功，让“高价”路段的房产业主感到麦当劳的引进有助于提高自己的身价，于是再谈价格，重新布点。

5. 优势互补

麦当劳开店中店选择的“东家”不少都是较有影响力的商业中心。这些知名百货商场为麦当劳带来客源，麦当劳又吸引年轻人来逛商场，体现了优势互补。

二、 新企业的设立条件

不同组织形式的新企业其设立条件和要求是不同的。

（一）有限责任公司的设立条件

有限责任公司设立的条件主要有以下几个方面。

第一，股东符合法定人数(50 个以下)。

第二，有符合公司章程规定的全体股东认缴的出资额，法律、行政法规以及国务院决定对有限责任公司注册资本实缴、注册资本最低限额另有规定的，从其规定。

第三，股东共同拟定公司章程。

第四，有公司的名称，建立符合有限责任公司要求的组织结构。

第五，有公司住所。

第六，法律、行政法规或者国务院规定设立有限责任公司必须报经批准的，还应经有关部门批准。

（二）合伙企业的设立条件

合伙企业设立的条件主要有以下几点。

第一，有二个以上合伙人，合伙人为自然人的，应当具有完全民事行为能力。

第二，有书面合伙协议。

第三，有合伙人认缴或者实际缴付的出资。

第四，有合伙企业的名称和生产经营场所。

第五，特殊的普通合伙企业应当建立执业风险基金、办理职业保险，执业风险基金用于偿付合伙人执业活动造成的债务，并且应当单独立户管理，具体管理办法则由国务院规定。

第六，法律、行政法规规定的其他条件。

（三）个人独资企业的设立条件

个人独资企业设立的条件主要有以下几个。

第一，投资人为一个自然人；法律、行政法规禁止从事营利性活动的人，不得作为投资人申请设立个人独资企业。

第二，有合法的企业名称。

第三，有投资人申报的出资。

第四，有固定的生产经营场所和必要的生产经营条件。

第五，有必要的从业人员。

第六，从事法律、行政法规规定必须报经有关部门审批的业务，应经管理部门批准。

三、 创业中的法律问题及自我保护

创业有风险，必须依靠法律做保障。大学生需对创业活动中的法律风险进行有效的管理，新企业在设立和发展过程中也必须处理好重要的法律问题。随着国家一系列支持政策的出台，创业的大学生群体在逐年增加，大学生创业所面临的法律风险成为创业者必须考虑的重要问题。

（一）合同法律问题及自我保护

在现代社会，契约更多地被称为合同。大学生在新企业的经营活动中，尤其是在合同的约定和履行过程中，要注意的合同法律问题主要包含以下三个方面。

1. 合同的形式与证据

《中华人民共和国民法典》第四百六十九条规定：“当事人订立合同，可以采用书面形式、口头形式或者其他形式。”可见，口头形式可以订立合同，而且与书面合同具有同样的法律效力。但在合同履行的实践中，以口头形式订立的合同如果发生纠纷，往往存在取证困难的问题，所以建议大学生创业者使用书面形式订立合同，同时一定要注意留存至少一份合同原件，因为在司法实践中，合同复印件是不能作为证据使用的。可能有人会问，口头形式订立合同方便简单，如果用录音设备把口头合同内容留存下来，录音的内容可不可以作为证据使用呢？当然可以，但是采用录音资料作为证据必须符合我国对搜集证据的相关规定。我国法律规定，录音内容开始部分必须包含双方当事人的合意表述，否则不能作为证据使用。例如，录音开始后，一方当事人必须向对方当事人强调：“下面的内容要被录音，将来可能要被作为证据使用，你是否同意?”合同的另一方当事人表示：“同意。”履行完上述法定程序后，录音资料中的录音内容才能作为合法证据使用。

2. 合同的内容要具体明确

在订立合同的过程中，我们一定要注意合同内容的具体明确，否则会给企业带来一定的法律风险。例如，小张毕业后创业，加盟了一家品牌洗衣干洗店。一天，一名客户送来了一套名牌西装干洗，洗衣店出具给客户一张洗衣店统一的收据，载明：“洗衣费 15 元，洗衣如果发生毁损、遗失，赔偿衣服费用的 2 倍。”后衣服在运往总店的途中遗失，客户要求赔偿。赔偿多少呢？小张认为，收据规定了赔偿标准，即赔偿衣服费用的 2 倍。这个衣服费用指的是洗衣费 15 元，所以小张同意赔偿 30 元。客户不同意，说他看了收据，认为是赔偿衣服价格的 2 倍，而衣服的购买价格是 3200 元，客户要求干洗店赔偿 6400 元。《中华人民共和国民法典》第四百九十八条规定："对格式条款的理解发生争议的，应当按照通常理解予以解释。对格式条款有两种以上解释的，应当作出不利于提供格式条款一方的解释。格式条款和非格式条款不一致的，应当采用非格式条款。"据此，干洗店需要赔偿 6400 元。

3. 对方违约，一定要及时采取法律措施进行自我保护

在履行合同的过程中，如果对方违约，我们必须及时行使权利进行自我保护。根据我国现行的法律法规，国家对权利的保护是有时间限制的。《中华人民共和国民法典》第一百八十八条规定："向人民法院请求保护民事权利的诉讼时效期间为三年，法律另有规定的，依照其规定。"

（二）《中华人民共和国劳动合同法》法律问题及自我保护

创业初期，由于财力有限，企业很希望节约劳动力成本。但是，如果创业者不熟悉《中华人民共和国劳动合同法》，很可能给企业带来劳动法律诉讼，结果不但没有降低成本，反而因为败诉而导致运营成本增加。在经营活动中，关于《中华人民共和国劳动合同法》的法律问题主要有以下几点。

1. 对人力资源的管理不规范，不及时与劳动者签订劳动合同

很多企业在创业初期规模小，内部管理设置简单。创业者有时一人担任多项企业职务，在人力资源方面缺乏系统规范的管理。新员工招聘进入企业后，企业没有专门人员完善人力资源管理，劳动合同的及时签订往往也得不到创业者的关注，甚至有的创业者想通过拖延签订劳动合同来为将来解雇员工提供便利。《中华人民共和国劳动合同法》明确规定，建立劳动关系应当订立书面劳动合同。已建立劳动关系，未同时订立书面劳动合同的，应当自用工之日起一个月内订立书面劳动合同。因此，创业者在创业过程中引进新的员工，要及时签订书面劳动合同，否则会给企业带来一定的法律风险。

2. 对员工试用期期间企业的权利理解不当，给企业带来法律风险和经济损失

部分创业者认为，在员工试用期，企业所要承担的义务相对较少。是不是可以通过延长试用期时间、降低试用期工资来降低劳动力成本？《中华人民共和国劳动合同法》对试用期的时间和劳动者在试用期的工资都做了详细的规定，如果企业违反法律规定，无疑面临法律风险。

3. 不为员工购买社会保险

企业不为员工购买社会保险，在社会司法实践中，一般都是企业败诉。若补缴社会保险，还要缴纳滞纳金。随着社会平均工资的增长。社会保险的缴纳数额也在不断增长。如果欠缴的月份过长，需要补缴的社保数额就较大，同时滞纳金也是不小的一笔费用。更为严重的是，如果员工发生重特病，产生大额医疗费用，企业将面临大额赔付。

4. 签订固定期限劳动合同时间较短，增加企业的运营成本

不少创业者担心，如果与劳动者签订的劳动合同的固定期限过长，将来为履行这些劳动合同会增加企业用工的成本，所以部分创业者在聘请员工时，企业与劳动者签订的劳动合同的固定期限一般为1～2年，甚至更短。《中华人民共和国劳动合同法》颁布后，企业这样做不但不能降低用工成本，反而会增加劳动诉讼风险和用工成本。劳动合同期短，会增加企业员工的流动，这既增加了招聘新员工的成本，又可能需要对解约员工支付补偿金，实际上反而增加了企业的运营成本。

（三）税法问题

依法纳税是企业和公民应尽的义务，创业者必须学习和了解这方面的内容。为了推进大众创新、万众创新，国家针对创业就业主要环节和关键领域又陆续推出多项税收优惠政策。企业初创期，除了普惠式的税收优惠，重点行业的小微企业购置固定资产，特殊群体创业或者吸纳特殊群体就业(高校毕业生、失业人员、退役士兵、军转干部、随军家属、残疾人、回国服务的在外留学人员、长期来华定居专家等)能享受特殊的税收优惠。国家对扶持企业成长的科技企业孵化器、大学科技园等创新创业平台等也给予税收优惠，帮助企业聚集资金。

1. 小微企业税收优惠

对月销售额10万元以下(以1个季度为1个纳税期的，季度销售额30万元以下，含本数，下同)的增值税小规模纳税人，免征增值税，同时按规定减免企业所得税，减免资源税等“六税两费”。

2. 高校毕业生创业税收优惠

从事个体经营，自办理个体工商户的应届高校毕业生登记当月起，在3年内按每户每年12000元为限额依次扣减其当年实际应缴纳的增值税、城市维护建设税、教育费附加、地方教育附加和个人所得税。

3. 创业就业平台税收优惠

国家级、省级科技企业孵化器向在孵对象提供孵化服务取得的收入免征增值税，同时免征房产税、城镇土地使用税；国家级、省级大学科技园向在孵对象提供孵化服务取得的收入免征增值税，同时免征房产税、城镇土地使用税；国家备案众创空间向在孵对象提供孵化服务取得的收入免征增值税，同时免征房产税、城镇土地使用税。

知识测试

1. 假如你的创业项目需要设立企业，你将如何选址？

2. 请查询相关法律法规，浏览国家市场监督管理总局网站，了解企业登记注册的具体流程。

能力训练

设计一张新企业场地综合评估表，对教师所指定的某处场地从靠近客户、交通条件、配套设施、场地租金、政策规划等方面进行全面评估。

任务三 管理与发展新企业

在一个快速变革的时代里，一家企业想要创新，想要拥有成功和繁荣的机会，就必须在自己的体系中构建创业管理。它必须采取一系列措施，使整个组织产生一种创新的渴望和创业与创新的习惯。现有的企业，不论大或小，想要成功，都必须按新企业那样进行管理。

——彼得·德鲁克

一、新企业管理要领

管理是通过计划、组织、控制、激励和领导等环节来协调人力、物力和财力资源，以期更好地达成组织目标的过程。管理是一门科学，也是一门艺术。每一位企业管理者，都应该充分认识到自己的责任和使命，通过科学有效的管理，发展和寻找更多商机，创造更多财富。企业，特别是新企业要从实际出发，通过合理的体制模式、组织形式、经营方式等，把企业的潜能最大限度地发挥出来，让企业充满朝气与活力，并在不断变化的市场中获取属于自己的生存空间。

（一）组织精简化

组织精简化即减少企业层级，让组织变得更加精简。不仅组织要精简化，工作团队也要小型化。企业组织精简化后，信息横向流动居多，如 A 部门和 B 部门之间直接进行内部合作、内部谈判，然后推进工作的执行。这样更能激发员工的积极性，员工从“任务执行者”变成了“责任承担者”，容易感受到工作的成就感，所以愿意接受更多的挑战。资源配置也将变得更加有效，横向流动的信息使得一线人员可以根据各自的利益诉求做出决策。

（二）管理规则化

管理规则化即通过确立目标、制定规则来控制整个团队的整体方向。员工在各自的工作中遵循管理规则，管理者在发生突发事件时出面进行调解和解决问题。在日常运营中，管理者最好待在后面，可以通过放权给团队，形成员工自下而上的“去中心化”管理。

（三）目的驱动化

在工作体系中，组织架构一般已做好了团队划分。但在实际工作中，团队的界限往往不那么明显。这时候就要以工作目标作为衡量的标准。在同一个目标方向上，利用高科技(如邮件组、QQ 群、微信群、企业社会化协作软件等)沟通工具，可以简单快速地为每个任务建立一个虚拟的、临时的小组，成员可以在群组内进行信息共享，从而打破原有的部门界限，实现跨部门协作。

（四）沟通开放化

沟通开放化即增强员工内部的交流，促进成员之间共同学习。现在企业可以利用社会化协作软件建立内部的微博、朋友圈，从而让信息在企业内部也能充分地流动起来，让员工之间建立起更紧密的连接。这样，一来可以让团队互相知晓各自的工作，二来可以有效营造学习型组织的氛围。

（五）数据云端化

数据云端化即把公司数据储存在云端。把公司数据存储在云端的好处是可以进行多终端的数据同步，并且数据的存储更加安全了。它也能让企业完整保存自己的运营历史，随时找到想要的数据。在云存储时代之前，公司的数据其实是割裂的，每个员工都储存着一部分数据。这些数据没有存放在统一的平台上，无法被搜索。这种情况造成了数据资源的巨大浪费。数据云端化还有很多额外的好处，比如说员工的离职对公司造成的数据损失将不再是问题；员工可以通过充分利用公司网络内的数据资源增强自身的业务能力；新员工入职可以快速地完成工作交接。

案例展示

张瑞敏致创客的一封信

历经30年的创新发展，海尔从一个濒临倒闭的小厂成长为今天的全球“白电”第一品牌：在全球，海尔拥有数以亿计的用户；每天，十几万台海尔产品进入全球市场。人类工业文明的先进成果成就了海尔的今天，让海尔得以在短短30年的时间里走过了传统发达国家企业百年的道路。我们追上了曾经奉为经典的榜样，同时也失去了可资借鉴的标杆。面对新的挑战，我们唯一可以避免被时代抛弃的武器是永远的“两创”精神——永远创业，永远创新。

唐太宗曾经问群臣，创业与守成孰难？他心里的答案是，创业难，守业更难。海尔的企业文化对这个问题的回答是，如果把创业和守业割裂来看，就永远没有正确的答案。唯一的出路只有创业，没有守业。

创业精神的天敌是自己曾经成功的经验和思维定式。《道德经》云：“胜人者有力，自胜者强。”海尔的文化基因只有一个密码，那就是“自以为非”。

企业如此，每一个人也是如此。因为，在互联网时代，每一个人都是自己的CEO，每一个人都应该成为创业家。

创业家与企业家只有一字之差，其内涵和本质却有天壤之别。企业家还是以企业为中心，而创业家却是以用户为中心。企业家以创造完美的产品和服务为使命，而创业家以创造用户最佳生活体验为使命。企业家以规模和利润为成就标尺，而创业家以用户资源和“粉丝”为荣耀指南。企业家以管理和控制为权力之杖，而创业家以自组织为魔法宝盒。成千上万人成就一个企业家，而每一个创新的个体都可以成为创业家。正所谓“破一微尘出大千经卷”。

创业家，在海尔的创业平台上，你的名字叫创客。

30 年，既轻如尘芥弹指可挥去；30 年，又重如山丘难以割舍。其区别在于，你是生产产品的企业，还是生产创客的平台。海尔选择的是，从一个封闭的科层制组织转型为一个开放的创业平台，从一个有围墙的花园变为万千物种自演进的生态系统。

创客，在你创业激情勃发的视野里，海尔的名字叫作“创客公地”。创业初期，我们为社会奉献的是海尔牌产品；进而，我们以向社会提供海尔牌服务为宗旨；今天，我们向社会开放海尔的资源，为创客们提供的是海尔牌的创业平台。

在表层意义上，海尔向社会开放“U+智慧生活”的 API(应用程序编程接口)，每一个创客都可以在此基础上延伸开发产品。在深层意义上，海尔向社会开放供应链资源，每一个供应商和用户都可以参与海尔全流程用户体验的价值创造。在本质意义上，海尔向社会开放机制创新的土壤，搭建机会均等、结果公平的游戏规则，呼唤利益攸关各方共建、共享、共赢。

自 2005 年以来，海尔就开始“人单合一双赢”模式的探索和试错，为此，我们放弃了对传统绩效的单一追求。在没有标杆的摸索中，我们宁愿承受外界的质疑和批评，我们没有轻言放弃。因为鼓励我们坚持下去的不是成功，而是对时代精神的求索。

1994 年，海尔创业十周年之际，我曾写过一篇文章，叫《海尔是海》。今天，我想说，海尔是一朵云。海再大，仍有边际；云再小，可接万端。

开放，开放，再开放。今天，在海尔的云创平台上，已经孕育和孵化出 100 多个创客小微。他们既有海尔的员工离开企业后进行的创业，也不乏社会上的创业者来海尔平台的在线创业。他们值得赢得尊重，我也要向他们表示感谢。因为，海尔的创业平台转型本身也是一种创业。作为平台的海尔，不是有 30 年历史的海尔，而是一个初生的婴孩，一轮初升的朝日。每一个在海尔平台创业的创客，你们既是平台上的创业者，同时也是平台的建设者。

致敬，创客！致敬，伟大的创客时代！

(《经济日报》2015 年 1 月 12 日)

二、 新企业管理的基本方法

（一）PDCA 循环管理法

各种管理方法都有其独特的个性，但探究各种方法实施的全过程，我们会发现它们往往有相似的规律——按着计划、执行、检查、处理的循环不断重复进行。可以说，源于质量管理的 PDCA 循环是企业经营管理中一种十分基本的方法。

1. PDCA 循环的含义

PDCA 循环的含义如下。①P(计划)，根据企业目标制订计划。②D(执行)，按照计划定出措施，组织执行。③C(检查)，对照目标检查效果，发现问题。④A(处理)，总结经验，把成功的经验肯定下来，并纳入标准；把遗留的和新产生的问题转入下一循环，确定新的目标，继续求得解决。

2. PDCA 循环的运行状态

PDCA 循环的运行状态如下。①PDCA 循环犹如车轮一般，按计划、执行、检查、处理四个阶段不停转动。②整个企业的管理系统构成一个大的 PDCA 循环，而各个部门、各个环节的管理又都有各自小的 PDCA 循环。这样，大环套小环，小环保大环，一环扣一环，一起转动(图 11-1)。③PDCA 循环每转动一圈，就提高一步。如同登梯一般，不停地转动，逐级升高，问题随之不断得到解决，经营管理水平也不断提高(图 11-2)。

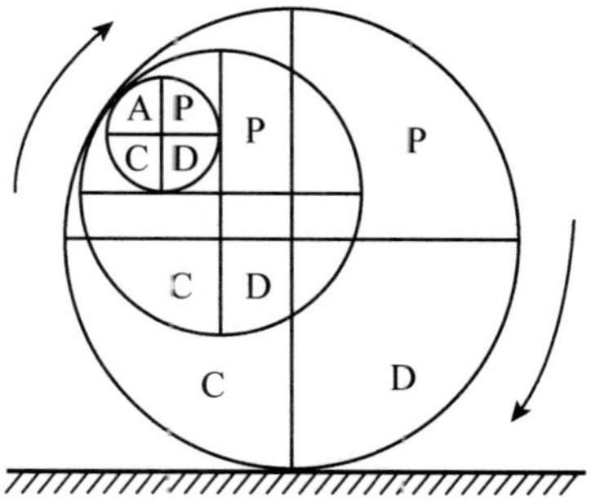

图 11-1 大环套小环

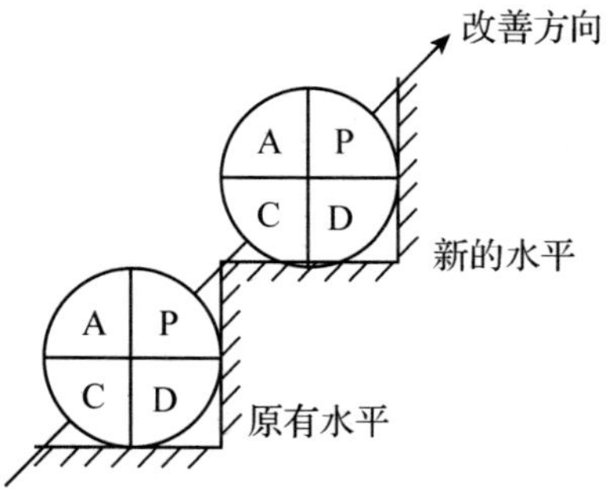

图 11-2 PDCA 循环逐级上升

（二）目标管理法

目标管理是指以企业总目标为依据，从最高领导开始，逐级主管与下属协同定出本部门和每个人的目标，以及达到目标的计划和实施进度，据此填写目标卡(表 11-1)，并将全过程记录下来；到期终做出评定，给以奖惩，而后重新确立目标，开始新的循环。显然，这是 PDCA 循环在计划管理方面的应用。

实行目标管理，可以在指定的时期内获得明显的效果，而且由于上下协调，层层落实，检查、控制、奖惩都比较易于执行。其缺点是容易忽视非定量目标、例外事件或新的机会等；外部环境多变时，容易打乱原定部署。

表 11-1　目标卡

<table>
<tr><td colspan="17">部门________目标卡</td><td>责任者</td><td></td><td>主管领导</td></tr>
<tr><td colspan="2">目标</td><td rowspan="3">对策措施</td><td colspan="12" rowspan="2">进度/月</td><td rowspan="2">权限</td><td rowspan="2">自我评价</td><td colspan="2" rowspan="2">主管部门审核</td><td rowspan="2">领导评价</td></tr>
<tr><td rowspan="2">项目</td><td rowspan="2">权重（%）</td></tr>
<tr><td>1</td><td>2</td><td>3</td><td>4</td><td>5</td><td>6</td><td>7</td><td>8</td><td>9</td><td>10</td><td>11</td><td>12</td><td></td><td></td><td>实际完成</td><td>得分</td><td></td></tr>
<tr><td></td><td></td><td></td><td></td><td></td><td></td><td></td><td></td><td></td><td></td><td></td><td></td><td></td><td></td><td></td><td></td><td></td><td></td><td></td><td></td></tr>
</table>

（三）满负荷工作法

满负荷工作法在具体实施时，先对企业的各项工作提出较为先进的目标，分成几个阶段逐步追求其实现，而后层层落实，形成保证体系，并与个人报酬挂钩。其主要内容有：①质量指标；②经营指标；③设备运转；④物资使用；⑤资金周转；⑥能源利用；⑦费用降低；⑧人员工作量，按定员定额；⑨八小时工作制，提高工时利用率。

此法最适用于管理基础较差的企业，但要结合具体情况推行。

（四）经济责任制管理法

经济责任制管理法更适用于生产企业。经济责任制管理法的基础工作是：合理设置企业机构，做好定额定员工作；健全计量、检测、统计和原始记录工作；建立全厂、车间、班组三级核算体系。

目前，实行经济责任制的组织措施如下：建立领导小组，以总经理为首，有关各方面主管参加，审查经济责任制的总体方案，并对实施过程加以监督检查；指定主管部门，一般是企业管理办公室、总经理办公室等综合部门，由其提出总体方案；以计划、承包等方式将要求分摊到各部门，再层层落实到车间、班组和个人；建立联合办公制度，由主管部门及主要职能部门负责人参加，负责协调、平衡、汇总和查核各部门执行结果，确定奖惩；建立经济责任制信息网络，各环节都有人员负责搜集、整理执行结果，并沟通信息。

三、 新企业管理的基础性工作

新企业要真正搞好经营管理，须有坚实的基础。基础管理工作包括如下几个方面。

（一）建立规章制度

企业必须贯彻执行国家的法令、条例和政策等，还要根据实际需要制订必要的企业规章、守则。企业要建立严格的制度，使考勤、交接班、工艺操作、质量检验、财务出纳等环节都有章可循。在建立规章制度的过程中，要贯彻民主集中的原则。执行时要严格，尤其是领导和管理人员需身体力行。

（二）健全原始记录

1. 企业原始记录的重要性

企业一切活动的结果必须以一定的表格形式，用数字或文字加以记录。要随时更新企业内部的各项原始记录和技术、管理、经营资料，形成统一协调的企业信息系统，以适应现代企业经营管理的需要。这是健全企业经营管理工作的重要内容之一。信息务求准确，不能主观估计，更不能凭空捏造。

2. 企业原始记录的内容

企业原始记录一般包括以下内容：生产方面；销售方面；劳动方面；原材料(燃料、工具)方面；设备动力方面；财务成本方面；技术方面。不同阶段的企业可以根据实际情况做好记录，内容和侧重点不一定完全相同。

各种技术与管理文件，如产品设计任务书、设计图纸、各类工艺卡片、工艺操作规程、图纸及工艺更改通知单、产品品质鉴定报告、各种计划大纲及定额资料等，都是企业生产活动必不可少的原始资料。此外，还要建立企业的市场信息系统。

3. 计量检测工作

企业应根据生产规模和实际工作的需要，设置专门的计量检测机构，配备必要的人员；购置必要的计量检测器具，建立标准，加强对器具的检验和维修，保证其准确性；健全工作责任制，确立工作规程，并严格执行，提高工作质量。这对保证产品质量，提高劳动效率，加强经济核算，以及对材料、物资的收发和消耗等，都有极大关系。小型企业一时财力不足，无法置备昂贵的计量或测试设备，除了购置非备不可的器具设备外，可以合办测试中心，或者利用科研机构的设备。

4. 统计工作

有了比较完整的原始记录，还要进一步根据有关规定和企业需要，应用统计方法及时加以统计分析，而后再开展决策、计划和定额等工作，并以其作为检查考核的依据。统计工作以原始记录为基础，涉及整个企业。

统计工作必须及时、全面、准确。这样，总经理及各级管理人员就可据此处理问题，做出决策，进行检查、控制和指挥。

5. 定额工作

在一定的生产技术和生产组织条件下，企业要规定人、财、物消耗应当达到的定额。企业经常采用的定额如下。

生产：生产周期、生产批量、制品定额等。

劳动：单位产品(或零件)的工时定额、工序工时定额、设备看管定额、工时利用率等。

物资消耗：单位产品(或零件)原材料消耗定额、材料利用率、物资储备定额、采购周期等。

设备：单位产品(或零件)台时定额、设备生产能力(容量)定额等。

成本费用：单位产品(或零件)成本定额、企业管理费定额、车间经费定额等。

财务资金：储备资金定额、生产资金定额、成品资金定额、资金利润率、百元产值占用流动资金、流动资金周转天数等。

其他：工具消耗定额、单位作业面积产量定额、单位产量耗电定额等。

有了科学的定额体系，还要有科学的定额管理制度。良好的定额管理在组织劳动、推动经济责任制、贯彻按劳分配、提高劳动生产率、加强经济核算、降低产品成本等方面都有重大作用。

6. 员工培训

持续提高员工素质是企业的一项基本建设。确定培训目标必须结合企业的实际条件和决策目标。新企业根据一定标准招收的员工，要有一个熟悉业务、认同企业形象的过程。有些大型企业会有计划地组织员工参加培训，为员工讲授企业文化、企业历史、经营思想、管理技巧、行为科学、公共关系等课程，并以其作为提升干部、补充中高级经营管理人员的手段。这是有进取精神的企业的自我发展之路。

四、 新企业的人力资源管理实务

许多新企业在开创之初将大量精力投在融资、市场开拓、控制成本等方面，而忽略了企业人力资源管理体系建设。相当一部分新企业主要靠亲朋好友、同学同事构建创业团队，其管理往往借助于友情、亲情进行。随着这类企业的发展，粗放管理的弊端会逐渐显现，不仅影响企业的正常发展，也严重威胁企业的生存。

（一）精干的人员组成

1. 企业主

在大多数小微型企业中，企业主既是企业的所有者，又是经营者，是企业的灵魂和核心。企业主可以行使以下职责。

第一，开发创意，确定目标和行动计划。

第二，组织和调用员工实施行动计划。

第三，确保计划执行，使企业达到预期目标。

2. 企业合伙人

如果一家企业不止有一个企业主，那么，这些企业主将以合伙人的身份共享收益、共担风险。他们须决定彼此如何分工。例如：有人负责销售，有人负责采购，有人负责管理。合伙人之间的交流一定要透明和诚恳。合伙人无法形成统一决策，往往会导致企业失败。因此，有必要在决定合作前签订段份合作协议或合伙协议。

3. 员　工

如果企业主没有时间或能力包下全部工作，就需要雇用员工。小微企业可能只需要雇用 1～2 名员工。为了雇到合适的员工，企业主要考虑以下几点。

第一，按照企业主的企业构思，把该做的工作列出来。

第二，明确哪些工作是企业主自己做不了的。

第三，详细说明员工应具备的知识、技能和要求。

第四，决定由多少人来完成每项工作。

（二）明确的岗位职责

确定岗位职责就是让合适的人做合适的事。企业主必须考虑建立企业的人员管理制度，明确岗位职责，让所有员工都知道自己必须做哪些工作，以及完成这些工作所需要的知识和技能，即以制度管人，而非人管人。岗位职责规定了某一特定岗位的工作内容，对于这些内容，企业主必须清楚地描述出来。这样做有如下好处。一是能明确员工的岗位与职责、权利与义务。二是能提供绩效考评依据，调动员工的积极性。

一般来说，确定岗位职责时应注意以下问题。

第一，根据企业经营需要确定工作岗位名称及数量。

第二，根据岗位工种确定岗位职务范围。

第三，明确岗位任职条件。

第四，确定各个岗位之间的关系。

第五，根据岗位的性质明确实现岗位目标的责任。

第六，制订岗位职责表(表 11-2)。

表 11-2 岗位职责表

岗位	工作内容	所需素质或技能
经理	做计划、定目标、监督实施、协调内部关系、与市场监督管理和税务等部门打交道	有主见、认真、果断、应变能力强、人际交往能力强
财务	出纳、收款、记账、管理现金、盘点库存	认真踏实、有条理、诚实、细致
销售管理	市场调查、与顾客建立并保持良好的关系、接订单、预测销售量、确定价格、组织促销活动、发货送货、采购原料	认真、思路敏捷、有活力、善于与人交往、谈判能力强、讲诚信
生产管理	组织生产、监督生产、控制质量、管理工具设备和技术资料、维修、制订生产计划	认真、熟悉新产品、懂技术、动手能力强、善于和人相处、善于处理矛盾和解决问题
产品设计开发	跟踪市场需求动态、收集样品信息、设计制作样品	有一定的美术基础、有较丰富的历史文化知识、富有创造性、懂工艺
生产工人	配料、搅拌、制坯、晾晒、雕琢、涂色、包装	有责任心、勤快、手巧

（三）新企业的员工管理

员工管理对于新企业来说极其重要。人力资源的短缺是新企业在发展中所面临的主要制约因素之一。很多创业者在企业度过生存期后所面临的第一个挑战，就是寻找合适的人员支撑企业的发展。

企业只有在创立初期通过各种制度和管理活动，吸引、开发、激励和保留员工，充分发挥员工的工作积极性，最终才能实现组织目标。员工管理过程也是企业由于产品、市场营销及企业组织管理体系等方面的创新而对人力资源管理体系进行重新构建的过程。

在成长的过程中，新企业必须有规划地做好人才的选、训、用、留，而要实现这些功能，需要相应的管理策略和手段。

1. 充分了解员工

充分认识所有员工并不是一件容易的事。但是管理者如果能充分理解员工，工作开展起来会顺利得多。一个能够充分了解员工的管理者，无论在工作效率还是在人际关系上都是一流的管理者。了解员工，有一个从初级阶段到高级阶段的程度区分。

第一阶段：了解员工的出身、学历、经验、家庭环境以及背景、兴趣、专长等；同时还要了解员工的思想，及其干劲、热忱、诚意等。

第二阶段：当员工遇到困难，能事先预料其反应和行动，并能恰如其分地雪中送炭。

第三阶段：知人善任，能使每个员工在其工作岗位上发挥最大潜能。为员工提供足以考验其能力的挑战性工作，并且在其面临困境时给予恰当引导。

2. 聆听员工心声

管理者都有强烈的自我主张，这种倾向有助于果断、迅速地解决问题，但同时也会使管理者一意孤行，听不进他人意见，导致决策失误。

在企业的管理中，聆听员工的心声，也是团结员工、调动积极性的重要途径。员工的思想出了问题，就会失去工作热情。这时，作为管理者，应耐心听取他的心声，找出问题症结，解决他的问题或耐心开导。这有助于管理目标的实现。对待犯错误的员工，也应当采取聆听的办法，不应一味责难，而应给他们解释、改正的机会。只有了解个别情况后，才能对症下药，妥善处理。

3. 德才兼备，量才使用

“尺有所短，寸有所长。”每个人在能力、性格、态度、知识、修养等方面都各有长处和短处。用人的关键是适用性。管理者在用人时，先要了解每个人的特点。有的工作起来利落迅速，有的谨慎小心，有的擅长处理人际关系，有的喜欢默默工作不合群……管理者不仅要看到人事考核表上的评分，更重要的是在实践中观察，结合每个员工的长处分配适当的工作。管理者可以在工作过程中观察员工的处事态度、速度和准确性，努力发现并激发出员工的潜能。

4. 淡化权力，强化权威

对员工的管理最终要落实到员工对管理者的服从。这种领导服从关系来自权力或权威两个方面。管理者地位高，谁不服从就罚谁，这种服从来自权力。管理者的德行、气质、智慧、知识和经验等人格魅力会形成权威，使员工自愿服从其领导。

5. 多表彰员工

成就感能够激励员工热情工作，满足个人内在需要。要公开奖励标准，使员工了解每一个人获得奖励的原因，并以公开的方式给予表扬、奖励。表扬和奖励如果不公开，不但会失去效果，而且会引起一些无端的猜测，影响工作。奖励的时效也很重要。要尽量及时奖励刚发生的事情，而不是已经过去很久的事情，否则会大大减弱奖励的影响力。

6. 创造适宜的工作环境

创造适宜的工作环境不但可以提高工作效率，还能调节员工心理。根据生理需要设计工作环境，可以加快速度、节省体力、缓解疲劳；根据心理需要设计工作环境，可以创造愉悦、轻松、积极、有活力的工作氛围。企业可以对工作环境进行人性化改造，如在工厂附近设立各种专用汽车设施，开设食堂，为体力劳动者增设盥洗室，保持工作地点整洁干净……

7. 合理确定团队领导者

团队的领导者是团队力量的协调和整合者，是企业发展的基石。一个创业团队，必须有一个强势的领导者，能在企业发展的重要时刻做最后的决定。领导者要有较高的能力和素养，既能稳定团队，又能激发成员的创业激情和创造能力；既能资金筹集、战略规划，又能在企业遇到危机时力挽狂澜。因此，领导者应有较强的守则意识，道德心和责任心强，敢作敢为，具有冒险精神，有强大的人格魅力，能凝聚团队，善于革新，并且有较强的决断能力。

（四）新企业员工激励机制和绩效管理

1. 建立公平合理的报酬激励机制

(1)建立规范的报酬制度

创业之初，必须建立规范的报酬制度，以合同的形式明确团队成员的利益分配。对于每一个关键团队成员都必须合理付酬，尽可能公平地反映每位成员的责任和风险，使成员的付出与报酬能够对等。

(2)综合考虑企业与个人的目标

合理的报酬激励机制需要综合考虑企业和个人的目标。如果一个企业不需要外部资本，就可以不考虑外部股东对报酬问题的态度或影响，但需要考虑企业的综合目标。如果企业的目标是在未来 5～10 年获得大量资本收益，那么就需要针对如何完成这一目标以及如何保持创业团队长期的创业精神来建立报酬制度。

在整个创业的过程中，每个成员的贡献和利益诉求都存在差异，确立分配方案时，需要对成员的贡献大小进行衡量。

其一，创业点子和商业计划。对创业点子提出者的贡献应当予以充分考虑，尤其是提供对原型产品或服务极为重要的商业机密、特定技术，或是对产品、市场进行调研的当事者。制作一份优秀的商业计划需要大量的时间和精力。因此，商业计划书制作者的贡献应适当考虑。

其二，敬业精神和风险。创业者把大部分个人资产投入企业，并投入大量的时间和精力，在企业失败时承担巨大的风险。因此，应充分考虑成员的敬业精神和所承担的风险。

其三，工作技能、经验、业绩记录或社会关系。团队成员可能为企业带来工作技能、经验、良好的工作记录，或营销、金融和技术等方面的社会关系。

其四，岗位职责。不同的岗位职责所需的工作技能不同，工作强度也不同，因此，分配也要有所不同。

其五，综合考虑分配时机和方法。创业团队可以综合采用月薪、股票期权、红利和额外福利，根据创业团队的业绩，在创业的第一阶段拟定报酬分配制度。这也取决于企业发展的程度。以现金报酬为例，在初期阶段，企业还未盈利甚至仍在亏损，薪金往往较低甚至没有，其他红利和福利等先不做考虑。企业盈利之后，现金的支付仍然会制约企业的成长。只有在企业顺利实现盈亏平衡后，薪金的提高才会提升企业的竞争力。

2. 做好绩效考核

绩效考核通常也称“业绩考评”或“考绩”。其实质是应用各种定性和定量的方法，对员工行为的实际效果及其对企业的贡献或价值进行考核和评价。员工绩效管理是对员工工作效率、工作计划的督促，有利于员工养成做事有规划的习惯。业绩考评的目的是通过考核提高每个个体的效率，最终实现企业的目标。

绩效考核本身是一种绩效控制的手段，通过对员工业绩的评定与认可激励员工工作，使员工体验到工作成就感，增强斗志。同时，绩效考核也是惩戒的依据之一，而合理的惩戒是提高工作效率和工作质量的有效手段。绩效考核和薪资管理也有密切联系，考核结果直接影响员工的报酬。目前很多企业都在实行绩效工资，就是可以通过绩效考核手段来进行。绩效考核结果可以作为员工升迁、淘汰的重要标准。绩效考核也是企业管理决策的重要参考。考核结果会呈现员工的长处与不足，从而为企业的培训工作提供方向。

企业实行绩效考核，要公平、严格、客观。可以采用直接主管考评、间接主管调整的方式，考评结果和评语一定要反馈给被考评人。考评分数有差别，并配合奖惩措施，宜取得比较好的效果。

选择合适的考核者对于考核工作来说至关重要。实践证明，合适的人选可以为员工的业绩做出最真实、客观的评价。合适的人选包括五类人，即直接上级、同级同事、被考核者本人、直属下级和外界的考核专家或客户。绩效考核本身往往比较复杂，牵涉到企业的方方面面，而且与被考核者的利益密切相关。可以通过培训使员工了解系统的组成及各部分之间的有机联系，认清实施绩效考核系统的意义，熟悉考核标准，掌握考核方法；使绩效考核思想深入员工心中，消除和澄清对绩效考核的错误及模糊认识；使员工认识到绩效考核不是管理者对员工挥舞的“大棒”，也不应成为无原则的“和稀泥”式，考核不是为了制造员工间的差距，而是实事求是地发现员工工作的长处、短处，以扬长避短，有所改进、提高，真正使员工在企业管理的各个层次发挥牵引力。

案例展示

迈克尔·戴尔的创业

迈克尔·戴尔是戴尔公司的首席执行官。在华尔街，戴尔公司的股票一涨再涨，尽管分析家们一再警告体现在戴尔股票上的泡沫已过多。

很多年前，没有人把戴尔和他的戴尔公司放在眼里，可是今天，计算机芯片大王英特尔的董事长葛鲁夫会主动约他共进晚餐，目的是向他讲解英特尔处理器的未来；大名鼎鼎的比尔·盖茨会坐专机前来拜访，与他讨论从戴尔公司刚刚萌芽的服务器生意到公司网址的所有事情。

1984 年，戴尔既不懂技术，也没有雄厚的资本，更缺少阅历和经验，只是一个学生物的大学生。后来，他辍学办公司，靠组装计算机、直销起家。如今，在个人计算机行业越来越不挣钱、世界大公司纷纷向后退却的情况下，戴尔却越战越勇。他说：“在戴尔公司历史上有 8 年的发展速度是 80%，有 6 年的发展速度是 60%，这两年的发展速度是 45%。我们之所以把速度降下来，是想让公司在各个方面的发展有一个平衡点。我们在一年内从 180 亿美元，年均增长到 260 亿美元。”

顺势而为，是戴尔几十年如一日的做事方式和思考方式。戴尔喜欢利用业界中最有势头、最有影响的技术。例如，在处理器方面，紧跟英特尔公司；在操作系统上，又紧跟微软公司。这两家公司在各自领域都是世界第一。

戴尔起家时就尝到了大势的甜头。“当时，我 19 岁，是一名才上大学一年级的学生。我投资 1000 美元，以自己的名字成立了戴尔公司，准备专门做计算机生意。”个人计算机商戴尔曾被全球计算机业视为最会赚钱的天才。1999 年，34 岁的他身价已达 214 亿美元。

“计算机刚刚兴起，利润非常高，一台销售价 3000 美元的 IBM 公司 PC 机，所有的零件其实只有 600～700 美元。经销商以 2000 美元进货，可净赚 1000 美元。”

戴尔由丰厚的利润看出做计算机的价值，而这时芯片的技术也有了很大发展，使组装 PC 机变得大为简单。戴尔公司刚成立时，只做 PC 机的攒机生意：从批发商手中买来机器，然后加以改装，添进一些大硬盘或大内存，再以低于市场价的价格卖出去。第一年，戴尔公司的销售额为 620 万美元。此后，戴尔公司迅速发展，在 4 年之内获得了极大的发展空间，并积极向海外扩张。4 年以后，戴尔公司上市。11 年以后，戴尔公司的年销售额为 217 亿美元，市值从当初的 8500 万美元升到 1272 亿美元。

1. 建立最好的生意模式

“我们在存储器、服务器方面有 11% 的市场份额，我们有最好的生意模式，我们在这方面能有一个好的结果。”

戴尔所说的“最好的生意模式”指的是戴尔公司的直销模式。他说：“我们的核心竞争力是直销，我们的管理风格也是直销。”

“在戴尔公司发展的 15 年中，戴尔推动公司集中做了两项重要工作：通过一整套为客户量身定做的综合软件、硬件的流程使戴尔公司及其客户降低了成本；通过个性化方式，使戴尔公司可以为客户提供更高层次的服务。”

“与那些采用缓慢的间接渠道模式的公司相比，戴尔公司以更快的速度完成了最新相关技术的应用，而戴尔公司的‘6 天存货制’比其他竞争对手成本更低，再加上按客户意愿来做计算机，这使戴尔公司的发展既有速度，也有利润。”

戴尔独特的优势在于他对计算机市场上直销模式的独特理解。这使得戴尔公司有着一套非常独特的管理整个价值链的完整流程，即从零(部)件到供应商直接到最终用户，戴尔始终控制着中间的每一个环节。

2. 让对手学不来

“我们有很多竞争对手，包括康柏公司在内都开始转向直销模式，但模仿我们的那些公司并没有做得很好，也没有阻止我们的增长。这有点像从打垒球转向打篮球，虽然它们都是体育项目，但却是完全不同的项目。那些公司从一个系统转到另一个系统，是非常困难的，因为它们的销售原来都依赖于间接渠道，那些公司要走的路还很长。如果一个客户想通过直销买产品，会找戴尔。因为戴尔有着多年的直销经验，并且首先创造了直线订购的业务模式。同时，我们会不断把自己的业务提高到新水平，而不是停滞不前。例如，我们使用互联网来降低成本，并把销售服务放到网络上。我们每个星期的网上销售额都很巨大。我们的对手正面临进退两难的处境，却又束手无策。”

3. 慧眼鉴人

在管理上，戴尔称：“我平时很随和，但看到员工总是犯同样的错误时，会忍不住发火。我愿意重用并提拔那些愿意自己找事做，而不是等在那里让人告诉他该怎么去做事情的人。我喜欢那些热情、不断学习、对工作充满兴趣、善于自我挑战的人。我也非常重用那些不仅自己能得到发展，同时也能发展其他员工的人，这是我们公司的一个重要话题。”

在戴尔公司，每位员工都有公司的股票。这种规定不仅适用于美国本土的员工，还包括英国、澳大利亚、日本、中国等各国员工。“除了在物质上善待员工外，还要把员工的潜能发挥出来。为此，你就要创造允许员工成功的环境，并给他们提供不断成功的工具，让他们不断学习、成长、犯错误，并关心他们的兴奋点是什么。”

4. 精诚对待客户

“按照客户的要求去做”是戴尔公司的信条。这为戴尔公司创立了计算机行业中与客户之间最紧密也最令人羡慕的关系。为了明确这一点，1998年，戴尔公司已将15%的资金和利润分别与改善服务挂钩。衡量成功的标准是装运期限、初次安装速度及修理人员在24小时之内抵达客户所在地点。

“在管理上，我们判断员工价值的一个关键之处，是看他们对客户的友好程度，能给客户提供什么样的最好的机会，对其关注的客户都做了些什么。同时，我们建立了一些良好的沟通机制和奖励机制。”

5. 学会包容市场

戴尔认为："要想持久赚钱，对市场就不能过于急功近利，要关心市场的整体情况，因为市场有时发展很快，有时会向前走两步再退一步，我们更关心整体发展的情况。人民币会不会贬值这类事情是不会阻挡我们前进的步伐的，我们会进一步发展和开拓中国市场，因为我们想在中国进行长期的投资。中国计算机市场的一个好处就是它非常大，而且发展得特别快。它对每一个公司都意味着很大的机会，每家公司都必须找到自己独特的方式来给客户提供价值。我们当然想以一个可持续的方式为客户服务。关键是中国市场非常大，没有任何一家公司能够完全垄断市场，必须要有合作伙伴关系，必须要有合作才能保障这个市场充分地得到挖掘。"

（CEO 排行榜编辑室：《世界 CEO 排行榜》，179～188 页，北京，世界知识出版社，2003）

知识测试

1. 在《中华人民共和国劳动合同法》中，与新企业的经营活动相关的法律问题主要体现在哪些方面？

2. 新企业管理最应该关注的点是什么？人们对此有四种看法：第一种认为需关注财务是否盈利；第二种认为需关注产品是否创新；第三种认为需关注现金是否断流；第四种认为需关注盈利平衡点何时出现。你的看法是什么？为什么？

能力训练

1. 假如你已经创立了一家新企业，请和创业团队共同讨论后，试着拟定该企业的绩效考核制度。

2. 学习一个企业管理的经典案例，完成 3000 字左右的研究报告。

参考文献

[1]鲁百年．创新设计思维(第2版)[M]．北京：清华大学出版社，2018.

[2]姚列铭．创新思维观念与应用技法训练[M]．上海：上海交通大学出版社，2011.

[3]纳普，泽拉茨基，科维茨．设计冲刺：谷歌风投如何5天完成产品迭代[M]．魏瑞莉，译．杭州：浙江大学出版社，2016.

[4]普拉特纳，迈内尔，莱费尔．认识设计思维[M]．姜浩，译．北京：人民邮电出版社，2019.

[5]姬剑昌．一本书读懂24种互联网创业模式[M]．上海：立信会计出版社，2017.

[6]周苏．创新思维与TRIZ创新方法[M]．北京：清华大学出版社，2015.

[7]王亚东，赵亮，于海勇．创造性思维与创新方法[M]．北京：清华大学出版社，2018.

[8]赵敏，史晓凌，段海波．TRIZ入门及实践[M]．北京：科学出版社，2009.

[9]博诺．六顶思考帽：如何简单而有效地思考[M]．马睿，译．北京：中信出版社，2016.

[10]曹任云．头脑风暴全集[M]．北京：中国城市出版社，2012.

[11]张军英．异想天开——创新思维那点事儿[M]．北京：清华大学出版社，北京交通大学出版社，2019.

[12]赵波．产品创新设计与制造教程[M]．北京：北京大学出版社，2017.

[13]田轩．创新的资本逻辑[M]．北京：北京大学出版社，2018.

[14]李肖鸣．大学生创业基础[M]．北京：清华大学出版社，2009.

[15]蒂尔，马斯特斯．从0到1：开启商业与未来的秘密[M]．高玉芳，译．北京：中信出版社，2015.

[16]孙洪义．创新创业基础[M]．北京：机械工业出版社，2016.

[17]张志宏，崔爱惠，刘轶群．大学生创新与创业训练教程[M]．北京：现代教育出版社，2017.

[18]蒂蒙斯，斯皮内利．创业学[M]．周伟民，吕长春，译．北京：人民邮电出版社，2005.

[19]孙金云，等．大学生创业概论与实践[M]. 北京：机械工业出版社，2018.
[20]巴林杰．创业计划书：从创意到执行方案[M]. 陈忠卫，等，译．北京：机械工业出版社，2009.
[21]吕森林，申山宏．创业从一份商业计划书开始[M]. 北京：电子工业出版社，2019.
[22]梅强．创业计划[M]. 北京：高等教育出版社，2018.
[23]梅强．创业管理[M]. 北京：经济科学出版社，2011.
[24]张少平，杨俊．创业实务[M]. 广州：华南理工大学出版社，2012.
[25]陈永秀．大学生创业指导[M]. 北京：北京理工大学出版社，2010.
[26]刘之汉．大学生创意创业[M]. 北京：知识产权出版社，2010.
[27]李家华，等．创业基础[M]. 北京：北京师范大学出版社，2014.
[28]许延浪．当代大学生创造与创业[M]. 西安：西北工业大学出版社，2009.
[29]钟晓红．大学生创业教育[M]. 北京：北京理工大学出版社，2010.
[30]朱益新．创业实务[M]. 北京：中国人民大学出版社，2013.
[31]石丹林，谌虹．大学生创业理论与实务[M]. 北京：清华大学出版社，2012.
[32]吴运迪．大学生创业指导[M]. 北京：清华大学出版社，2012.
[33]清渠，曙光．大学生创业必读手册[M]. 北京：时事出版社，2010.
[34]李肖鸣．创新创业实训[M]. 北京：清华大学出版社，2018.
[35]杨芳．创业设计与实务[M]. 北京：机械工业出版社，2016.
[36]刘云兵，王艳林．大学生创新创业教程[M]. 北京：人民邮电出版社，2017.